내가 신이다

한국교회사 100년,
자칭 남신·여신들의 이야기

그들은 어떻게 신이 되었나

KB191668

내가 신이다

한국 교회사 100년, 자칭 남신·여신들의 이야기

발행일	초판 1쇄 2023년 11월 18일
저자	양형주·정윤석
북디자인	조현자(wisebook@empas.com)
	최주호(makesoul2@naver.com)
교정	김영명(sahoirabbit@hanmail.net)
유통사	하늘유통(031-947-7777)
펴낸곳	기독교포털뉴스
신고번호	제 2016-000058호(2011년 10월 6일)
주소	우 16954 경기도 용인시 기흥구 흥덕2로 87번길 18
	이씨티빌딩 B동 4층 엠피스비즈니스센터 479호
전화	010-4879-8651
가격	18,000원
이메일	unique44@naver.com
홈페이지	www.kportalnews.co.kr
ISBN	979-11-90229-32-6 (93210)

저작권자의 허락없이 이 책의 일부 또는 전체를 무단복제, 전재, 발췌, 스캔, 공유하면 저작권법에 의해 처벌받습니다.

한국교회사 100년,
자칭 남신·여신들의 이야기

내가 神신 이다

양형주·정00석 지음

그들은 어떻게 신이 되었나?

기독교포털뉴스

차례

2부 – 한국의 남신(男神)

5부 – 예수 그리스도, 참 하나님, 참 사람

프롤로그

2023년 3월 3일 넷플릭스에서 공개한 다큐멘터리 〈나는 신이다: 신이 배신한 사람들〉(연출 조성현 PD)은 한국 사회에 커다란 충격을 주었다. 어떻게 평범한 사람을 신과 같이 숭배하며 그에게 자신의 삶을 바치고 상식 이하로 착취당하며 맹종할 수 있을까? 넷플릭스 다큐멘터리는 이단, 사이비에 빠진 이들의 비상식적인 행태를 추적하고 드러내는데 주로 초점을 맞추었다. 시청자들은 하나같이 어떻게 저런 평범한 사람을 신으로 믿고 따르는지 모르겠다며 고개를 가로저었다. 하지만 이들이 그렇게 맹종하기까지는 그들이 미혹 당하는 과정이 있게 마련이다. 거짓 신들은 대부분 성경을 교묘히 이용하여 자신이야말로 성경이 약속한 특별한 사람, 신이 선택하고 신의 영이 함께 하는 특별한 사람으로 믿게 만들며 이 시대의 유일한 구원자로 내세운다. 평범한 사람을 신적인 존재요 구원자로 받아들이는 순간 그가 요구하는 것은 무조건 따라야 한다고 생각하게 되고, 급기야 〈나는 신이다〉에 나오는 것처럼 비상식적인 끔찍한 행태로까지 나아가게 되는 것이다.

문제는 한국 사회에 출현한 이런 자칭 가짜 신들이 한둘이 아니라는 것이다. 자칭 신들은 한국 이단 계보에서 100년 이상의 역사를 갖고 있다. 1917년 이순화 여인으로부터 시작한 가짜 신들의 계보는 시간이 흐름에 따라 모방과 개선을 통해 끊임없이 확대, 재생산되어왔다.[1] 이러한 자칭 신들은 초창기에는 주로 여자들이었다. 하지만 시간이 지나며 남자들도 배출되기 시작한다. 그리고 더 강력한 영향력을 행사하며 많은 추종자를 끌어모았다. 이렇게 등장한 여신, 남신들은 대략 200명을 넘어선다. 바이블백신센터와 한국목회데이터연구소의 최근 공동조사발표에 따르면 오늘날 이렇게 가짜 신들을 찾아 맹종하는 이들은 한국 개신교 성도의 8.2%(교회 출석자 기준)에 이르는 것으로 조사되었다.[2] 더 이상 사소한 문제로 취급할 수 없는 수준에 이르게 된 것이다. 문제는 이런 가짜 신들을 추앙하는 이단·사이비 단체가 눈을 전 세계로 돌려 포교하며 K-한류에 이어 K-이단·사이비를 수출한다는 것이다. 이러한 가짜 신들에 대한 정보가 없는 외국인들이 K-이단·사이비에 피해를 보는 사례가 속출하고 있다.

최근에 양형주 목사는 해외에서 한국산 이단으로 피해를 보고 이탈한 이들과 함께 온라인으로 회복 성경공부를 진행하고 있다. 참여하는 이들의 출신 국가들을 살펴보면 북미 지역은 물론이거니와 남미, 아프리카, 심지어는 이스라엘 베들레헴 지역 출신도 있다. 한국에서 뻗어 나간 K-이단이 광범위한 피해를 주고 있는 현실을 고스란히 보여준다. 이들의 상황을 들어보면 이단에 빠져 1-2년 있다가 나온 이들도 있지만 5년, 심지어는 10년 이상 이단에 빠져 자신의 일상을 내팽개치고 피폐해지도록 헌신했던 이들도 꽤 많다. 이들이 하나 같이 하는 말이 있다. '이것이 잘못된 단체라는 것만 처음에 알았어도 그

---

1 이단계보의 순서는 CBS 〈변상욱의 싸이판〉, "이단의 뿌리", 1편~3편을 참고했다.
2 한국목회데이터연구소, "[한국교회 이단 실태] 한국 기독교 이단 비율 8.2%, 최대 59만 명 추정!", numbers EXCLUSIVE No.203, 2023. 8. 15.

렇게 자신의 삶을 낭비하지는 않았을 것이다.' 이 책의 저자들은 이와 같은 심각성을 느끼고 한국 사회에 출현했던 가짜 신들을 제대로 소개할 필요성을 절감하였다. 그리하여 더 이상 가짜 신들이 미혹하는 말에 속지 말고, 자신들이 신앙하는 교주가 유일한 구원자가 아니라 이런 유사한 주장을 해 왔던 여러 이단 사이비 교주 중 하나임을 깨달았으면 하는 바람이다.

본서의 내용은 기독교인뿐만 아니라 현대사회를 살아가는 일반 시민에게도 필수적인 교양으로 자리 잡았으면 한다. 최근 들어 신앙이 없는 사람들이 이단 사이비에 빠져드는 비율이 높아지고 있음을 감안할 때 더욱 그러하다. 아무쪼록 본서가 이단 사이비의 실체를 깨닫고 예방하는데 요긴한 백신이 되길 기대한다.

특별히 이 책이 나오기까지 격려하고 아낌없이 지원해주신 존경하는 백성학 명예회장님(영안모자), 조용목 목사님(은혜와 진리교회), 김요셉·방수현 목사님과 원천침례교회(이계원 대표목사님) 공동체, 송호준 집사님께 감사드린다. 또한 구하기 어려운 자칭 신들의 과거 사진을 사용하도록 허락해주신 현대종교사(발행인 탁지원 소장님, 편집인 탁지일교수님)에 고마운 마음을 전한다. 귀한 도움의 손길이 있었기에 이 책이 나올 수 있었다.

2023. 11. 저자 일동

들어가는 말

- 지난 100년간 한국에 출현했던 거짓 '신'들

사람이 신(神)이 될 수 있을까? 언젠가는 죽고야 마는 연약한 인간에게 영생불사하며 번뜩이는 예지력을 갖춘 신이 되고자 하는 동경은 오래전부터 있었다. 그래서인지 한국 전래동화에는 유달리 '산신령'이 참 많이 등장한다. 산신령은 뜻밖의 장소와 시간에 등장해서 사람들의 어려움을 해결해 주고, 또 앞으로 일어날 길흉화복을 신기하게 알려준다. '신령(神靈)'이란 무엇일까? 신령은 신비로운 힘을 지닌 초인간적 존재를 가리키는 무속 용어다.[1]

산신령이란 산에 거하는 신령을 가리킨다. 우리나라 국토의 70%를 차지하는 것이 산이다. 우리에게는 신령이 산에 머물며 인간의 생사화복에 커다란 영향력을 행사하며 관여한다는 믿음이 은연중에 뿌리내려 있다. 이런 산신령에 대한 믿음은 뿌리 깊고 강력하다. 산신령 신앙이 얼마나 강력한지 우리나라에 처음 불교가 들어와 토속신앙을 전부 몰아내려 할 때도 살아남았다.[2] 절 한쪽에 세워진 산신각(山神

---

1 "신령(神靈)", 한국민족문화대백과사전, http://encykorea.aks.ac.kr/Article/E0032878.
2 조용헌, "절 더부살이 산신각, 왜 대웅전보다 높은 곳에 있을까", 『주간조선』 제2640호, 2021.

閣)이 대표적인 예다. 산신각은 산왕전(山王殿)이라고도 하며, 절에서 가장 중요한 건물인 대웅전 법당보다 높은 곳에 있다. 예로부터 산에 사찰을 지으려 할 때는 먼저 산신령에게 통고하고 허가받는 전통이 내려온다. 이처럼 산신령 신앙은 우리 정서 속에 강력하게 뿌리내려 있다. 신령 신앙 가운데 때로는 특별한 사람이 특별한 사건을 겪거나 높은 단계의 수련을 거치면 신령이 되기도 한다. 민간 무속신앙에서 환웅, 단군, 최영 장군, 석탈해, 송구봉(전북 운장산), 송시열(서대산) 등 많은 이들이 산신령의 자리에 올랐다.

기독교가 한국에 들어온 지 140여 년이 되었다. 1884년 미국 감리교 선교사 맥클레이(R. S. Maclay)가 고종황제로부터 선교 허가를 받은 이래, 한국교회에는 복음의 씨앗이 퍼져가기 시작했다. 그러다가 20년 후인 1903년에는 원산에서 강력한 회개를 동반한 대각성 부흥 운동이, 1907년에는 평양에서 대부흥 운동이 일어났다. 이는 개신교의 폭발적인 성장의 동인이 된다. 이러한 대각성 부흥 운동의 배경에는 성령의 강권적인 역사로 말미암는 강력한 회개 운동이 있었다. 사람들은 다른 이들 앞에 울면서 자신의 죄를 공개적으로 통회 자백하며 용서를 구했다. 이러한 영적 대각성이 일어나며 사회가 급진적인 거룩한 변화를 겪게 되었고, 많은 이들이 교회로 나아오게 되었다.

하지만 다른 한 측면에서는 이러한 영적 대각성 운동이 왜곡된 형태로 뻗어 나가기 시작했다. 성령의 강력한 역사를 경험하면서 일부 열광적인 신비주의자들이 우리나라 고유의 신령 신앙을 결합하며 왜곡된 형태를 나타낸 것이다. 1920-30년대는 강렬한 신령 체험과 함께 신령주의의 바람이 거세게 불었다. 이러한 배경에는 당시의 암담한 시대 상황이 있음을 이해해야 한다. 당시 한국은 일본 제국주의의 가중되는 탄압정책에 경제적인 공황까지 겹치고, 나라 잃은 슬픔 속에 빠져 좌절과 실의를 딛고 일어설 수 없을 만큼 절망적이었다. 이 세상에 더 이상 기댈 소망이 사라지자, 사람들은 현실에서 도피하여 피안의 세계 속에 안주하기를 갈구했던 것이다.[3] 이러한 환경에서 기독교 영성운동은 극단적 형태의 기독교 신령주의 운동으로 표출되었고, 이는 산기도 운동과 결합하며 결국 수많은 '보혜사', '그리스도', '주님' 등을 양산하였다. 특별한 '접신' 경험 이후, 자신이 이 시대의 주님이라고 주장하는 이들이 나타나기 시작했다. '신이 된 자', 곧 기독교적 '신령'들이 여기저기 나타난 것이다. 시작은 성경의 그리스도에서 시작했지만, 결론은 자신이 이 시대에 새롭게 나타난 '신령'이니 자신을 따르라는 것이었다. 이런 이들을 '이단(異端)'이라 한다. 이단이란 무엇인가? 끝이 다른 이들이다. 이단을 한자로 풀면 다를 '이(異)'에, 끝 '단(端)'을 사용한다. 시작은 예수 그리스도를 신앙하는 것으로 시작하지만, 결론은 자신이 이 시대에 새로 온 재림 그리스도라는 것이다.

당시 조선 교회 여기저기서 나타났던 자칭 '신'들로 인해 1920-30년대부터 한국 기독교는 이미 몸살을 앓고 있었다. 당시 장로교 및 감리교 연합 언론지였던 『기독신보』에는 "이단방지가 제일"이란 제목의 기사가 실렸다. 그 내용은 다음과 같다.[4]

---

3 탁명환, 『기독교이단연구』(서울: 1986, 국종출판사), 98.
4 "1934년의 조선교회 이단문제", 『기독신보』, 1934. 1. 10. 아래 기사는 필자가 고어체를 현대어

조선교회의 당면한 문제가 수백으로 헤아릴 수 있는 때에… 이단이 발생하는 것이 조선교회 당면한 문제 중에서도 제일 크다고 봅니다. 옛날부터 이단을 전하는 자 없는 것은 아니나 조선 기독교 50년 미만인 역사를 가진 교회에서 왜 이렇게 이단이 많이 나올까, 이 문제를 생각해 보니 신학교에서 목회자를 가르칠 때에 이단의 사상을 가진 자를 성경 그대로 믿고 순종할 만하도록 교화치 못한 연고이며, 또한 교역자들이 교인을 가르칠 때에 바른대로 믿을 만하도록 교도치 못한 연고이라고 단언하는 동시에, 급한 문제를 해결하려면 신학교 당국자나 교 역자가 충분히 성경을 그대로 해석해서 가르쳐야 할 것입니다.

우후죽순으로 생겨나는 거짓 신들로 인해 당시의 조선교회는 몸살을 앓고 있었다. 기독신보의 분석에 따르면 거짓 신들이 출몰하고 교인들이 이들을 따르는 이유는 조선교회가 이들이 갖고 있던 그릇된 사상과 신앙을 바르게 교화시키지 못했기 때문이다. 유불선 신앙과 함께 한민족의 가슴에 뿌리 깊이 박혀있던 무속신앙과 신령 신앙을 성경의 가르침으로 바로 잡아주지 못했다. 특히 신령 신앙은 수많은 거짓 신들을 태어나게 하고 또 그들을 믿고 따르게 하는 민간신앙이었다. 그래서 1920-30년대 일어났던 이러한 이단 운동을 '신령파 운동'이라고 부르기도 한다.[5] 이러한 운동은 신령 신앙이 기독교적 옷을 입고 표출된 것이다.

이제 한국에 기독교가 전래된 지 100년이 넘어간다. 하지만 이런 왜곡된 기독교적 신령파 신앙 운동은 오늘날도 끊임없이 이어지

로 일부 각색했음을 밝혀둔다.

5 최중현, 『한국 메시아운동사 연구 (제1권)』 (서울: 생각하는 백성, 1999), 191.

고 있고, 이로 말미암아 거짓 신, 거짓 그리스도, 거짓 보혜사는 계속해서 나타나고 있다. 한국 기독교 역사 가운데 등장한 거짓 신들은 1917년부터 지금까지 약 200여 명에 달한다. 이런 현상은 일찍이 초대교회 때도 일어났었다. 이에 사도 바울은 신약성경 고린도전서에서 다음과 같이 경고한 바 있다.

> 어떤 사람이 와서, 우리가 전하지 않은 다른 예수를 전해도, 여러분은 그러한 사람을 잘도 용납합니다. 여러분은 우리에게서 받지 아니한 다른 영을 잘도 받아들이고, 우리에게서 받지 아니한 다른 복음을 잘도 받아들입니다(고후 11:4, 새번역)

초대교회와 마찬가지로 한국교회도 초창기 시절부터 다른 예수, 다른 영, 다른 복음으로 끊임없이 몸살을 앓아왔다. 한국 기독교 100여 년 역사 가운데 나타났던 신들을 보면 남녀가 골고루 등장한다. 그 가운데 따르는 사람이 1천 명 이상 되는 나름 성공한(?) 신들이 40여 명이나 된다. 이런 신들은 지금도 왜곡된 성경해석과 신령주의적 체험을 결합해 끊임없이 양산되고 있다. 또한, 왜곡된 신앙을 바로잡지 못하는 이들은 끊임없이 미혹되어 이들을 따르며 인생을 허비하고 있다. 필자에게는 지금도 일 년에 한두 번씩 새롭게 개업한 신들로부터 편지가 온다. 편지에는 이렇게 적혀있다. '이 시대 마지막 구원자 OOO, 너는 나를 따르라.' 심지어 어떤 30대 후반 여교주는 자신의 운전면허증을 복사해서 자신의 신분이 확실하다는 것을 보여주며 자신을 재림주로 믿고 따르라고 편지를 보내기도 했다. 그렇다면 한국 기독교 100여 년 역사 가운데 나타났던 신들은 도대체 어떤 이들이며, 그들이 신으로서 한 일은 무엇이었으며 어떤 주장으로 사람들을 미혹했을까?

1부

한국의 여신(女神)

계룡산 등운암의 산왕전(산신각)에 가면 특이한 그림이 있다. 거기에는 여자 산신령이 그려져 있다. 여신 옆에는 갓을 쓴 선비가 무릎을 꿇고 있다. 이러한 여자 산신령의 존재는 지리산이나 북악산에도 있다. 이것은 우리 무속신앙에도 여성 산신, 곧 여신령을 숭배하던 관습이 있음을 보여준다. 그래서일까? 한국교회에는 여자 그리스도, 여자 하나님 등 여신이 종종 등장해 왔다. 특히 한국 초대교회사를 보면 이들은 아주 강력한 영향력을 행사하며 한국 이단 계보사에 이름을 남겼다.

주요 이단 계보도

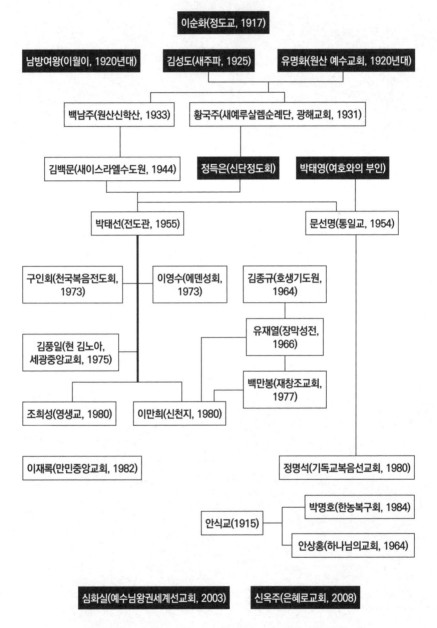

이순화(정도교, 1917)

남방여왕(이월이, 1920년대)　　김성도(새주파, 1925)　　유명화(원산 예수교회, 1920년대)

백남주(원산신학산, 1933)　　황국주(새예루살렘순례단, 광해교회, 1931)

김백문(새이스라엘수도원, 1944)　　정득은(신단정도회)　　박태영(여호와의 부인)

박태선(전도관, 1955)　　문선명(통일교, 1954)

구인회(천국복음전도회, 1973)　　이영수(에덴성회, 1973)　　김종규(호생기도원, 1964)

유재열(장막성전, 1966)

김풍일(현 김노아, 세광중앙교회, 1975)

백만봉(재창조교회, 1977)

조희성(영생교, 1980)　　이만희(신천지, 1980)

이재록(만민중앙교회, 1982)　　정명석(기독교복음선교회, 1980)

안식교(1915)　　박명호(한농복구회, 1984)

안상홍(하나님의교회, 1964)

심화실(예수님왕권세계선교회, 2003)　　신옥주(은혜로교회, 2008)

〈주요 이단 계보도〉는 CBS 〈변상욱의 싸이판〉, "이단의 계보"편을 참고했다.

1장

새 시대의 대천주 이순화(1870-1936)

　　신앙인들의 기도 제목 1순위는 '치유'인 경우가 많다. 지금도 '암을 고친다', '에이즈(AIDS)를 고친다', '죽은 사람도 일으킨다', '온갖 불치병을 낫게 한다'는 치유 예언사역자가 온다고 하면 만일을 제쳐두고 쫓아다니는 신도들이 적지 않다. 일요일에 자신이 소속된 교회에 잠시 출석만 할 뿐 평일에는 그런 '신령한' 사역자를 찾아다니는데 몰두한다. 그런데 병이 낫고 하나님의 음성, 직통 계시를 받으면 신앙이 좋아질까? 결코 그렇지만은 않다. 기독교계 신흥종파의 첫 출현으로는 1917년에 시작한 정도교(正道敎)의 창시자 이순화를 꼽는다.[1] 그녀는 어떻게 기독교계에서 출발한 신흥 종교 교주 1호로 손꼽히게 됐을까?

　　이순화는 1870년 12월 20일(음력) 경남 거창에서 출생했다. 38세 때 다섯 살 된 아들이 병에 걸렸다. 아무리 의원을 찾고 약을 써도 차도가 보이지 않았다. 때마침 들른 물감 장수 부인으로부터 귀가 번쩍

---

[1] 이강오의 "구한말 남학의 발생과 그 성격에 관하여", 『전라문화연구』, 창간호, 1919, 107-141을 인용한 허호익과 한국 재림주들의 뿌리를 정리한 최중현의 『한국 메시아운동사 연구』에서 정도교의 이순화를 '한국교회사에 처음 등장한 이단'으로 꼽는다.

계룡산에 본부를 차린 정도교의 모습 (사진 - 탁명환, 『한국의 신흥종교』 3권)

뜨일 소식을 듣는다.

　교회에 다니면 하나님이 고쳐주실 거예요!

　이순화는 이 말을 듣고 곧바로 교회에 출석한다. 아들의 병이 고쳐
지기를 기도하자 3일 만에 호전이 됐다. 이어 3일 동안 다시 기도하
자 아이의 병에 크게 차도가 생겼다. 의원에서도, 약을 먹어도 차도
가 없던 아들이 1개월 만에 완쾌되었다. 놀라운 신적 치유를 체험한
이순화는 그때부터 기도에 전념한다. 무릎에 피가 고일 정도였다. 목
숨을 건 듯한 기도 생활은 1913년 3월부터 1917년 3월까지 만 5년

간 이어졌다.[2] 그녀의 나이 48세가 됐을 때였다. 어느 날 그녀는 기도 중 하나님의 음성을 듣는다.

> 너는 이제부터 이 두 가지 기를 가지고 일을 하여 천하 만민에게 신시대 천국 건설 운동과 진리 방법을 가르쳐서 나의 뜻을 이루고 너희 세계 인류가 천국 복락을 누리도록 하여라.[3]

두 가지 깃발은 지상 천국을 의미하는 녹십자기와 세계 평화를 의미하는 태극 팔괘기였다. 이때부터 이순화는 가사를 돌보지 않고 받은바 계시대로 움직였다. 그가 받았다는 계시 몇 구절을 옮겨본다.

> 품질 좋은 단군 자손들아, 성신으로 교통시켜 줄 것이니 시급히 독립운동을 일으켜 자주독립 국가를 건설하여라. 그리하여 내가 너희 나라에 거하여 심판 권세 가지고 인간들의 모든 죄악을 심판 후에 천하만국을 통일하여 일체로 화평케 다스려 천국 복락을 줄 것이고 만일 너희 나라가 독립국가가 되지 못하면, 내가 너희 나라에서 거할 수 없고 세상은 불원간 망할 것이니라.[4]

계시를 따라 독립운동을 펼친 이순화는 "십자가 깃발과 팔괘기를 게양하면 만국 만민이 구제될 것이다.", "이 기를 수호하면 복을 받을 것이다.", "일본은 망한다.", "천황은 유황불 못에 멸망 받게 될 것이다."라고 하면서 사람들이 모이는 공공장소에서 고함을 지르다

---

2 탁명환, 『한국의 신흥종교: 기독교편 3권』 (서울: 국종출판사, 1979), 310.
3 위의 책, 311.
4 위의 책, 311.

붙잡히고 모진 고문을 당하기도 했다. 그리고 1920년 재판을 받고 보안법 위반 등의 혐의로 징역을 살다가 1923년 1월 출옥하게 된다. 1924년 3월 초 이순화는 400여 명의 신도를 데리고 충남 계룡산 신도안으로 들어간다. 여기서 포교를 하다가 1936년 음력 1월, 67세를 일기로 병사한다.[5]

조선독립은 옥황상제의 명령이라고 주장했던 이순화 관련 기사, 『조선일보』 1920년 9월 20일

교주 이순화는 처음 교회를 다니는 교인으로 출발했으나 '무극성 불 아부지'로부터 대업을 이룰 명을 받았으므로 '대천주님'이라고 불리거나 아예 '주님'이라고 불리기도 했다. 기독교 교인으로 시작했으나 이질적인 신흥 종교 집단의 교주로 변모한 것이다.[6]

이순화는 처음엔 기독교적 색채를 띠고 시작했지만, 말년에 교인들을 끌고 계룡산으로 들어가면서 탈현세적(脫現世的) 신비주의와 종교혼합주의의 길로 갔고 기독교적인 색채를 잃어버렸다.

하나님의 음성을 직접 듣고 치유의 기적이 나타나면 정말 하나님의 특별한 은총을 입는 것일까? 이순화의 예로 본다면 이런 특별한 체험을 한다고 하더라도 자신을 특별한 은총을 입은 특별한 사람으

---

5 위의 책, 312.
6 위의 책, 309 참고.

로 여기다 보면 성경의 가르침에서 점차 멀어질 뿐만 아니라 자신을 신격화하는 위험에 빠지기 쉽다. 심지어 기도하며 기적도 체험할 수 있다. 이순화는 아들의 병 고침을 계기로 기독교 신앙에 발을 들여놓은 것을 볼 때 기도 생활을 열심히 한 것으로 보인다. 그런데 만 5년간의 기도 생활 끝에 특별한(?) 계시를 받고 그 계시대로 생활하며 가정생활은 등한히 했다. 그리고 끝내 하나님 아버지의 대업을 이룰 사람으로 자신을 신격화하는 이단 사이비의 길을 걷고 만다. 성경에서 계시하는 참된 주님이요 구원자는 예수 그리스도이다. 신앙인이라면 겸손히 그를 구원자로 믿고 따라야 한다. 이를 왜곡하는 순간 사람은 변절한다. 때로 그 계기가 치유, 영적 존재로부터 특별한 음성을 듣는 체험이 될 수도 있다. (이는 신도들의 신앙생활에서 '하나님의 음성'으로 표현되는 경우가 많다).

2장

이 시대의 심판자 남방여왕(본명 이월이, 1920년대)

1920년대, 한국 초대교회사에 생몰연대가 불분명한, 재밌는 이름으로 남은 또 다른 여신이 한 명 등장한다. 바로 '남방여왕'이다. 그녀의 본명은 이월이(李月而)지만 사사(四四)라는 가명을 썼고 세상에는 남방여왕으로 더 잘 알려졌다.[1] 남방여왕이라는 교주는 약 10년 동안 한반도 각지를 순회하며 활동했다. 이처럼 대천주 이순화 교주에 이어 한국교회 이단 계보의 초창기 인물들은 여성들이 주류로 등장한다. 이는 이들이 체험했던 정제되지 못한 신비체험 때문이었다.

그녀는 여왕답게 홀로 다니지 않고 많은 남녀 수행원을 데리고 다니며 여러 지방을 순회했다. 교회당을 빌려 집회를 했는데 신약의 요한계시록을 1장에서부터 마지막 장인 22장까지 꼭 한 번씩 통독한 뒤에 병자에게 손을 얹어서 기도하는 방식으로 진행했다. 당시에는 남방여왕의 안수를 받으면 만병통치가 된다는 소문이 퍼졌다.

1929년의 일이다. 김해읍 교회를 남방여왕의 수행원들이 찾았다. "남방여왕께서 이 교회를 쓰시겠다 하라"는 말을 전한 것이었다. 당

---

1 "자칭 남방여왕", 조선일보, 1935. 5. 12.

시 담임목사였던 조승제는 단박에 거절했다. 이 일이 있고 한 주가 지나서 남방여왕은 그를 수행하던 한 남자와 마산선 진영역 앞에 있는 한 여관에서 음행하다가 경찰에 발각되었고, 그 행위가 상습적인 것임이 인정되어 검찰에 송치되는 해프닝이 있었다.[2]

남방여왕의 행적과 관련한 자료는 빈약하지만, 남겨진 자료에서 몇 가지 특징을 확인할 수 있다.

첫째, 계시록을 통독했다.

둘째, 만병통치의 기적을 행한다고 주장했다.

셋째, 안수 기도를 하면 만병이 치유된다고 주장했다.

넷째, 수행하던 남자와 습관적인 음행을 일삼았다.

남방여왕의 행적을 살펴보면 그녀는 100년 전의 교주였지만 그녀의 행태는 오늘날 신으로 자처하는 사이비 교주들의 행태들과 매우 닮았음을 알 수 있다.

그녀는 성경을 자기 편한 식으로 해석하고 성경에 등장하는 인물을 오늘날 실제로 성취된 '실상'의 인물인 것처럼 대입했다. 이러한 해석은 오늘날 신천지의 해석과 유사하다. 그녀가 남방여왕으로 불렸던 근거는 성경 마태복음 12장 42절에 있다.

심판 때에 남방 여왕이 일어나 이 세대 사람을 정죄하리니 이는 그가 솔로몬의 지혜로운 말을 들으려고 땅 끝에서 왔음이어니와 솔로몬보다 더 큰 이가 여기 있느니라.

---

2 조승제, 『목회여담』 (서울: 향린사, 1965), 96; 이장식, 『한국교회의 어제와 오늘』 (서울: 대한기독교출판사, 1990), 189-190에서 재인용.

마태복음에 나오는 남방 여왕은 어려운 문제로 솔로몬 왕을 시험하고자 왔던 '스바의 여왕'을 가리킨다(왕상 10:1-13). 스바는 오늘날의 에티오피아에 해당하며, 이스라엘의 남단에 위치하고 있었다. 남쪽 왕국에서 온 여왕이라 하여 '남방여왕'이라 불렀던 것이다. 그녀는 솔로몬 왕

『조선일보』 1937년 2월 17일자에 기사화된 남방여왕. 혹세무민의 괴녀재현이라는 부제가 눈에 띈다.

을 찾아와 그의 지혜를 받아들였다. 하지만 예수 시대에 예수를 반대하던 바리새인과 서기관들은 예수의 말씀을 받아들이기를 거부했다. 예수께서는 마지막 심판 때에는 기꺼이 마음을 열고 진리를 받아들였던 스바의 여왕, 곧 남방여왕이 일어나 솔로몬보다 더 크신 예수의 말씀을 거부하는 이 세대 사람들을 정죄할 것이라 말씀한다. 이는 솔로몬보다 더 큰 예수의 권위를 강조하며 그의 구원의 말씀을 들어야 함을 강조하는 표현이었다. 하지만 '남방여왕'은 엉뚱하게도 그리스도가 아니라 자신을 심판자로 해석하고는 자신이 곧 심판 때에 이 세대 사람을 정죄할 바로 '그 사람'임을 강조하는 해석을 한 것이다. 그녀는 기독교계에서 활발하게 활동을 시작했지만 음행 사건이 발각되어 감옥에 갇힌 이후 그 세력이 약화됐고, 이순화와 마찬가지로 큰 영향을 끼치지 못하고 사라졌다.

남방여왕은 스스로가 마치 신의 영을 받은 사람, 즉 신령한 계시를 받은 사람인 것처럼 행동하며 마지막 심판 때의 메신저로 자신을 신격화했다. 이순화와 남방여왕이 기독교에 끼친 영향은 미미했다. 그러나 이제부터는 조금 다른 여신들이 등장한다. 이들은 상호간 직간접적으로 영향을 주고받았고 21세기를 지나는 현재, 한국 사회 언저리에 성행하는 이단 사이비 교주들에게도 적잖은 영향을 끼친 사람들이다.

3장

새 주님 김성도(1882-1944)

처음 언급한 이순화나 남방여왕 행세를 했던 익명의 여인은 기독교계 전체에 그다지 큰 영향을 일으키지는 않았다. 이들은 민속 신앙의 바닷속으로 빠져들어 가거나 그냥 종적 없이 사라졌다.[1] 그러나 이제부터 언급하는 교주는 다르다. 김성도는 한국에 존재하는 모든 자칭 재림주들에게 직간접적 영향을 줬다고 할 정도로 원형이 되는 이단 교리를 주장했다. 그녀가 어떻게 '새주파'의 창시자가 되어 '새 주님'이 됐는지 그녀의 일생을 살펴보자.

김성도는 1882년 음력 7월 1일에 평북 철산에서 태어나 만 17세에 시집을 갔다. 그녀를 맞이한 남편 정항준은 27살이나 연상이었고 이미 첫째 부인에게서 딸을, 정실이 아닌 다른 부인에게서 아들을 둘이나 얻은 상황이었다. 그녀의 시집살이는 한이 맺힐 정도로 서러웠다. 김성도는 대를 이어야 한다는 목적으로 둘째 부인이 됐다. 사내아이를 낳기를 고대하던 끝에 1906년 아들을 낳았는데 아이를 낳고 나서 김성도에게서 일종의 정신이상 증세가 나타났다. 무당을 부

---

1 최중현, 『한국메시아운동사 연구 1』 (서울: 생각하는 백성, 1999), 18.

르고 굿을 했다. 병원을 찾고 치료를 위해 온갖 노력을 다했다. 그러나 차도가 보이지 않았다. 그때 한 전도자가 김성도의 집을 찾아왔다. "이 병은 예수님을 믿어야 낫습니다." 김성도는 이때부터 교회를 다니기 시작했다. 그녀의 병도 기적적으로 낫게 되었다. 그녀의 아들도 병을 앓았으나, 그 역시 기도를 받고

새주파의 김성도

나으면서 김성도의 신앙심은 더욱 깊어져 갔다.[2]

　　신앙심이 깊어짐에 따라 유교적 전통을 고수하던 김성도의 남편은 그녀를 점점 거세게 핍박했다. 그녀는 죽을 정도로 남편에게 구타를 당했다. 교회에 가지 못해 집에서 기도 생활을 하는 것으로 교회 출석을 대신해야 할 정도였다. 그러던 어느 날 그토록 심하게 핍박을 가하던 남편이 사망한다. 이때가 1916년, 결혼 17년 만이었다. 그 뒤로 김성도는 교회의 권사로 더욱 신앙생활에 몰두했고, 이때부터 그녀의 기도 생활은 날개를 달았다. 그녀의 기도 생활은 단순한 필요를 구하는 것을 뛰어넘어 성경 상의 난제를 갖고 씨름하는 방식으로

---

2 위의 책, 21.

이어졌다. 그러던 어느 날 그녀는 마태복음 5장 48절의 "하늘에 계신 너희 아버지의 온전하심과 같이 너희도 온전하라"라는 말씀에 큰 도전을 받았다. 그녀는 이 말씀을 붙들고 '하늘 아버지와 같이 온전할 수 없을까' 하는 문제로 매일 기도를 이어갔다. 그런 가운데 그녀는 직통 계시와 환상, 그리고 그녀를 통해 나타나는 치유의 기적 등 여러 신비체험을 한다.

그러던 어느 날, 그녀는 입신(入神, 일종의 무속적 개념으로 인간의 영혼이 부지불식간에 신과 접한 상태, 이를 접신(接神)이라고도 함, 혹자는 이를 영혼이 몸을 빠져나가 천국과 지옥과 같은 영계를 보고 오는 신비체험의 일종이라 주장하기도 함)을 체험한다. 1923년 음력 4월 2일, 김성도는 입신하여 영계에 들어가 하늘의 천군 천사들을 만났다고 주장했다. 그녀의 경험을 들어보면 다음과 같다.

> 내가 영계에 들어갈 때 무시무시한 사탄의 세력의 방해를 받았는데 결국 하나님의 보좌에까지 올라가게 됐다. 그곳에서 내가 예수님을 만났다! 예수님과 내가 친구처럼 대화를 했는데 그분이 성경에 나오는 비밀들을 일깨워 주셨다. 예수님은 나에게 "성도야, 선악과는 음란에서 비롯된 것이고 죄의 뿌리는 곧 음란이란다!", "성도야, 내가 이 세상에 내려왔을 때 사람들이 믿지 못해 억울하게 죽었는데 그 심정도 모르고 십자가를 교회당에 달고 있구나. 그것 좀 떼어 내려 주렴."이라고 말씀하셨다.[3]

놀라운 입신 체험 후 그녀는 계속 기도에 정진하였고, 그 뒤로 열흘

---

3 최중현, 24. 참고해서 필자의 말로 각색함.

뒤인 음력 4월 12일, 그녀는 또다시 입신하여 예수로부터 새로운 계시를 받는다. "내가 구름 타고 간다고 했더니 사람들이 그걸 실제 구름으로 오해하고 하늘만 쳐다보는구나, 사실 재림은 육신을 쓴 인간의 몸으로 동방 땅끝인 한국으로 가는 것이란다."

하나님의 보좌에서 예수님을 만나서 직접 대화했다는 내용은 길이 2m, 폭 30cm의 종이 열두 장에 기록하여 남겼다. 마치 요한계시록에서 사도 요한이 받아먹었다던 두루마리를 연상시키는 대목이다. 이후, 그녀는 세 번째로 입신한다. 예수께서는 하늘 영계에서 김성도에게 "때가 급하니 속히 세상에 널리 알리라"라는 계시를 주었다. 입신 체험 후 김성도는 담임목사에게 이를 말했다. 이를 들은 담임목사는 이것은 '사탄의 역사라며 자제하라'고 당부했다. 하지만 김성도 권사가 영계를 다녀왔다는 소문이 신도들 사이에서 돌았고, 소문을 들은 사람들은 그녀를 끊임없이 찾아왔다. 마치 새롭게 신접한 '용한 무당'을 찾듯 김성도에게 몰려든 것이다. 결국, 그녀는 1925년 소속 교회로부터 출교 처분을 받았다.

이렇게 되자 김성도는 자신을 계속 찾아오는 교우들과 함께 가정예배를 드리기 시작했다. 당시 평양은 1907년 대부흥 운동이 불길처럼 퍼져가던 때와 맞물려 누군가 주님을 만나고 계시를 받았다는 사람이 나타나면 열 일을 제치고 찾아다니는 신도들로 극성이었다. 김성도를 따르던 이들 중 상당수는 병을 치료받고자 했다. 김성도를 따랐던 이들은 신령한 은혜를 체험한 김성도를 쫓아낸 기성교회 목회자에게 조만간 하늘로부터 징계가 내릴 것으로 여겼다. 그러나 아무런 징조가 없자 2-3년이 지난 1927-28년경에는 다시 기성교회로 돌아가는 이들이 상당수 발생하였다.

이런 가운데 김성도의 딸 석현에게도 신령의 역사가 시작되었다. 그녀는 황홀경 가운데 "새 주님이 나타났으니 회개하지 않으면 안 된다"는 계시를 받고, 계시를 통해 '감사의 노래'를 부르며 새 주님이 이 땅에 오심을 찬양하기 시작하였다.

김성도는 자신의 추종자를 선별해 예수께서 그랬던 것처럼 열두 제자를 세웠다. 기도 끝에는 '새 주님'의 이름으로 기도했다. 이들은 '입을 벌리고' 성령을 받기도 했다고 한다. 당시에 새주파의 집회에 참석했던 이의 증언은 다음과 같다.

> 평북 철산에 김성도라는 권사가 있어 병 고치는 은혜를 받고 많은 병자를 고쳐주었다. 사방에서 많은 환자가 모이고 기도를 받으면 즉석에서 마음이 감동이 되자 권사란 명칭을 부르지 않고 〈새 주님〉이라고 불렀다. 이 새 주는 자기 앞에 12제자를 두고 기도 끝에는 〈새 주님〉의 이름으로 기도한다고 했다. 그들은 남녀가 한자리에 모여서 '역사, 역사, 새 주님 역사, 진주문에 들어가서 새 주님을 만나자'고 야단법석을 한참 한다. 이것이 끝나면 새 주는 성신을 부어 줄 터인즉 입들을 벌리고 기도하라고 한다. 새 주가 냉수를 입에다 뿌려 주면 그 냉수를 받아먹느라고 큰 소동이 벌어…[4]

입을 벌리고 성령을 받으려는 모습은 이후 심재웅·심화실의 '예수님왕권세계선교회'라는 곳에서 강력한 퍼포먼스를 보이며 재현된다. 다수의 참석자들이 입을 크게 벌리고, 양손으로 자신의 입을 향해 마

---

4 김선환의 증언을 최중현이 그의 책, 『한국메시아운동사 연구 1』, 28에 소개한 것을 인용하였다.

치 공기를 집어넣는 것처럼 연신 손을 움직이거나 입만 크게 벌리기도 했다. "네 입을 크게 열라 내가 채우리라"(시 81:10)라는 말씀을 근거로 했지만, 그 시작은 새주파의 김성도였다. 김성도를 따르는 신도들은 자신의 재산을 바치고 유무 상통하며 살았다.

이들은 김성도가 사망한 1944년에 급속도로 약화되었다. 하지만 그의 죽음을 애석해하며 그의 사진을 집에 걸고 기도하던 허호빈에게 새로운 신령의 역사가 시작되며 '복중교'(1부 9장 '복중교 허호빈' 참고)로 그 명맥을 이어간다. 새주파의 핵심 교리는 두고두고 이후에 출현하는 자칭 신들에게 재활용되고 있다.

김성도가 입신하여 받은 계시의 핵심 교리는 다음과 같다.

1) 죄의 뿌리는 선악과라는 과일을 따 먹은 것에서부터 온 것이 아니라 남녀 관계가 원인이 되었다. 즉 음란이 타락의 동기였다.
2) 예수님은 십자가를 지기 위해 온 것이 아니라 돌아가지 않고 뜻을 이루어야 했다.
3) 하나님께서 2대 슬픔을 갖고 계시는데, 그 첫째가 아담이 타락하는 순간을 아시면서도 간섭하시지 못하시고 바라만 볼 수밖에 없으셨던 슬픔, 둘째는 예수님께서 하나님의 뜻을 십자가에 돌아가지 않고 살아서 이루셔야 하는데도 불구하고 인간의 불신으로 말미암아 예수님이 십자가에 못 박히시는 장면을 보시는 슬픔이었다.
4) 재림주는 구름을 타고 오는 게 아니라 여인의 몸을 통해 오신다.
5) 재림주님은 한국으로 오시며 만인이 한국을 신앙의 종주국으로 알고 찾아오게 된다.[5]

---

5 위의 책, 37.

김성도의 이러한 계시는 21세기 한국 사회에 나타난 수많은 이단 사이비 단체와 재림주들의 교리적 뼈대를 제공한다. 일제 신사참배를 반대한 김성도는 심한 고문을 받고 1944년 만 62세의 나이로 사망한다. 이후 김성도의 성적 타락 교리, 예수 실패 교리, 하나님의 속사정론, 동방 재림론 등의 교리는 백남주, 정득은, 문선명 등에게로 이어진다.

이단 사이비 교주들은 선뜻 자신의 이름으로 기도하는 정도까지 속내를 노출하지는 않는다. 그래서 '새 주님의 이름으로 기도합니다' 정도로 표현하였다. 그러나 아무런 거리낌 없이 교주의 이름으로 기도하는 단체도 있다. 대표적인 곳이 안상홍 증인회(하나님의교회 세계복음선교협회)이다. 이곳은 기도를 마칠 때 "거룩하신 그리스도 안상홍님의 이름으로 기도합니다"라고 한다. 세례를 줄 때도 성부 하나님, 성자 예수님, 성령 안상홍 그리스도라고 한다. 김성도의 새주파처럼 '새 주님의 이름으로 기도합니다'와 유사하게 기도를 마무리하는 사이비가 기독교복음선교회(CGM, 일명 JMS)이다. 이들은 '예수님의 이름으로 기도합니다'라고 하지 않고 꼭 "주님 이름으로 기도합니다"라고 한다. JMS 신도들은 '주님' 이름으로 기도하면서도 마음으로는 정명석을 떠올린다. '새주'라고만 하지 않았지 사실상 재림주의 이름으로 기도하는 것이다.

4장

'친림' 유명화(활동연대 1927-1933)

검색 포털 사이트에 검색어를 치면 자동으로 따라오는 단어가 있다. 이를 연관 검색어라고도 한다. 만일 오늘날 유명화가 살아 있었다면 그녀의 연관 검색어에는 뭐가 붙었을까? '강신극', '친림'이 따라붙었을 것이다. 강신극(降神劇)이란 마치 신이 자신에게 친히 강림해서 자신의 입을 통해 어떤 말을 대신 전해주는 일종의 연기를 뜻하는 말이다. 친림(親臨)도 마찬가지다. 친림은 하나님이 직접 사람에게 임해서 친히 말씀하신다는 의미로, 하나님의 영에 사로잡힌 무아지경의 상태에서 특별한 신탁의 말을 전하는 것처럼 연기하는 행위를 가리킨다.

강신극 또는 친림 현상은 1920-1930년대에 유행하였다. 당시 강신극, 친림을 목격한 사람들에게는 그것이 무당의 접신이나 산에서 신령을 만나 교시를 받는 현상과 다를 바가 없이 보였을 것이다. 그러나 이때는 대한민국에 기독교가 전래된 지 불과 50년이 채 안 된 시기였다. 어지간한 신자들은 하나님이 직접 임했다고 주장하며 무당에게 신령이 빙의한 것처럼 흉내를 내면, 이를 분별없이 하나님의 역사로 믿고 따르곤 했다.

유명화는 원산의 한 감리교회 신도였다가 1927년경 소위 입신 체험을 한 후부터 예언과 방언을 시작했다. 유명화의 특징은 예수님이 자기 안에 '친림'하여 계시를 주신다고 하면서 자신의 영적 권위를 예수와 동일시한 것이었다. 어법이 '하나님이 이렇게 말씀하시네' 정도가 아니라 "얘야", 또는 "아들아, 딸아"와 같이 하나님께서 직접 상대를 부르는 방식이었다. 이 권위 앞에 당시 유명했던 목회자들이 영향을 받았다. 유명화가 강신극을 연출하며 마치 하나님의 음성인 양 상대를 향해 '이놈', '저놈' 하며 막말을 해도 목회자들이 반발하기는커녕 그녀의 강신이나 친림 현상 앞에서 두려워하며 하나님의 계시를 대하듯 무릎 꿇었다.

유명화에게 날개를 달아준 이가 당시 장로회 함남노회 전도사로 있다가 후에 원산 장로교회의 목사가 된 한준명이었다. 한준명은 1932년 1월 28일, 처녀 때 귀신 들려 고생을 하다가 나음을 입고 열광적인 신비주의 신앙을 소유한 이유신과 함께 유명화를 데리고 평양에 가서 30일간 입신 강신극을 연출하여 물의를 빚었다. 유명화는 자기에게 예수가 임재했다면서 예수처럼 모습을 꾸미고 집회 때 강신극을 펼쳤다.[1]

유명화가 당시 감리교 부흥사로 유명했던 이용도 목사를 향해 호통을 쳤던 일화는 유명하다. 유명화가 "예수 가라사대"로 시작해 하나님의 말씀을 빙자하며, "용도야, 너는 내 교회를 세워라. 이놈, 네가 교회를 분립하지 않으면 나를 위하여 십자가를 진다는 것이 무엇

---

1 탁명환, 『기독교이단연구』, 99.

이냐?"라고 하자, 이용도는 이를 하나님의 말씀으로 알고 굴복했다고 한다."[2]

유명화의 강신극이나 친림, 그리고 직통 계시 예언은 당시 유명한 일부 개신교 목회자들에게 지대한 영향을 끼쳤다. 원산에서 시작한 유명화의 강신극은 '새 생명의 길 시대'라며 삼시대론을 주장한 백남주와 한준명에 의해 1932년부터 평양으로 그 신앙적 특성이 암세포처럼 전이되었다.[3] 원산의 한 지역에서 어쩌면 소리소문없이 사장됐을 수도 있는 유명화의 친림 사건이 오히려 당시 정통신학을 한 일부 유명 목회자의 지지 속에 날개를 단 셈이다.

이호빈(현 강남대학교의 전신 중앙신학원 설립자)도 유명화에 대해 "주께서 스웨덴보리에게나 썬다싱에게는 간접 나타나셨지만 유명화에게는 직접 친림했습니다. 주께서 우리 조선에 이렇게 친림하시니 이는 조선 지대의 영광이외다."라고 말한 바 있다.[4]

누군가 자신에게 하나님이 직접 임했다고 하면 의심하고 경계하기보다 오히려 두려워하고 그의 말을 신뢰하는 비정상적 경향이 1930년대 원산과 평양을 중심으로 퍼져간 것이다.

유명화의 강신극이나 친림, 신령 체험은 그 기원이 있을까? 그 기원은 A.D 150년경 페푸자(현 터키의 한 지역)라는 촌락에 천년왕국이 임한다고 주장한 몬타누스로 봐도 무방하다. 몬타누스는 큐렐이라는 여신의 사제 출신이었다. 이교 출신자였던 그는 '황홀경'에 빠

---

2 위의 책, 99.
3 백남주에 대해서는 본서 2부 2장을 참조하라.
4 민경배, 『한국기독교회사-신개정판』 (서울: 연세대학교출판부, 1993), 442.

지거나, '신접'하는 습성을 그리스도인이 된 후에도 버리지 못했다. 몬타누스는 황홀경, 즉 영적 체험을 추구했고 영매 역할을 하는 브리스길라와 맥시밀라라는 여성을 옆에 뒀다.[5]

　동서고금을 막론하고 친림, 황홀경, 신령 현상의 신비체험은 죄악 된 본성을 가진 인간들의 마음을 뒤흔들어 놓는 트리거(trigger)로 작동한다. 지금의 터키 지역인 페푸자에 천년왕국이 시작되고 그리스도께서 재림한다는 몬타누스의 예언은 결국 실패하여 역사 속에서 흔적도 없이 사라졌으나 그가 행했던 친림과 같은 계시, 신비체험 등은 2천 년이 지난 현재까지 교회사 속에 고스란히 남아 면면히 이어지고 있다.

---

5 J.W.C 완드 저, 『교회사』, 이장식 역 (서울: 대한기독교서회, 1960), 81.

5장

대성모 정득은(丁得恩, 1897년-?)

앞에서 우리는 새주파 김성도가 성적 타락론을 주장했음을 살폈다. 김성도가 '섹스 타락론'의 원형을 이론적으로 처음 주장한 사람이라면, 이를 실천한 사람이 있다. 놀랍게도 이 역시 남성이 아니라 여성이었으니, 그 사람이 바로 정득은이다. 정득은은 피가름의 성실한 실천자였다. 그녀는 느닷없이 남자들을 찾아가 죄 없는 구원자의 피를 받기 위해 영체 교환 의식을 치른다고 하거나 피가름을 명목으로 남성과 육체관계를 제안하고 실제로 그 행위를 했다. 물론 이것은 정득은이 나름대로 기도의 응답으로 계시를 따라 행한 것이다.

정득은의 출생지나 신앙생활(1939년) 이전의 행적은 정확하게 알려지지 않았다. 그녀는 결혼하여 딸을 낳았다가 33세였던 1929년에 이혼하였다. 이혼 후 그녀는 교회와도 한동안 거리를 두고 살았지만, 43세가 되는 1939년부터는 다시 신앙을 회복하여 독실한 신자로서 지낸 것으로 알려졌다. 이런 상태로 정득은은 8.15 해방을 맞이하였고, 50세가 된 때에는 목가름의 원조인 황국주(2부 1장 참고)의 황해도 '광해교회'에 다녔던 것으로 알려졌을 뿐이다.[1] 그녀는 "성신의 불을 받아 정신병 환자를 비롯한 난치병을 기도로써 쾌유케 하는 영통력의 소유자"로 알려졌다.[2] 또 집회 참석자들이 저지른 일 등을 영안으로 보아 알아맞히는 일도 있었다.

또한, 정득은은 특정인 H와 입을 맞추라는 계시를 받았다. 이런 계시를 이상하게 여겼던 정득은에게 어느 날 H가 찾아온다. 놀랍게도 H는 그녀에게 "계시를 받지 않았느냐?"라고 묻는다. 정득은이 어쩔 수 없이 시인했다. 그러자 H는 "신의 계시를 무시하면 신벌이 있을 것"이라고 했고, 그녀는 신앙심에서 H와 기도하며 성관계를 맺는다. 그녀는 이것을 기도 끝에 성신을 통해 받은 은혜로 여겼다. 종종 정득은의 입맞춤 계시는 둘 간의 성관계로 이어지기도 했지만 정득은 이를 거절당하기도 했다.

정득은은 1946년 음력 11월 어느 날 기도 중에 "너는 월남해서 포교하라. 남한에 가서 '교모'(敎母)가 돼라."라는 계시를 받고 서울에 온다. 그는 가끔 김백문의 '이스라엘 수도원' 집회에도 참여하곤 하였다. 정득은과 영체 교환식 피가름의 영향을 받은 사람으로는 문선명, 박태선 등이 꼽힌다. 특히 문선명의 창조, 타락, 복귀 섭리는 정득은이 이미 기초를 세워 놓은 것이었다. 그녀는 원죄가 성적 타락에서 비롯한 것이며 구원받으려면 새로운 피가 필요하다는 계시를 받았다고 주장했다. '새로운 피'는 정득은 자신의 피를 의미했다. 정

---

1 허호익, 『한국의 이단 기독교』 (서울: 동연, 2016), 108.
2 엄유섭, 『생의 원리』 (서울: 세종문화사, 1958), 5, 최중현, 『한국 메시아운동사 연구 (제1권)』, 192에서 재인용.

득은은 그녀의 추종자들과 영체 교환 의식을 치렀다.[3]

정득은이 문선명을 만난 때에는 특별한 신령 체험 사건이 있었다. 1946년 6월 6일 하늘에서 음성이 들렸다. 지금 38선을 넘어 청년 하나가 내려오는데 이 청년이 하나님의 중요한 책무를 맡아서 이 세상에서 보내진 사람이라는 것이었다. 지금 그 사람을 맞아들이지 않으면 안 된다는 신령 체험이었다. 정

피가름의 실천자이자 대성모로 추앙받은 정득은

득은은 부랴부랴 문선명을 만나 자신의 집으로 안내한 후 복귀 의식을 치른다. 당시 정득은은 "나는 여호와에게서 성모로 인정받았으니 나와 복귀 의식을 치르면 신과 동격이 되는 것이고 그 동격인 몸으로 다른 여인들을 복귀시킬 수 있다"라고 말했다.[4]

정득은의 부도덕한 피가름 실천이 전모를 드러낸 건 그녀의 딸 때문이었다. 한 신도에게 딸은 자기 어머니가 인간 이하의 더러운 짓만 하고 다니므로 누구든지 자기 어머니를 잡아 가두어 주면 좋겠다고

---

3 송홍근, "나는 지상천국의 왕이 될 것이다", 『신동아』, 2014. 5. 14.
4 박정화 외 2인, 『야록 통일교회사』 (서울: 큰샘출판사, 1996), 158.

한탄했다는 것이다. 여기서 인간 이하의 짓은 '영체 교환' 즉 신도들끼리의 성관계를 의미한다. 이 내용은 1957년 3월 18일 자 세계일보(통일교와 무관한 1950년대 발행 신문)에 대서특필 됐다.[5] 특히 세계일보는 정득은과의 인터뷰를 기사화했다.

> 여태까지 나는 여러 신도들과 음행한 사실을 비밀에 부쳐왔다. 그러나 이렇게 세상이 다 알게 됐으니 솔직하게 말하련다. 사실 나는 처음에 세 남성에게 내 피를 넣어준다 해서 성교하였다. 그 세 남자들은 또 다른 여성들을 전도해서 내 앞에서 성교하였다. 박OO 장로는(당시엔 집사) 그의 장모와 형수, 그리고 '원OO'이란 약혼 상대가 있는 처녀와 관계했다. 그때 내가 옆에 앉아 안찰기도한 것은 사실이다. 지금도 이 교리가 전혀 엉터리가 아니란 것을 신의 계시로 믿고 있다. 다만 세상이 죄악시하기에 비밀리에 행했을 따름이다.[6]

말년의 정득은은 온몸에 난 종기로 고생했다. 그것은 많은 남성과의 관계에서 생긴 임질, 매독이었다. 그럼에도 그녀는 기자들에게 자신의 피가름 행위를 인정하고 말하면서 마치 자신이 한 일이 매우 성스러운 것인 양 떳떳하게 생각하고 부끄러워하지 않았다고 한다.

정득은의 주요 사상 및 교리는 이후 나타나는 자칭 신들에게 영향을 끼쳤다. 정득은이 말한 내용을 제자 엄유섭 등이 정리한 것이 『생의 원리』(서울: 세종문화사, 1958)이다. 이스라엘 수도원 김백문이 남긴 책이 『기독교근본원리』, 통일교의 문선명이 남긴 책이 『원리강

---

5 최중현, 207.
6 『세계일보』, 1957. 3. 18., 최중현, 『한국 메시아운동사 연구 (제1권)』, 207에서 재인용. 최중현의 글과 세계일보의 글에서는 실명이 나왔으나 본서에서는 실명을 삭제하고 냄.

론』, 박태선의 책 중에는 『오묘원리』가 있다. 책에 모두 '원리'라는 단어가 공통으로 들어간다.

정득은의 주요 교리에 따르면 인류 최초의 죄는 천사장 루시퍼(루수벨)와 하와(해와)의 성관계를 통하여 발생했다. 창조 이래로 잃어버린 모든 것을 다시 찾는 복귀 역사를 하나님이 하고 계신다. 이때 생령의 사람, 영생할 수 있는 존재가 되면 에덴 복귀가 이루어진다.[7] 정득은은 1963년에는 '신단정도회'라는 단체를 만들어 단군을 받들기 시작했고, 그녀 자신도 '대성모'라며 추앙을 받는 '여신'의 자리에 오르기도 했다.

---

[7] 임웅기, "영체교환 주장, 문란한 성관계", 『기독신문』, 2014. 2. 19.

'피가름' 교리란 무엇일까?

'피가름'은 교주와 신도가 성적 관계를 맺게 하는 교리로 알려졌다. 피가름 교리에 따르면 하와가 사탄과 성관계를 해서 피가 더러워졌고, 그 사탄의 더러운 피가 아담과 하와의 성관계를 통해 인류에게 전달됐다. 이로 말미암아 모든 인류는 더러운 피로 타락하게 되었다. 그렇다면 이런 상태에서 구원은 어떻게 이루어질까? 음란한 성관계를 통해 더러운 피가 후손에게 이어져 타락하게 됐으니, 죄가 없는 선택받은 메시아, 신령 체험 등을 통해 시대의 구원자로 지목된 사람의 깨끗한 피를 받아야 죄 사함을 받고 구원받을 수 있다는 논리로 이어진다.

그러나 사람이 죄인이냐, 아니냐는 우리 몸에 있는 피의 문제가 아니다. 죄는 하나님과의 관계가 어그러지고 파괴될 때 발생한다. 구체적으로 하나님을 창조주로 인정하지 않고, 하나님을 저버리고 그가 주신 구체적인 법을 불순종할 때 일어나는 것이다. 자유의지의 오용으로 인해 하나님과의 관계가 틀어질 때 발생하는 것이다. 하지만 피가름 교리는 '피'라는 물질에 죄의 원인을 둔다. 타락한 피가 섞여 들어갈 때 죄가 발생한다는 것이다. 이에 대한 해결 또한 물질적인 방법이다. 하나님의 선택을 받았다는 죄가 없는 깨끗한 교주의 피가 그와의 성관계를 통해 들어와야 깨끗하게 회복될 수 있다는 것이다. 이는 매우 심각한 도덕적, 윤리적 문제를 일으킬 뿐 아니라, 성경이 규정하는 간음하는 죄를 범하는 것이다.

이처럼 피에 죄가 있다는 사상은 여러 모양으로 변형되어 건강하지 못한 신앙의 방식으로 표출된다. 예를 들어 어떤 기도원에서는 병든 사람을 치유한다며 '죄 때문에 병이 생겼는데 사람의 피가 죄의 근원'이라며 피를 뽑아내는 의식을 치르기도 했다. 이래저래 피가름 교리는 도덕적 타락은 물론 비상식적, 몰상식적 행위를 가능하게 한 사상으로서 매우 조심해야 한다. 죄는 피를 타고 오는 것이 아니라, 하나님과의 관계가 불순종으로 어그러질 때 온다는 것을 기억해야 한다. 죄는 하나님과의 관계가 어그러질 때 발생한다.

6장

어머니 하나님 장길자(1943-현재)

한국 초대교회사의 계보는 1930년대까지 김성도, 정득은, 유명화까지 이어지는 여신의 전성시대였다. 1940년대 이후 주도권은 남신으로 넘어간다. 백남주, 김백문은 물론 한국 이단 사이비 계보사의 양대 산맥 박태선, 문선명이 등장하며 남신의 전성시대가 열린다. 여신의 시대는 정득은 이후 기록에 남길 만한 사람이 눈에 띄지 않는다. 여신의 시대는 50여 년을 훌쩍 뛰어넘어 장길자로 이어진다.

하나님의교회 세계복음선교회(일명 안상홍 증인회, 이하 안증회) 신도들은 포교 활동을 하면서 "어머니 하나님에 대해 들어보셨습니까?"라는 말을 즐겨 사용하곤 한다. 이들의 말은 하나님의, 어머니와 같은 사랑을 의미하는 게 아니다. 안증회는 실제로 남자 하나님은 안상홍, 여자 하나님은 장길자라고 믿고 있다.

여자 하나님으로 추앙받는 장길자는 1943년 출생했고 안상홍을 추종하다가 전도사로 생활했다. 1985년 2월 24일 안상홍이 식당에서 국수를 먹다 뇌졸중으로 쓰러져 병원으로 이송됐으나 회복되지 못하고 죽은 후부터 장길자는 어머니 하나님으로 신격화되기 시작한다. 안증회가 장길자를 여자 하나님이라고 주장하는 대표적인 이

17. 하나님의 교회 안상홍 증인회/안상홍

◀ 보혜사 성령 안상홍 교주

▲ 총회장과 하나님의 부인

안상홍 증인회의 남자 하나님 안상홍과 여자 하나님 장길자 (사진 – 탁명환, 『한국의 신흥종교』 4권)

유는 남자 하나님이라는 안상홍의 꿈이 절대적 영향을 미친 것으로 전해진다.

> 장여인을 신부로 택하는데도 계시에 의한 선택이었다. 1981년 안상홍이 야생마가 들판에서 마음대로 뛰어다니는 꿈을 꾸었다. 길길이 뛰던 말이 안상홍의 앞에 끌려와 그가 등을 두드리자 조용히 순종했고, 식사하는 데까지 따라 들어와 밥을 같이 먹고 식사가 끝나자 다소곳이 앉더니 장여인으로 변했다고 한다."[1]

---

1 탁명환, 『한국의 신흥종교: 기독교편 4권』 (서울: 국제종교문제연구소, 1987), 342.

성경적 근거도 제시한다. "하나님이 인간을 자기의 형상으로 만드시되 남자와 여자를 만드셨다"(창 1:27)라는 구절에 근거를 둔다. 하나님의 형상대로 만들었는데 남성과 여성을 만들었으니 하나님도 남성과 여성으로 존재한다는 것이고 그중 여자 하나님이 장길자라는 주장이다.[2] 특히 이들은 아버지만으로는 생명을 얻을 수 없고 아버지라는 단어도 어머니가 존재해야만 부를 수 있다며 성경은 '어머니 하나님'에 대해 기록하고 있다고 주장한다.[3]

미미한 세력을 이루던 이 단체는 교주가 사망하고 장길자가 어머니 하나님으로 등극한 후에 급속히 세력을 확장하였고 현재는 전국 300여 교회, 신도 수 2만에서 3만여 명인 것으로 알려졌다. 특히 이들은 무리한 교회 건축으로 경매로 넘어가거나 재정난에 시달리는 한국교회들을 매입해 온 것으로 유명하다. 예를 들어 시세가 70억일 경우 100억 원 이상을 주고 교회를 매입하는 등 공격적 합병을 해왔고 이로 인해 한국교회 일부가 재정난을 해결하기 위해 안증회에 교회를 매각하는 일이 빈번하게 일어나기도 했다. 안증회는 교회를 매입하면 십자가부터 떼어낸다. 십자가를 우상이라고 믿기 때문이다.

한때 이들은 시한부 종말 주장으로 물의를 빚기도 했다. 이들이 종말의 때라고 주장한 때는 1988년, 1999년, 2012년이다. 이로 인해 당시 안증회에 출석하는 신도와 이를 반대하는 가족 간의 심각한 갈등이 사회 문제가 되기도 했다.

한편, 하나님의교회의 남신 안상홍 교주는 1918년 12월 1일(음력)

---

2 진용식, 『안상홍 증인회의 실체는』 (경기도: 기독교포털뉴스, 2018), 86-87 참고.
3 김정수, "하나님의교회 장길자 신격화 과정", 현대종교, 2021. 7. 19.

전북에서 태어났다. 그는 30세 되던 해인 1947년에 제칠일안식일예수재림교회(이하 안식교)에 입교하여 침례를 받고 1962년까지 활동했다. 이후 1964년 부산에서 '하나님의교회 예수증인회'를 창설하여 활동하다가 1985년 2월 사망했다. 그때 그의 나이는 67세였다. 교주 안상홍의 사망 이후 1988년에 교주 안상홍이 재림한다고 주장했으나 불발로 끝나기도 했다.[4]

　이들은 안상홍이 성령 하나님이며, 재림 그리스도이고, 이 시대의 구원자로서 지상의 마지막 교회인 하나님의교회를 설립한 후 승천했다고 밝히고 있다. 침례를 줄 때 '성부 하나님, 성자 예수님, 성령 안상홍 그리스도'의 이름으로 준다. 이외에도 이들은 안식일과 유월절을 지켜야 구원받는다고 주장한다. 유월절은 영생의 길이며 유월절을 통해 죄 사함을 받는다고 한다.[5] 안증회 신도들은 오늘날 12월 25일을 성탄절로 지내는 기독교인들을 향해, '태양신을 숭배하는 행위'라면서 정작 자신들은 안상홍 교주의 음력 생일인 12월 1일을 성탄절이라고 한다.

4 장운철, "[이단성 핵심체크] 안상홍 증인회", 교회와신앙, 2010. 1. 8.
5 안상홍, 『선악과와 복음』 (서울: 멜기세덱출판사, 54-58).

7장

그리스도의 현현 심화실
(생년 본명 불분명, 현재 활동 중)

예장 통합, 합동 등이 '사이비 이단성이 농후한 단체'로 규정한 예수님왕권세계선교회(당시 예수왕권세계선교회)에 2008년 연초부터 심상치 않은 기류가 흘렀다. 그전까지만 해도 심재웅이 이끌던 왕권회는 신비주의 형태의 집회로 논란을 불러일으켰을 뿐이다. 남신이나 여신이라고 할 만한 사람은 눈에 띄지 않았다. 남녀 신도들 중 특출난 열정으로 선별된 찬양단, 신도들의 뜨겁고 열정적인 떼창과 방언 기도가 있었다. 강단에서 집회를 인도하는 심재웅이 "불!" 하며 손을 휘저으면 신도들은 뒤로 넘어지거나, 입을 열어 말씀을 받아먹는 시늉을 하거나, 예배당 바닥을 떼굴떼굴 굴렀다. 쓰러진 신도 중에는 자신의 영혼이 천국과 지옥을 오갔다며 깨어나서 간증하는 사람도 있었다. 빠른 템포의 찬양에 맞춰 댄스홀을 방불하듯 신도들은 춤을 췄다. 이렇듯 신비주의 논란으로 시끌시끌했던 이 단체에 갑작스레 심화실(본명 김화자라는 설이 있다)이라는 여성이 급부상하며 '신'으로 추앙받기 시작한다.

필자는 2008년 초, 이들의 현장 집회에 다수 참석했다. 이들의 집회에는 매번 1천여 명의 신도들이 모였다. 대다수의 교인들은 흰옷을 입었다. '하나님은 빛이다'라는 말씀을 근거로 심재웅은 '빛은 화이트!' 어둠이 없다는 의미로 흰색 의상을 착용할 것을 강조했다. 왕권회 신도들은 상·하의뿐 아니라 외투, 양말, 구두, 모자까지 죄다 흰색으로 꾸몄다. 당시 왕권회가 위치한 경기도 안산은 물론 경기도 일대까지도 흰옷을 입고 거리를 활보하는 이들이 심심찮게 보일 정도로 흰옷을 많이 입었다.

집회 장소 내부에서 벌어지는 일은 더욱 희한했다. 강대상 뒤에 있는 대형 소파는 황금빛으로 꾸몄다. 강단의 좌·우측에 달린 현수막에는 '보라 지금은 일곱 인을 떼는 시대'라는 문구가 달렸다. 사람들은 그 강대상 방향을 향해 불공을 드리는 사람들처럼 납작 엎드려 큰절을 올렸다. 이들의 큰절은 선교회를 들어오고 나갈 때는 물론 집회 중간, 집회가 끝나고 개인 기도를 할 때도 줄기차게 이어졌다. 특히 심재웅과 심화실이 강대상에 앉아 있을 때도 신도들은 그곳을 향해 큰절을 올렸다. 집회 시 대표기도를 맡은 사람은 마이크를 잡고 기도를 하기 전에 큰절을 했고 심지어 성가대도 찬양을 하기 전에 집단적으로 큰절을 올렸다.

이런 상황이 있기까지 왕권회의 절대적 리더 심재웅은 심화실을 신격화하는 이야기를 줄기차게 했다. 심재웅은 자신이 신비체험을 했다며 영계에서 보고 왔다는 이야기를 2007년도부터 강단에서 털어놓기 시작했다.

"창세 전에 하나님의 가슴속에 아름다운 종을 예비하셨는데 육신을 입고 태어나 의로운 여종이 되어 2006년 12월 26일 황금마차 열

장충체육관에서 2008년 3월 24일 집회를 하며 계시록의 비밀의 시대가 열렸다고 주장한 심화실 심재웅

두 황금 말이 이끄는 가운데 왕위 대관식을 했다.", "의로운 여종에게 임하신 의로우신 주님을 부정하고 의심하고 믿지 않는 자는 은혜의 성령을 욕되게 하는 죄가 되어 받을 형벌이 중하다.", "의로운 현현하신 여종을 믿지 않는 것은 죽는 거예요. 사망밖에 없다.", "주님은 오늘도 인자와 긍휼과 자비와 사랑으로, 여종으로 보좌에 좌정하셨다.", "연약한 여자의 몸을 입고 현현하신 예수의 몸을 보지 못하고 실족하고 떠나는 사람들은 너무너무 복이 없는 사람이고 불쌍한 사람들이다.", "심화실 목사님은 천국에서 완전하게 만들어지고 육신의 인격도 완전하게 만들어져 오신 분이다."[1]

---

1 심재웅, 2007. 12. 왕권회 소속 베들레헴교회 설교, 2008. 4. 17. 필자와의 인터뷰 등.

심재웅은 심화실을 향해 죄가 없는 존재이고 죄가 없기 때문에 예수님이 그녀의 몸을 입고 현현하였다고 말했다. 그녀는 예수의 영을 인격화한 존재이고 따라서 그녀를 믿지 못하면 사망, 죽음밖에 없다며 공포감을 조성하기도 했다. 절대적 리더 심재웅이 심화실을 여신처럼 떠받들자 왕권회 신도들의 태도도 특별해졌던 것이다.

이런 분위기 가운데 필자는 심화실과 2008년 4월 인터뷰를 하게 됐다. 그녀와 인터뷰를 하는 필자의 옆으로는 왕권회 신도 두 명이 흰옷에 흰 중절모를 푹 눌러 쓰고 배석했다. 인터뷰가 진행되는 1시간 동안 필자의 좌측에 앉았던 신도는 단 한마디의 말도 하지 않고 흰 모자를 깊게 눌러 쓰고 고개를 들지 않고 있었다. 심화실과의 인터뷰를 하는 동안 그런 자세를 하는 게 의아해 필자가 이유를 물었다. "도대체 옆자리에서 아무 말도 없이 왜 모자를 푹 눌러쓰고 앉아 있는가?" 그러자 그는 "심화실 목사님에게서 빛이 뿜어져 나오기 때문에 눈을 뜰 수 없어서"라고 설명했다. 그는 "제가 수없이 천국과 지옥을 갔다 왔는데 갈 때마다 하나님의 보좌 옆에 예수님과 심화실 목사가 같이 계시니까, 거기서 빛이 뿜어져 나와 다른 사람은 모르겠지만 저는 고개도 못 든다."라고 말했다.

신처럼 추앙받았던 심화실은 다양한 교리를 설파했다. '성경에서 말하는 동방 땅끝이 한국이다', '영은 육을 들어 쓴다', '내가 계시록의 일곱 인을 뗀다', '예수의 영이 내 몸을 입고 왔다' 등이다. 이는 심화실이 새롭게 주장한 것이 아니라 한국 기독교 이단 계보사에 등장한 수많은 남신 · 여신들이 써 먹어왔던 교주 신격화 교리이다. 왕권회는 사실상 신비체험에 교주 신격화 교리를 혼합한 형태로 여신을 만들었던 것이다.

이 단체는 2003년 4월, 경기도 부천시에서 심재웅에 의해 처음 시작했다. 참석자들이 많아지자 이후 경기도 안산시로 장소를 옮겼고 2008년 6월경부터는 경기도 오산시로 본부를 옮기게 된다. 명칭도 '예수왕권세계선교회'에서 '예수님왕권세계선교회'로 바꾼다. 현재 이 단체는 대한예수교장로회 '사랑교회'라는 이름으로 변경, 경기도 평택에 대형 건물을 신축해서 활동 중이다.[2]

---

2 조민기, "예수님왕권세계선교회 평택 진위면 건축 진행, 현대종교, 2020. 6. 22.

8장

여자 보혜사 신옥주(1959-)

에덴원 공동체는 사회복지기관을 표방하는 곳이다. 그런데 이들 공동체는 여타 복지기관과 다른 모습이 있었으니 바로 '이양원 원장'이라는 여성을 '모세와 같은 선지자'라며 30여 명의 목회자들이 추종한다는 것이다. 그녀가 수시로 하나님 아버지로부터 직통 계시를 받는다고 주장하고 하나님으로부터 받았다는 말씀을 대언하자 여러 목회자들이 그녀를 따랐다. 이양원이 하는 말은 곧 하나님의 말씀과 다를 바가 없었다. 따라서 에덴원 강단에는 '목사'가 아니라 '선지자'라는 이양원이 늘 설교 같지 않은 설교를 했다. 그녀는 강단에 서서 "하나님 아버지!"를 외쳤다. 그러면 혼잣말로 다시 "이 원장아!"라고 부드러운 목소리로 자문자답하듯 말했다. 그리고는 하나님이 응답을 하신 것처럼 대언했다. 강신극을 벌였던 여신 유명화를 생각나게 하는 장면이다.

강단에서 이양원이 "하나님 아버지!"를 외쳤고 1, 2초도 지나지 않아 "이 원장아, 찬양하라고 하시네."라고 말하면 목회자들은 4, 5명씩 조를 이뤄 강단 앞으로 나와 찬양을 했다. 필자도 그 집회에 참석한 바 있다. 1998년도의 일이었다. '찬양하라'는 말에 5명이 앞으로

이양원(우측 두번째)의 에덴원 집회에 참석하던 시절의 신옥주(가장 좌측)

나왔다. 그들은 최선을 다해 열정적으로 찬양했다. 찬양이 끝나자 이양원은 "50점!"이라고 소리치곤 "하나님께서 벌서라고 하셔!"라고 말했다. 앞에 나온 찬양자들은 주저하지 않았다. 말이 끝나기가 무섭게 집회 장소 맨 앞에서 무릎 꿇고 벌을 섰다. 하나님의 말씀이라고 믿으니 주저할 일이 아니었다.

　이렇게 직통계시자 이양원을 열심히 따랐던 30여 명의 목회자 중 하나가 2018년, 신도 납치 폭행, 감금, 공동상해, 아동학대 등의 혐의로 구속되며 언론에 대서특필됐으니, 그녀가 바로 신옥주다. 신옥주는 이양원을 따르다 탈퇴, 결국 자신을 그리스도의 영이 임한 보혜사라고 내세우며 추종자 400여 명을 피지로 집단 이주를 시키고 그곳에서 가장 비인격적이고 폭력적인 범죄행각을 벌이다가 2020년 징역 7년 형을 선고받고 감옥 생활 중이다.

자신을 스스로 보혜사로 내세운 신옥주의 신앙의 젖줄은 이양원 외에 또 한곳이 있다. 바로 장막성전의 후임자 오평호다. 장막성전은 유재열의 각종 신비체험과 박태선의 교리를 바탕으로 1966년 세워진 집단이다. 유재열은 환상 중에 요한계시록 10장처럼 두루마리를 받아먹었다고 하는 등 여러 체험들을 하였다고 주장한다(유재열에 대해서는 2부 6장에서 다룬다). 유재열이 횡령, 신도 폭행 등으로 1975년 구속된 후 지도자의 자리에서 내려오자 이후 장막성전은 오평호가 이끌게 된다. 그런데 장막성전의 후임자인 오평호는 신옥주를 자신의 제자라고 밝힌 바 있다.[1]

이렇게 두 가지 신앙의 젖줄 속에서 신옥주는 자신을 보혜사라 주장하며 여신으로 등극한다. 2020년 3월 2일에 올린 은혜로교회의 영상을 보면 한 신도가 "성경의 모든 비밀을 13년 전에 신옥주 목사님을 통해 온전히 밝히 알게 하셨다."라며 "여호와 성부 하나님의 이름, 그의 아들 예수 그리스도, 성령 신옥주 목사님이 완전한 삼위일체의 비밀을 우리로 명백하게 시인하게 한다."고 주장했다.[2] 이 신도는 신옥주와 관련한 성경의 기록은 너무나 많다며 미가엘 천사장, 해를 입은 여자, 현숙한 아내, 성부 하나님과 동행하는 아내, 술람미 여자, 하나님의 음성을 대언하는 그릇, 힘센 다른 천사장, 참 과부, 또다른 보혜사, 진리의 성령의 그릇, 성경 말씀을 따라 육신을 입고 이마지막 시대에 이 땅에 오신 분 등의 단어가 신옥주를 뜻하는 용어

---

1 오명옥, 『은혜로교회 신옥주의 정체』 (서울: 큰샘출판사, 2016), 33-34.
2 은혜로교회 공식 유튜브 채널, 2020. 3. 2.

라고 설명했다.

그러나 그녀는 여신으로서 가장 비인격적이고 폭력적인 범죄를 일으켰다. 신옥주의 신도들은 2014년 12월 14일(주일) 대림감리교회로 몰려가 성가대에 서려는 평신도이단대책협회 대표 이인규를 집단폭행한다. 또한, 2014년 12월 31일 이단연구가이자 목회자인 최삼경(세계기독교이단대책연합회 전 대표회장)의 빛과소금교회에 200여 명이 몰려가 집단 시위를 한다. 2015년 1월 6일(화) 오전에는 이단 문제 전문지 『교회와신앙』 사무실의 집기를 파손했고, 1월 6일 신옥주를 이단으로 규정한 예장 합신 총회 신년하례회에서 밀가루를 뿌리며 집단난동을 부렸으며, 예장 합동측 대전중앙교회(2015년 2월)에서 집단난동, 합신측 화성교회(2014년 12월 20일)에서 집단 시위를 했다.

전 세계에 지교회를 설립했던 신옥주는 피지에 가야만 지상에 시작되는 환난을 피해 천년왕국 낙원에 들어갈 수 있다며 신도들에게 이주 정착금 3천만 원을 받고 400여 명을 집단 이주시켰다. 그곳에서는 '타작마당'이라는 이름의 폭력이 난무했다. 교주가 신도를, 신도가 신도를, 어른이 어린이를, 청소년이 부모를 폭행했다.

폭행의 핵심 인물이자 은혜로교회의 여신인 교주 신옥주는 피지에 있다가 베트남을 거쳐 한국으로 입국하던 중 신도 감금 폭행 등의 혐의로 구속, 2020년 6월 대법원에서 징역 7년의 확정판결을 받아 현재 복역 중이다. 그가 복역 중인 상황에서도 은혜로교회 신도들은 조선일보에 "신옥주 목사님을 다른 말로 하면 '진리의 성령'"이라며 "여호와 하나님께서 친히 이 땅에 임하셔서 성전 삼으신 신옥주 목사님

예수를 폄하하고 생명의 길로 인도하는 이가 신옥주라는 은혜로교회의 『조선일보』 2023년 7월 13일자 광고

을 통해 2천 년간 감추어진 예수와 마리아, 가브리엘 천사의 비밀을 밝히고 계신다.”라고 광고 중이다.[3]

　신옥주의 말을 믿고 따르다가 피지에 간 사람 중에는 그곳에서 정확한 사인을 모른 채 사망한 사람도 있었다. 목숨을 걸고 그곳을 탈출한 탈퇴자들은 ‘은혜로교회피해자대책위원회’를 구성해 감옥에 간 신옥주 교주를 상대로 지속적인 법적 소송을 진행하는 중이다. 이들에게 필자가 “어떻게 신옥주에게 빠지게 됐나?”라고 묻자 대다수는 “유튜브 영상을 보다가”라고 답했다. 신옥주가 유튜브 영상을 통해 한국교회를 신랄하게 비판하는데 사이다 같은 청량감이 느껴지더라

---

3 『조선일보』 2023. 7. 13. 광고 (강경호 목사 페이스북에서 갈무리).

는 것이다. 한국교회를 타락한 집단처럼 매도하는 그녀의 설교는, 들을 때는 시원했지만 결국 상상도 못할 이단 사이비로 빠지는 장치였을 뿐이다. 이단 사이비치고 한국교회를 칭찬하거나 한국교회가 희망이라고 하는 곳은 단 한곳도 없다.

폭행을 당해도 범죄로 인식하지 못하는 이유

우리는 은혜로교회 신도들을 통해 폭력을 행하거나 당하면서도 그것을 신앙적으로 미화하고 그것을 신앙이라는 이름으로 받아들이는 사이비 종교의 모습을 목격한다. 어떻게 그것이 가능할까? 일반적으로 사람을 때리거나 사람에게 맞으면 모두가 그것을 범죄 행위로 당연히 인식한다. 하지만 신도를 폭행하는 이단 사이비들은 자신들의 행위를 종교적으로 미화한다. 폭행에 신앙적 의미가 가미되어야 당하는 사람들이 그것을 참 신앙으로 가는 고행으로 인식하기 때문이다. 신옥주의 은혜로교회가 대표적이다. 신옥주는 물론 신도들은 특정인을 100대, 200대, 그리고 700대까지도 때렸다. 사람을 죽도록 팼다. 그래 놓고 이름하여 이를 '타작마당'이라고 불렀다. 사이비적 행각을 하고는 성경을 들이댄 것이다.

타작마당이라는 단어는 누가복음 3:17에 나온다. "손에 키를 들고 자기의 타작마당을 정하게 하사 알곡은 모아 곡간에 들이고 쭉정이는 꺼지지 않는 불에 태우시리라" 메시아에게 심판권이 있음을 말씀하는 '타작마당', '키질', '알곡과 쭉정이'의 개념에서 타작마당이라는 말씀을 끌어와 교인들을 직접 폭행(타작)하며 그 과정을 알곡과 쭉정이를 나누는 과정이라고 세뇌했다. 맞는 사람은 알곡이 되기 위해 참아야 했다.

그래서 100대고, 200대고 참아야 했고, 결국 맞아 죽는 사람도 생겼다.

시편 말씀도 악용했다. "주께서 나의 모든 원수의 뺨을 치시며 악인의 이를 꺾으셨나이다"(시 3:7). 하나님께서 그분의 대적에게 보응하시며 형벌을 내리시고 의인에게는 해가 미치지 못하게 하신다는 말씀을 실제 '뺨 때리기'로 적용했다. 사람 속에 원수 사탄이 들어가 있으니 그걸 빼내고 물리치기 위해 뺨을 친다는 것이다. 상대를 원수 사탄으로 생각했으니 얼마나 야멸치게 때렸겠는가.

하지만 무자비한 폭행이 끝이 아니다. 여기서 끝나면 이단 사이비적 폭행은 종교적 승화로 이어지지 못한다. 타작마당의 마지막을 감동적으로 장식하는 행위가 하나 남아 있다. 그것은 바로 타작마당을 서로 행한 뒤 끌어안고 '내가 이토록 너희들을 위해 애쓰는데 왜 변화되지 않니!'라며 울고불고 통곡하는 것이었다. 신옥주와 은혜로교회 신도들은 타작마당을 행한 후 마무리로 서로를 끌어안고 부둥켜안고 울고불고하며 종교적 카타르시스를 유발하여 폭행의 종교적 의미를 완성했다.

중세 시대에는 '편타고행(鞭打苦行)'이라는 게 있었다. 14세기의 한 수도사가 남긴 글에는 다음과 같은 내용이 전해진다.

그는 어찌나 자기 몸을 세게 때리는지 채찍이 세 갈래로 쪼개졌고 그

끝이 벽 쪽으로 날아가 부딪혀 떨어졌다. 그는 피를 흘리며 서서 자신을 응시했다. 그것은 여러 면에서 그리스도가 채찍에 맞을 때의 모습을 연상시킬 만큼 처참한 광경이었다. 그는 자기 자신에 대한 연민으로 눈물을 쏟으며 흐느꼈다.[1]

중세의 편타고행은 자신의 몸에 채찍질을 강하고 처참하게 하면 할수록 더 영적이고 더 거룩한 것으로 여겨지는 행위였다.

타락한 인간들은 믿음을 갖기가 참 힘들다. 그리스도의 구속 사역을 믿기보다 그 위에 행위로 뭔가 더 얹어야만 구속의 은혜가 완성될 것만 같은 유혹에 쉽사리 빠진다. 중세 유럽의 수도사들이 행했던 편타고행이나, 은혜로교회의 타작마당이나 그 방법은 다르지만, 그리스도의 믿음 이외에 인간의 고행, 그것도 가장 처참한 형태의 것이 있어야만 참 신앙인 것처럼 여겼다는 점에서 크게 다르지 않아 보인다. 그런 고행으로 인간적인 자기 의에 대한 기대가 어느 정도 충족될 수도 있다. 그러나 스스로에게 고행을 가함으로써 조금 더 거룩해지고 있다는, 십자가의 길을 가고 있다는 생각은 일종의 공로 사상으로 자아도취적 착각에 불과하다.

그래서 지금도 어디선가 폭행과 고행을 가하면서 성경의 이

---

1 노만 콘 저, 『천년왕국운동사』, 김승환 역 (서울: 한국신학연구소, 1993년), 166.

름으로 이를 정당화하는 사이비들과 두들겨 맞으면서도 신앙의 이름으로 이를 참고 버티는 사이비 피해자들, 특히 어린아이들도 어디선가 그렇게 당하고 있는 것이 21세기 대한민국의 어두운 현실이다.

타작마당이라는 이름으로 사람을 폭행하는 신옥주 (사진 – CBS 〈변상욱의 싸이판2〉 유튜브)

9장

여호와 부인 박태영, 복중교 허호빈, JMS의 성령 상징체 정조은, 중국의 여자 그리스도 양향빈

한국 여신 계보를 다루면서 빼놓은 인물들을 여기서 정리하고 마무리하고자 한다. 먼저 1940년대에 활동했던 '여호와의 부인'이다. 본명은 '박태영'으로 알려졌지만 '을룡, 을노, 월영' 등으로도 불렸다. 당시 기독교계는 그녀를 미친 노파 정도로 생각한 데다 특별한 집단을 이루지 않아서 공식적인 기록이 거의 없다. 하지만 그녀는 통일교의 시작점에서 매우 중요한 역할을 한 인물로 알려졌다.

통일교의 문선명 교주가 1945년 10월 서울 상도동에서 이스라엘 수도원의 김백문을 만나며 6개월을 지낼 때의 일이다. 그때 문선명은 이스라엘 수도원 신도들로부터 "평양의 어떤 정신 나간 할머니가 자기가 하나님의 부인이라고 한다더라."는 얘기를 들었다. 문선명은 이스라엘 수도원을 떠나 1946년 평양에서 '하나님의 부인'이라는 박태영을 만났고 그 옆집으로 이사를 한다. 여호와의 부인이라는 사람을 만나고 그로부터 축복을 받아야 소위 탕감 복귀의 새 역사가 시작될 명분을 얻게 된다고 생각했던 것이다.[1] 이후 문선명은 '여호와의 부인'이라는 박태영으로부터 '하나님의 종(從)의 종, 하나님의 양자, 하나님의 서자, 하나님의 아들, 하늘나라의 총리대신(總理大臣), 예수님, 하나님의 대상실체'라는 총 8번의 증거를 받은 후에 박태영과 헤어져 평양 전도 활동을 하면서 이름을 용명(龍明)에서 선명(鮮明)으로 개명하였다.[2] 조직을 이루거나 교리를 남기지는 않았지만, 여호와의 부인이라는 이 사람은 남신 계보사의 거대 산맥 문선명에게 영향을 준 셈이다.

복중교 허호빈은 새주파 김성도의 후신이다. '새주'라는 김성도는 신사참배 문제로 투옥된 후 심한 고문을 받고 1944년 4월 1일 세상을 떠난다. 많은 신도들이 흔들릴 때, 새주파의 평양교회에서는 죽은 김성도의 사진을 벽에 걸어 놓고 밤낮으로 경배하며 기도하는 두 신도가 있었다. 이일덕, 허호빈 부부였다. 이들 교리의 원칙은 김성도와 별반 다르지 않았다.

재림주는 장성한 인간으로 오신다.
장소는 한국의 평양이다.
모든 성경은 비유와 상징으로 기록됐다.
인간의 타락은 성적 타락에서 비롯된 것이었다.

밤낮 기도하던 중 허호빈에게 신기한 체험이 시작된다. 갑자기 배

---

1 진도의 블로그(http://m.blog.daum.net/give-take/7290744) 참고.
2 인터넷 나무위키, 2023. 6. 13. 검색.

에서부터 움직임이 일더니 예수님이 나타나 허호빈을 '어머니'로 불렀다는 것이다. 이 신비체험 후 허호빈을 통해 직통 계시가 나오면서 새주파는 허호빈을 중심으로 세력을 규합하고 세칭 '복중교'로 불리게 된다.

그들은 기도할 때 소변이 마려운 것도 참다가 팬티에 흘려보내며 '역사'를 외쳤고 하루에 사과 세 개씩만 먹고 40일 동안 기도를 했는데 기도는 딴 게 없이 '새 주님 역사!'라고만 외쳤다고 한다. 허호빈이 직통 계시를 받으면 신도들은 그대로 따라서 순종했는데, 재림 주님의 옷을 만들어야 한다고 하자 신도들은 옷을 준비하였다. 그것도 어릴 때부터 어른이 될 때까지의 옷을 만들었다. 1946년 6월 2일에 재림주가 온다고 했으나 아무 일도 생기지 않았고 이후 허호빈은 공산 당국에 구속된다. 그리고 그가 감옥에서 병사했다는 소식 등 소문만을 무성히 남긴 채 더 이상 그의 흔적을 찾지 못하였다.[3]

1980년에 시작하여 2023년까지 한국 사회를 혼란케 한 기독교복음선교회의 2인자 정조은도 여신급 반열에 오른 인물이다. 그녀는 기독교복음선교회의 교주 정명석(2부 8장 참고)이 여신도 성폭행 혐의로 구속됐을 때 2008년부터 2018년까지, 교주 정명석의 공백기를 10년간 메우며 '성령의 상징체'의 반열로 올라선다. 그러나 정명석 교주가 전자발찌를 찬 상태에서 또다시 여신도 성폭행을 저질렀다는 혐의로 2022년 10월 구속됐고 기독교복음선교회의 주요 교회가 압수수색을 당하면서 성령의 상징체로 신격화되던 정조은도

---

3 최중현, 앞의 책, 40-46 참고.

2023년 4월 18일 함께 구속됐다. 이로 인해 이 조직 자체가 궤멸할 수도 있는 상태에 내몰리고 있다. 특히 그녀는 2023년 7월 30일 자신이 담임하던 주님의흰돌교회에서조차 면직당하는 등 위상이 급락하는 중이다.[4]

이외에도 한국에서 발생하지 않아서 '한국여신'의 계보에 올리진 않았지만, 중국산 이단 사이비 동방번개파의 양향빈도 '여신' 중 하나다. 동방번개의 창교자는 지방교회(호함파, 呼喊派) 교주 이상수(윗트니스 리, 李常受)를 열광적으로 따르던 조유산(쨔오웨이산, 趙維山)이다. 조유산은 1989년 지방교회를 이탈해 '영존하는 근본교회'를 세우고 스스로 '권력의 주'라고 자칭했으나, 중국당국의 체포 명령이 떨어지자 흑룡강성에서 하남성으로 근거지를 옮겨 '참 하나님의 교회'로 이름을 바꿨다.[5]

한때 조유산이 하남성 낙양 사람 등(鄧) 씨 성을 가진 여자에게 '전능'이라는 이름을 주었다는 정보가 있었는데 '등 씨' 성의 그녀가 사실은 동방번개파에서 신으로 추앙을 받는 양향빈이다. '동방번개'는 예수님께서 동방에서 번개처럼 재림하는데 그 동방이 바로 중국이며 초림 예수는 남자로 죄 사함을 위해 오셨고, 재림 예수는 여자로 구원과 영생을 위해 오는데 이미 재림해 있다고 주장한다.

동방번개파 신도는 현재 중국에만 수백만 명이 있는 것으로 알려졌다. 동방번개파는 아시아권에는 한국을 비롯해 싱가포르, 인도네

---

4 김시온, "JMS 2인자 정조은, 면직 처분", 『투데이코리아』, 2023. 8. 2.
5 현문근, "중국의 이단현황", 2013. 4. 11. 아레오바고사람들 발표 자료(출처 기독교포털뉴스 2013. 4. 16.)

시아, 말레이시아, 일본에도 들어갔고 미국과 캐나다까지 그 세력을 퍼뜨리고 있다. 동방번개파의 실제적 교주인 조유산은 2001년 미국으로 도주해 현재까지 미국 거주 중이다.

　여신 편에서 다뤄야 함에도 남신에서 다룰 주요 인물은 '한학자'이다. 한학자는 이곳에 다룬 여신들과 급과 차원이 다른 종산(종교와 산업) 복합체의 끝판왕, 통일교의 여신이 된 인물이기 때문이다. 그녀는 2부 한국의 남신, 6장 문선명 편에서 만나게 된다.

　지금까지 한류 이단, K-cult 여신의 계보와 원조들을 알아보았다. 이제는 2부에서 남신을 만날 차례다.

주요 이단 계보도

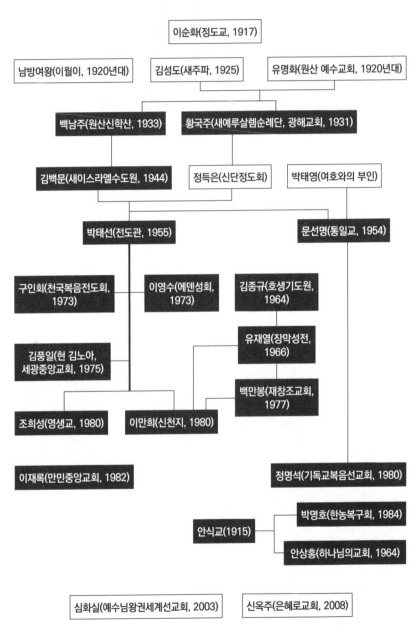

이순화(정도교, 1917)

남방여왕(이월이, 1920년대)　　김성도(새주파, 1925)　　유명화(원산 예수교회, 1920년대)

백남주(원산신학산, 1933)　　황국주(새예루살렘순례단, 광해교회, 1931)

김백문(새이스라엘수도원, 1944)　　정득은(신단정도회)　　박태영(여호와의 부인)

박태선(전도관, 1955)　　문선명(통일교, 1954)

구인회(천국복음전도회, 1973)　　이영수(에덴성회, 1973)　　김종규(호생기도원, 1964)

김풍일(현 김노아, 세광중앙교회, 1975)　　유재열(장막성전, 1966)

백만봉(재창조교회, 1977)

조희성(영생교, 1980)　　이만희(신천지, 1980)

이재록(만민중앙교회, 1982)　　정명석(기독교복음선교회, 1980)

박명호(한농복구회, 1984)

안식교(1915)

안상홍(하나님의교회, 1964)

심화실(예수님왕권세계선교회, 2003)　　신옥주(은혜로교회, 2008)

〈주요 이단 계보도〉는 CBS 〈변상욱의 싸이판〉, "이단의 계보"편을 참고했다.

2부

한국의 남신(男神)

한국의 남신들은 1930년대 황국주를 시작으로, 1950년대 전후가 되면 한국 이단 사이비의 양대 산맥, 박태선, 문선명이 대기업형 이단의 서막을 열면서 1980년대 본격적으로 등장한다. 남신이 창궐했던 연도를 보면, 일제 강점기인 1930년대와 한국 동란이 있었던 1950년대, 그리고 정치적 격동기였던 1980년대이다. 즉 이단 사이비는 대한민국의 문화, 역사적 상황이 안정적이지 못하고 불안할 때 창궐했음을 볼 수 있다. 과연 한국에는 어떤 남신이 등장했고 그들은 어떻게 한국 사회에서 신으로 군림했는지 살펴보자.

1장

'목가름'의 황국주(1909-1952)

　'나는 죽고 예수로 산다'는 말이 유행이다. 이 말의 의미를 '옛 자아를 내려놓고, 예수님의 은혜로 말미암아 살아간다는 의미'로 생각하는 사람이 대다수일 것이다. 하지만 '나는 죽고 예수로 산다'는 말을 '내가 곧 예수화'된다는 의미로 변질시켜 사용한다면 문제가 된다. 여기서 더 나아가 '내가 곧 예수다'라는 말로 발전시킨다면 더욱 큰 문제다. 1909년 황해도 장연군에서 태어나 1930년대에 활동했던 황국주는 '피가름'이 유행하던 당시 '목가름'이라는 생소한 체험을 브랜드로 활용하며 사람들의 인기를 끈다. 그의 이름 '국주'가 '구주'와 발음이 비슷하여 그를 '구주'라고 부르는 사람도 있었다.

　황국주 부친은 만주의 용정중앙장로교회 장로로 봉사하였으며 '신행면옥(信行麵屋)'이라는 냉면집을 경영하였다. 유복한 환경 속에서 자란 황국주는 서울 사직동에 있던 법률학원(또는 법정학교)에 재학하기도 했다. 이후 다시 용정으로 와서 용정중앙장로교회 주일학교 교사로 활동했다. 황국주는 용모가 잘생겼으며 열변가는 아니었으나 그의 설교는 사람을 끄는 힘이 있었다. 황국주가 신비체험을 했다

는 소문이 들리기 시작한 것은 1930년 또는 1931년으로 추정된다.[1]

황국주의 목가름 체험은 백일기도 중에 일어났다. 그는 기도 중 자신의 몸에서 목이 떼어져 나가는 체험을 한다. 백일기도 중 머리를 기르고 수염을 기른 그의 모습은 예수의 풍채와 비슷한 모습이었다. 어느 날 그는 예수 같은 모습을 하고 교회에 나타나 "내가 기도하던 중에 예수께서 나타나 나의 목을 떼고 예수의 머리로 갈아붙이었으니, 머리도 예수의 머리, 피도 예수의 피, 마음도 예수의 마음, 이적도 예수의 이적 등으로 전부 예수화되었다."라고 주장했다.[2] 이 체험을 바탕으로 그는 본격적으로 예수 흉내를 내기 시작한다. 성품에 있어서가 아니라 당시 그림에서 유행하던 예수의 모습을 모방하며 머리와 수염을 기르기 시작했다. 소위 '예수 살기' 정도가 아니라 아예 기도하며 환상 중에 자신의 목이 예수의 목으로 교체되는 체험을 했다는 사람이 나타난 것이다. 사람들은 어떻게 반응했을까? 사람들은 그 풍채가 예수의 그림과 비슷하다며 추종하기 시작했다. 그의 기도와 설교에 많은 사람들이 감동했다.

그즈음 황국주는 '새예루살렘순례단'을 구성한다. 예수 형상을 한 그가 신도들을 거느리고 만주 용정에서 출발하여 함경도를 거쳐 서울까지 순례하자 가정을 버리고 그를 따르는 여성들만 60여 명이나 되었다. 그 도중에 황국주는 곳곳에서 강사로 세워져 부흥 집회까지 인도했다고 한다.[3] 정보에는 어둡고, '피가름'은 이미 들어봤으나 뭔

1 임웅기, "[한국 개신교 이단의 발생과 교리 특징] (5)재림주 이단의 뿌리를 찾아서", 『기독신문』, 2014. 2. 10.
2 『신앙생활』, Vol.14, No.4, 1955, 21.
3 임웅기, 앞의 글.

가 신령하고 새로운 것을 찾는 시대에 '목가름'을 앞장세운 황국주의 주장은 꽤 호기심을 자아낼만했을 것이다. 집회하는 동안 그는 기도한 밀가루를 물에 타서 마시게 하고 아우성을 치면서 기도하게 시켰다. 집회를 통하여 병이 나은 사람도 있고 부흥회 기간에 봉헌한 헌금으로 예배당을 새로 건축한 교회도 있었다고 한다. 그러나 밤에는 가정을 버리고 떠돌아다니는 유부녀들과 또, 수종 드는 처녀들과 음란한 집단생활을 했다.[4] 황해도 모 교회에서는 집회 기간 중 밤에 숙소에서 수행한 여자들과 한 이불 밑에서 추잡한 행동을 하는 현장을 그 교회 청년들이 잠복했다가 기습하여 폭로한 적도 있었다.

평양노회는 1932년 11월 28일 황국주를 이단으로 결의하고 부흥회 인도를 금지했다. 자신의 몸이 예수화됐다는 그에게는 혼음이나 영체 교환 같은 성적인 부도덕도 문제가 되지 않았다. 그가 곧 예수화한 인물이기에 육적으로 황국주와 접촉하면 상대에게 예수의 피가 생긴다는 것이요, 영적으로 합일이 되면 예수의 영이 있게 된다는 것이었다. 심지어 그로 인해 죄 사함을 받고 구원함을 받는다는 주장까지 나왔다.[5] 그런 황국주에게 도덕적 문제를 지적하면 "'우리들은 요단강을 건너와서 남녀 간의 성 문제는 초월했다'고 큰소리를 쳤다"라고 한다.[6]

이후 황국주는 어느 순간부터 소리 없이 자취를 감추었다. 그러고는 본처와 헤어지고 만주에서 새장가를 든다. 훗날 6.25 한국전쟁이

---

4 임웅기, "한국 개신교 이단의 발생과 교리 특징(5) – 재림주 이단의 뿌리를 찾아서", 『기독신문』, 2014. 2. 10.
5 박영관, 『이단종파비판 2권』 (서울: 예수교문서선교회, 1999), 71.
6 김선환, 『사회악과 사교운동』 (서울 기문사, 1957), 165, 위의 책, 72에서 재인용.

발발하자 황국주는 경상도로 피난을 왔고, 1952년 가을, 대구에서 당시 그를 추종하던 여자 둘을 첩으로 데리고 술장사를 하다가 43세의 나이로 죽는다. '머리도 예수의 머리, 피도 예수의 피, 마음도 예수의 마음, 이적도 예수의 이적, 전부 예수화되었다'고 주장한 자의 비참한 말로였다.

아무리 정보가 어두운 1930년대라지만 황국주의 '목가름' 체험이 어떻게 믿어졌을까? 1930년대 초반에는 김성도를 통해 '죄의 뿌리가 음란'이라는 피가름의 교리가 처음으로 등장하던 때다. 이럴 때 황국주가 들고나온 게 목가름이다. 피가름을 들어본 사람 입장에서 목가름은 새로운 자극이 될 수도 있었을 것이다. 자극은 강해질수록 무감각해지는 법이다. 자극에 맛 들인 사람은 더 크고 센 자극을 원한다는 점에서 피가름을 추종하는 사람들이 목가름에 쉽게 넘어갈 수 있었을 것이다. 황국주가 목가름을 주장할 때 근거로 제시한 것 또한 성경이 아니라 자신이 본 환상이었음을 기억해야 한다.

21세기를 살아가는 오늘날에도 '목가름'과 유사한 주장을 하는 사람이 있다면 믿어지겠는가? 대표적인 인물이 이단으로 규정된 변승우의 사랑하는교회의 부담임목사 김옥경이다. 그녀는 자신의 저서 『영광에서 영광으로』에서 황국주의 목가름 체험과 유사한 체험담을 써 놓았다. 내용은 다음과 같다. 김 씨가 꿈을 꿨는데 꿈에 김옥경으로 인식되는 사람이 나타났고 몸은 있는데 머리가 없었다. 그러다 장면이 바뀌었는데 거대한 스타디움에서 수많은 사람이 참석했고 우레와 같은 박수와 환호를 받으며 대통령이 등장했다. 대통령이 스타디움 안에서 누군가를 가리키자 거기에는 머리가 없는 김옥경으로 인식뙜던 인물이 앉아 있었고 그 머리 없는 '내'가 정상적 머리와 얼굴을 가진 '남자'로 변환되며 인식됐는데 자세히 보니 그 남자는 바로 주님이셨다.[7]

　머리가 없는 자신의 머리에 남자 머리, 얼굴이 달렸는데 그게 주님의 얼굴이었다는 꿈, 이런 식으로 머리가 뒤바뀌었다는 체험은 거의 100년 전에 황국주가 이미 써먹었던 것이다. 이 황당한 체험이 21세기를 살아가는, 그리고 1만여 명 이상의 사랑하는교회 신도들에게는 용납되는 체험인 것이다. 체험을 추구하는 사람들은 한가지 체험에 만족하지 않는다. 점점 더 강하고 자극적인 체험을 요구하게 되고 나중에는 정말 말도 안 되는 비상식적이고 이상한 주장이나 체험도 하나님이 주신 것으로 받아들이는 지경까지 이르게 된다.

---

7 김옥경, 『영광에서 영광으로』 (서울: 거룩한진주, 2019 수정판), 56-57 참고.

2장

'새 생명의 길' 시대,
임마누엘 백남주(1901-1949)

'새 생명의 길'을 열고 기도에 전념한다던 백남주는 새벽 3시만 되면 어딘가로 향했다. 그곳은 원산 여자 성경학교의 여 신학생 방이었다. 새벽에 그곳에 들어가면 날이 밝도록 나오지 않았다. 이때 만들어진 말이 '새벽 3시에 눈길을 걸으며 천국 결혼을 준비했다'는 것이다. 이후 1934년에 여 신학생이 임신하는 일이 벌어진다. 백남주는 이때 자신의 부인에게 하나님을 빙자한 직통 계시를 내린다. 40일 동안 금식을 하라는 명령이었다. 이를 받아들이지 않던 부인도 시간이 지나면서 그게 주님의 뜻이라고 믿고 순종했다가 금식을 하던 중 한 달 만에 사망한다. 아내의 사망 2개월 뒤 백남주는 임신한 여학생과 결혼하고 그해 11월경 딸이 태어난다. 이토록 만행을 저지르며 타락한 모습을 보인, 그러면서도 '새 생명의 길 시대'를 연다는 백남주는 어떤 사람일까?

한국 초대교회의 가짜 신의 역사를 장식한 이순화, 남방여왕, 김성도, 황국주 등이 제대로 된 신학을 하지 않은 것과 달리 백남주는 1930년 장로교 평양신학교를 졸업한, 소위 정통신학을 한 사람이

백남주의 원산신학산

다. 해외 유학파만큼이나 영어는 물론 히브리어, 헬라어 원문을 잘했던 것으로도 유명하다. 일화에 따르면 성경공부 시간에 다른 목사들이 한글 성경을 펼칠 때 백남주는 히브리어, 헬라어 성경을 봤다고 할 정도다.[1]

신학교를 졸업한 후 백남주는 원산으로 가서 교편을 잡는다. 원산은 평양 대부흥운동의 불씨가 된 원산 부흥 운동이 일어났던 곳이고 1930년대에는 광적 신비주의 운동들이 여기저기서 발생했다. 원산에서는 1927년 이미 유명화라는 여성에 의해 신비주의 운동이 거세게 일어났다. 그녀가 주장한 것은 '친림'이었는데 자기에게 예수님이

---

1 유동식의 회고 1978:49-40, 최중현, 『한국 메시아운동사 연구 (제1권)』, 95에서 재인용.

친히 임했다고 하면서 입신과 방언을 했고 예언과 신유 은사를 받았다며 사람들에게 신처럼 대신 말해주는 행각을 벌였다. 이것은 '여신' 편에서 이미 다뤘다. 1932년 연초부터 '친림' 유명화의 기도회에 참석한 백남주는 유명화의 입을 통해 대언이라는 것을 받는다.

> 남주야! 이 놈, 내가 친림하엿는데 무어시 무섭어서 아직 아니 나서느냐(ㄱ자를 그으면서)교회를 이렇게 갈너 내여라.[2]

유명화의 대언을 토대로 백남주는 1932년 6월에 처남 한준명과 '새 생명의 길'이란 제목의 팜플렛을 제작, 배포한다. 이를 비판한 글을 통해 당시 백남주가 무슨 주장을 했는지 짐작해볼 수 있다.[3]

1) 제1시대는 구약, 제2시대는 신약, 제3시대는 '새 생명의 길' 시대로 구분한다.
2) 아담, 아브라함, 요셉, 모세, 예수 다 동일한 인생이다.
3) (글로) 적은 책만이 주님의 주신 성경 전체라고 생각하는 무지한 고집을 속히 버려야 할 것이다.
4) 임마누엘이라 함은 하나님이 사람 안에 들어오는 임마누엘의 길이 열리는 것이다.
5) 사람이면 누구든지 하나님이 그 사람 안에 들어가기만 하면 임마누엘이 될 수 있다.

---

2 "용도교회의 내막조사발표(3)", 『신앙생활』, Vol.3, No.5, 1934, 23; 최중현, 『한국 메시아운동사 연구 (제1권)』, 65에서 재인용.
3 최중현, 69-71 참고.

백남주는 자신 안에 하나님이 들어왔기 때문에 자신이 곧 '임마누엘'이고 자신이 새 생명의 길 시대를 열어간다고 주장했다. 백남주의 주장을 주제별로 구분하면 '삼시대론', '시대별 구원자', '성경 외의 경전' 등 사람이 신이 된다는 '인간 신화(神化) 사상'의 원형이 다 담겨 있다. 그는 구약은 생명을 들려주고 신약은 생명을 보여주고 새 생명의 길은 생명을 받게 한다며 새 생명의 길 시대를 신구약 성경 이상의 것이라고 높였고 당시 신도들에게 신구약 66권만이 성경이란 고집을 버리라고 지적했다.[4]

백남주, 한준명을 중심으로 1933년에 세워진 것이 원산신학산이다. 그러나 백남주는 여 신학생 임신 사건을 일으킨 후 도덕적 문제로 원산신학산의 책임자 자리에서 사임할 수밖에 없게 된다. 원산을 떠난 백남주는 평북 철산으로 이동하여 김성도의 새주파와 합류한다. 여 신학생 임신 사건으로 많은 사람이 백남주에게 실망하고 그를 떠났지만, 제자인 초원 김백문만큼은 심정적으로 끝까지 백남주를 흠모하며 지냈다(2부 3장 김백문 편 참고).

1944년 김성도가 사망하자 새주파는 영향력을 상실하였고 백남주 또한 사람들의 기억 속에서 잊혀 갔다. 일제 해방 후인 1945년에 백남주는 이름을 '백상조'로 바꾸고 원산에서 알고 지냈던 유증소(토착화신학 논쟁을 일으킨 유동식의 부친)의 도움으로 충남 공주로 거처를 옮긴다. 그는 공주사범학교에서 학생들에게 '문화사' 강의를 하며 때때로 소규모 성경공부 모임을 진행하며 말년을 보낸다.

---

4 『신앙생활』, Vol. 3, No. 4, 1934년 4월호, 25-26, 최중현, 『한국 메시아운동사 연구 (제1권)』, 72에서 재인용.

원산신학산에서 학생들을 가르친 백남주 (사진 가장 왼쪽)

그는 사망하기까지 '백 선생'으로 불렸다. 새 생명의 길 시대를 연다
던 백남주는 1949년 말, 어린 아들 하나를 남겨 둔 채 쓸쓸한 죽음
을 맞이한다.[5]

　백남주가 처음 들고나온 '삼시대론'은 시대를 세 개로 구분하여 각
시대마다 구원의 방법이나 구원자를 다르게 보는 이단적 논리다. 백
남주가 '구약-신약-새 생명의 시대'로 시대를 구분했다면 김백문은
'구약-신약-성약시대'로 시대를 나눴다. 이는 통일교의 문선명에게
영향을 주었고 그 영향을 받은 정명석은 시대별 구원자론을 만들었
다. 이와 유사하게 신천지는 '구약-신약-계시록 시대'로, 안상홍 증

---

5 최중현, 위의 책, 92-100 참고해서 요약 정리.

인회는 '성부-성자-성령 시대'로 시대를 구분한다는 점으로 볼 때 소위 '삼시대론'은 남신, 여신을 가리지 않고 신이 된 사람들이 즐겨 사용하는 시대 구분법이 됐다. 이 시대구분의 가장 큰 문제는 각 시대의 구원자를 새롭게 세워간다는 점이다.

초창기 여신 이순화가 기독교와 유불선을 혼합한 '짬뽕 이단'의 원조였다면 남방여왕은 순회 전도의 원조라고 할 수 있다. 또한, 김성도는 새 주님, 12제자 실상의 인물 구성, 선악과 타락의 성적 모티프를 제공한 원조이다. 그리고 백남주는 국내 삼시대론(삼시대론에 대해서는 3부 2장에서 구체적으로 설명했다)의 원조라고 할 수 있다.

3장

예수의 신을 받은 신령적 사명담당자
김백문(1917-1990)

   기독교인이 아니라 해도 사이비 교주 중 문선명, 박태선만큼은 아는 사람이 많다. 워낙 유명한 한국 이단 사이비의 양대 산맥이기 때문이다. 반면 김백문(호 초원)을 아는 사람은 많지 않다. 그가 통일교나 전도관만큼의 대규모 이단 사이비를 이루지 못했기 때문이다. 그러나 김백문은 한국의 남신, 여신의 계보사에서 절대로 그냥 지나칠 수 있는 인물이 아니다. 왜냐하면, 이단 사이비 계보사에 등장하는 자칭 신들에게 지대한 영향을 미쳤기 때문이다. 그는 구전으로 내려오던 이단 사이비의 교리를 집대성했다. 그뿐만 아니라 피가름, 목가름, 친림, 강신극으로 전국을 강타하던 이단 사이비들과 어깨를 나란히 하는 강력한 신령 체험도 하였다. 그런 점에서 김백문은 이론과 실제를 겸비한 남신이었다.

   1930년대, 비몽사몽 간에 김백문에게 주님이 나타나셨다. 주님은 그가 해야 할 사명과 앞으로 펼쳐질 장래사, 기독교의 난제들이 풀어지는 역사를 보여주셨다.[1] 때로 김백문이 인도하는 집회에서는 하늘에서 풍악 소리가 울리는 것을 들었다는 신도도 나왔다. 다니엘서 5장에 손가락이 나타나 벽에 글씨를 쓰는 환상 이야기가 나오는데 그와 비슷한 현상을 목격했다는 사람도 있었다. 김백문이 거주하는 장소의 담벼락에 1946년 1월 6일 새벽 3시에 손가락이 나타나서 '3월 2일에는 죽음과 창조가 갈라진다'는 글씨가 기록됐다고 한 것이다.[2] 그리고 김백문이 예언한 3월 2일이 됐다. 사람들이 오전부터 모여 찬송가를 불렀다. 사람들이 앉은 자리가 진동하기 시작했다. 그 주위는 연기가 가득 찼으며 김백문은 이때 그리스도가 직접 나타나는 이른바 '현현' 체험을 했다. 그는 주님이 흰옷을 입고 자신의 눈앞에 나타났다며 '주님이 현현하셨다!'고 선포했다. 그 순간 자리에 앉았던 사람들은 전부 다 의식을 잃고 나가둥그러지고 말았다.[3]

현현하셨다는 그리스도 예수께서는 그에게 어떤 말을 했을까? 김백문의 말에 따르면 그리스도가 온 것은 구약을 이루기 위해서이고, 성신이 오신 것은 신약을 이루기 위해서이다. 그런데 그 성신은 사람에게 오시며 사람과 일하시며 사람으로써 그리스도께서 피로 세운 '새 언약'을 이루신다는 것이다.[4]

김백문은 신령 체험에서 그친 것이 아니라 자신의 이전 세대, 즉 김성도, 유명화, 백남주로 이어져 오던 이단 사이비 교리를 이론적으로

---

1 1979. 3. 2. 개천절 33주년 집회에서 초원의 설교를 녹음한 테이프, 최중현, 『한국 메시아운동사 연구 (제1권)』, 145에서 재인용한 내용을 참고함.

2 위의 책, 151

3 위의 책, 152

4 김백문, 『기독교근본원리』(서울: 일성당, 1958), 42.

재림주 교리를 집대성해 기독교근본원리를 집필한 초원 김백문

정리한다. 그가 이렇게 신령파들의 이단 사이비 교리를 정리한 이유는 무엇일까? 그는 체험 현상에 집착하는 '신령파'들이 혜성처럼 나타났다가 3년 이상을 유지하지 못하고 역사의 뒤안길로 흔적 없이 사라지는 것을 목격하면서 신령 현상과 신령파 신앙이 체험에만 멈춰서는 안 된다는 점을 자각하였고 이론적 뒷받침이 절실하다는 것을 느꼈기 때문이다. 이것이 그가 이단 사이비 재림주들이 시대를 초월하여 애용하는 교리서 『기독교근본원리』를 집필하게 된 이유이다.[5]

아마도 김백문이 현재 인기를 끄는 남신들을 본다면 상당히 억울할

---

[5] 이는 김백문의 회고를 들은 제자 신현식이 최중현에게 증언한 내용이다. 최중현, 앞의 책, 131.

것이다. 자신은 이론과 실제를 겸비한 남신이었지만 역사 속에서 잊힌 인물이 되었기 때문이다. 그런데 자신이 정리한 이단 사이비 교리를 재활용하면서도 '내가 하나님으로부터 6천 년만에 새로운 계시를 받았다'라고 주장하며 적게는 10여 명, 많게는 수만에서 수십만의 맹신도를 거느린 남신들이 21세기에도 여전히 활약하고 있어서이다.

김백문이 쓴 『기독교근본원리』, 『성신신학』 등에는 "선악과를 문자 그대로 보면 안 된다", "하와와 뱀으로 표현된 사탄이 성관계를 하여 인류가 타락했다"라는 섹스 타락론이 상세히 등장한다.

> 에덴동산에 선악과를 배암(뱀)이 해와에게 맥였다는 사실은 그것이 식물성실과가 아니고 해와에 육체상 처녀정조를 배암에게 빼앗김으로 인류는 (가인) 그로부터 배암에 혈통성을 받고 난 가인은 배암에 자손이란 것이다. … 그래서 세례요한과 예수께서 처음으로 복음선포에 개천적장면에서도 인류를 가르쳐 배암에 자손으로 지적하셨던 것으로나 해와 자신부터 육체상 혈통에 환경을 끼칠 직접적인 범죄를 했기 때문에 그들은 범죄 후 즉시 인간에 성적행동에 대한 양심적 부끄러움을 느껴 그를 표시하였던 것들도 너무나 확실한 변증문제가 된다는 것이다.[6]

> 그래서 이제 여인 해(하)와로서 유인된 바 선악과적 범행이란 사신(蛇身)으로 나타난 악령과의 육체적 음행을 말하게 되는 일이니.[7]

김백문은 인류 타락의 기원을 성적 타락에서 찾을 뿐만 아니라 '재

---

6 김백문, 『성신신학』 (서울: 평문사, 1954), 362-363.
7 김백문, 『기독교근본원리』, 480.

림'을 왜곡한다. 그는 '예수의 영이 사람 몸속에 들어오는 것'을 재림
으로 해석한다.

> 예수는 다음의 두 가지 이름을 가진다. '예수: 육체의 사람으로 인격적 사명
> 담당자'와 '임마누엘: 부활 후 인간에게 성령을 줄 신령적 사명 담당자'가 그
> 것이다. 그러다 드디어 1946년 3월 3일, 예수의 신이 김백문에게 성령을 주
> 려고 재림했다. 이에 대해 그는 이렇게 말했다. '그리스도의 재림은, 몸을 입
> 고 하늘에서 내려오는 것이 아니고, 인자로서의 재현이다.'[8]

영이 사람 몸속에 오는 것을 재림으로 해석한 건 신천지의 이만희
교주보다 거의 40년 앞선 김백문의 교리에서 나온 것이다. 사람이 사
람을 잘 만나야 한다는 것은 김백문도 다르지 않았다. 만난 사람의 면
면을 보면 그렇다. 그와 의미 있는 영향을 주고받은 사람들은 대다수
가 직통 계시파, 신비주의자, 신령 체험자들이다. 김백문이 평생 존
경하고 따른 백남주는 1934년에 여 신학생을 임신시키고 자신의 부
인에게 하나님을 빙자해 40일 금식을 하라고 지시하고 죽음에 이르
도록 한 파렴치한이다. 이 사건으로 백남주가 원산신학산에서 쫓겨
날 때도 김백문은 동행한다. 새주파 김성도를 찾아갈 때도 김백문과
백남주의 동행은 끊이지 않는다.[9]

스승 백남주가 사망하기 4년 전에 김백문은 독립한다. 단체명은
'야소교(예수교) 이스라엘 수도원'이었다. 피가름의 원조 정득은이

---

8 어춘수, 『역사를 통해 본 기독교의 신비주의』(서울: 가이드포스트, 2009), 220-221.
9 최중현, 『한국 메시아운동사 연구 (제1권)』, 144.

"손을 잘라 그 피를 김 선생에게 먹여라."라는 음성을 듣고 1947년 김백문의 수도원을 찾았다는 일화는 유명하다. 그러나 김백문이 극구 말리는 바람에 이를 실행하지는 못한다.[10] 김백문을 만나기 위해 1944년 당시 20대 중반이었던 문선명이 찾아온다.[11] 또한, 박태선도 해방 직후 김백문의 이스라엘 수도원을 드나들며 영향을 받았다.[12]

김백문이 쓴 『기독교근본원리』는 900여 페이지가 넘는 방대한 분량의 책이다. 그만큼 그는 신령파 단체들의 이론적 기초를 탄탄하게 쌓아놓았다. 그뿐만 아니라 그는 깊은 신비체험을 갖고 있어 당시 이스라엘 수도원을 드나드는 많은 이들에게 이론과 실제를 겸비한 신령 체험을 전수했다. 하지만 김백문에게는 남모르는 중독이 있었다. 바로 아편이었다. 그는 거의 상습적으로 아편 주사를 맞았다. 처음에는 신체적 피로 때문에 조금씩 이용했는데 나중에는 습관이 되어 주사 없이는 견디기 어려운 심각한 상태가 되었다. 이것을 보고 실망하여 수도원을 이탈한 신도가 있었을 정도였다.[13]

자신으로부터 영향을 받은 문선명과 박태선이 전국에서 수많은 신자들을 불러들여 한국에서 가장 성공한 남신 1, 2위를 다투며 센세이션을 일으킬 때, 재림주 교리의 집대성자 초원 김백문은 1990년 12월 20일 신현식(김백문의 문하생)이 지켜보는 가운데 쓸쓸히 생을 마감한다.

---

10 위의 책, 154.

11 정동섭 외, 『한국의 종교단체실태조사연구』 (서울: 국제종교문제연구소, 2000), 41.

12 탁명환, 『기독교이단연구』 (서울: 국제종교문제연구소, 1998), 163.

13 최중현, 『한국 메시아운동사 연구 (제1권)』, 157.

2007년 1월 11일 필자가 촬영한 김백문의 문하생 신현식과 서울 정릉 시절의 이스라엘 수도원

  이후 김백문의 이스라엘 수도원은 신현식이 계승한다. 신현식은 김백문 생전에 작성된 교인 명부를 갖고 있었다. 여기엔 교인들의 입교, 직분, 제명 처분 등의 제반 사항이 기록돼 있었다. 필자가 2007년 1월 11일에 신현식을 만났을 때, 그는 자신들의 회원 명부를 생명록이라고 주장했다. 하지만 자신에게 생명록이 있다던 신현식도 결국 사망했다. 이제 이스라엘 수도원은 이 땅에 유의미한 흔적을 남기고 있지 않다. 그러나 김백문이 남긴 사상적 영향은 실로 지대하여 섹스 타락론, 예수의 영 재림론, 삼시대론, 그리스도의 현현이라는 신령 체험, 교적부 = 생명록 등 현대 이단들이 보여주는 다양한 모습들의 원조로 자리매김하고 있다.

4장

동방의 의인, 박태선(1917-1990)

이순화에서 김백문에 이르기까지 이단 사이비들은 '소기업형'이었다. 전국 조직도 없었고 추종자도 소수에 불과했다. 김백문에게 영향을 받은 인물 중 대기업형 이단 사이비의 서막을 연 두 사람이 1950년대에 본격적으로 역사의 무대 위에 등장한다. 그 양대 산맥은 박태선(전도관, 천부교)과 문선명(통일교)이다.

먼저 1990년 2월 8일 사망한 박태선을 살펴보자. 전도관 박태선의 이단 역사는 편의상 3기로 구분한다. 1기는 성장부터 장로 교인으로서 신비체험을 하기까지(1917-1954), 2기는 이단 규정을 받고 전도관을 창설하고 갖가지 사회 문제를 일으키기까지(1955-1979), 3기는 명칭을 전도관에서 천부교로 바꾸고 대내외적으로 자신을 신으로 천명하고 사망하기까지(1980-1990)다.

1. 박태선 1기 – 장로교 출신으로 피가름과 신비 체험(1917-1954)

박태선은 1917년 평안남도 덕천에서 태어났다. 아버지는 술집에 가서 노는 날이 집에 오는 날보다 많았던 난봉꾼이었다. 박태선의 어

박태선의 젊은 시절 (사진 - 탁명환, 『한국의 신흥종교』 상권)

머니는 박태선에게 술집에 가서 놀고 있는 아빠를 찾아오라고 심부름을 시키곤 했다. 술집에 가면 아버지는 술집 여자들과 놀고 있었고, 이런 모습에 괴로워하던 모친은 밤마다 가슴을 쥐어뜯으며 고통스러워하다가 신경쇠약에 걸렸고 박태선이 일곱 살이 되던 해 세상을 떠났다. 부친은 곧 새장가를 갔으나 그 역시 일찍 세상을 떠났다. 부모를 일찍 여읜 외로움 속에 박태선은 아홉 살 때부터 평남 덕천교회를 다니기 시작했다.[1]

박태선의 성장 과정은 여타 이단 교주들과 확연한 차이가 있었다. 지금까지 남신 또는 여신은 무학으로 신령 체험을 하며 신으로 등극

---

1 김성여, 『박태선 장로의 이적과 신비경험』 (서울: 신천신지사, 1955), 24, 최중현, 『한국메시아운동사 연구 (제1권)』, 226에서 재인용.

했다. 반면 박태선은 장로교에서 신앙인으로 성장하다가 16세에 일본으로 유학을 떠났고 동경에서 공업고등학교를 졸업하고 일본에 머물면서 정밀 기계공장을 경영했다고 한다. 그는 일제 강점기 당시 유학을 했을 뿐 아니라 일본에서 공장을 경영할 정도로 사업가적 기질을 타고난 사람이었다. 이후 박태선은 귀국하여 서울에 터전을 잡고 같은 사업에 종사하며 탄탄대로를 걷는다. 박태선이 서울에서 처음 출석한 교회는 남대문교회였다. 남대문교회는 예장 통합 측에 소속한 유서 깊은 교회다. 이곳에서 그는 출석을 거르지 않고 성실하게 신앙생활을 하며 집사 직분을 받는다. 그러던 중 1948년 남대문교회에서 열렸던, 당시 성결교회의 저명한 부흥사 이성봉 목사의 부흥회에 참석했다. 넷째 날, 그는 참을 수 없는 참회의 역사와 '하늘에서 내려오는 불'의 역사를 체험하였다.[2]

온몸이 미친 듯이 떨리며 한동안 그 떨림을 억제할 수 없었다. 박태선이 신앙생활을 시작한 지 21년 만에 경험했던 특별한 체험이었다. 당시 박태선 집사에게는 이태윤이란 친구가 있었다. 그는 장로교회의 조사였고, 박태선을 남대문교회에서 만났다. 그는 신앙에 특별한 열심히 있는 박태선에게 다가가 북에서 내려온 여선지자가 있다며 정득은의 집회에 그를 초대하여 데려간다. 영체 교환과 피가름 교리를 실천했던 정득은은 1947년 초에 서울로 내려와 자리를 잡고 있었다. 정득은은 삼각산에 기도원을 차려 놓았고, 이후 박태선은 정득은의 열심 있는 추종자가 되었다. 1949년 2, 3월 사이 박태선은 자

2 최중현, 위의 책, 230 참고.

신의 집에 정득은을 초대하여, 한 달간 머무르며 영체 교환을 진행하였다.[3] 훗날 박태선은 이에 대해 '영적 의미'일 뿐 실제 육체적 관계가 아니었다고 부인한다.

이후 6.25 한국전쟁이 발발했다. 그는 당시 340명의 직원을 거느린 성공한 사업가였다. 그는 사업가이자 기독교인이었기에 공산당에게 잡히면 반동분자가 될 게 뻔했다. 그래서 박태선은 집의 구들장을 뜯어내고 피신용 공간을 만들어 그 속에 20여 일을 숨어 지냈는데, 이때 '하늘로부터 오는 생수'를 마시는 놀라운 체험을 한다. 그 이후 1951년 1.4 후퇴 때는 평택으로 내려가는 길에 온몸의 피가 바뀌는 체험을 한다. 또 피난길에 육체가 극도로 쇠약해져 있는 상태에서 소변을 봤는데 소변으로 자신의 몸에 있는 피가 빠져나오는 체험을 한다.

> 마지막 피가 다 빠져 나오니 발끝에서 머리끝까지 전신이 시원하고 상쾌함이 오는 것이었다. … 피가 다 빠져나간 후 때가 낮인데 주님께서 나타나시었다. 가시관을 쓰시고 손에 못자욱이 분명하여 거기서 피 흐르는 주님, 옆구리에서 막 피가 쏟아지는 주님, 발에서도 피가 흐르는 주님이 나타나시었다. 피 흘리시는 주님이 나에게 말씀하시기를 '내 피를 마시라' 하시며 그 피를 내 입에 넣어 주시어서 내 심장 속에 정하고 정한 주님의 보혈을 흘려들여 주셨다.[4]

---

3 위의 책, 234.
4 김성여, 앞의 책, 88-89, 최중현, 위의 책, 242에서 재인용.

2. 박태선 2기 전도관 창설… 신문에 보도된 기괴한 행각들(1953-1980)

1953년, 박태선은 "다른 교회는 불이 다 꺼졌다, 갈 곳은 창동교회 밖에 없다."라며 교회를 옮긴다. 그는 그곳에서 장로 임직을 받는다. 사실 그가 교회를 옮긴 이유는 자신을 이끌어준 남대문교회의 김치선 목사가 창동교회로 임지를 옮기면서 따라간 것이라는 후문이 있다. 1954년 창동교회에서는 변계단 권사라는 사람이 김치선 목사의 승낙을 받아 안수 기도를 하며 치유 집회를 열었다. 1천여 명의 사람들이 모여 철야 통성기도를 했고 그녀가 안수만 하면 병이 낫는 역사가 있었다. 박태선도 이 집회에 참석하던 중 야곱이 꿈에서 하늘에 닿는 사다리에 천사들이 오르락내리락하는 환상을 본 것처럼 하늘 문이 열리는 환상을 본다. 3일이 지나자 하늘에서 "너는 나가서 나의 명하는 것을 행하라!"라는 음성이 들려온다.[5] 이렇게 뭔가 지시가 내려오면 언제든 복종할 준비를 한 박태선에게 기회가 찾아왔다. 창동교회 집회를 하던 변계단이 갑작스레 지방 방문을 이유로 안수 기도회를 할 수가 없게 되었던 것이다. 신도들은 안수를 받고자 모여 있고, 환자들은 무슨 능력이 베풀어질까 기대하는 마음으로 모여 있는 상황에서 김치선은 '안수 기도회'를 할 수가 없게 됐다며 양해를 구하려 할 때 박태선이 나선다. "목사님, 당돌한 말씀 같지만 제가 이분들에게 안수를 해도 괜찮겠습니까? 하나님께서 얼마 전에 제게 권능

---

5 김성여, 위의 책, 94, 최중현, 위의 책, 247에서 재인용.

을 행하라는 분부를 주셨습니다."

김치선은 한참 생각하더니 승낙한다. 이렇게 박태선이 안수 기도회를 대신 인도하는데 소경이 눈을 뜨고 앉은뱅이가 일어나고 중풍 환자가 걸어가는 등 변계단의 안수 기도회와는 비교도 되지 않을 만큼의 큰 권능의 역사가 일어난다.[6] 김치선은 능력의 종으로 두각을 나타내는 박태선이 집사로는 적절치 않다고 판단해 서둘러 장로 안수를 한다.[7]

이후 박태선은 1955년 1월 1일부터 7일까지 서울 무학교회를 필두로 전국을 누비며 부흥회를 인도하기 시작했다. 한때 동행했던 나운몽의 증언에 따르면 박태선은 성경을 보라고 하면 "성경이 다 이루어졌는데 이제는 생기만 마시면 돼요."라며 누워서 숨을 '훅훅' 들이마셨다. 기도를 하라고 하면 '기도도 다 이뤄졌다'며 입으로 훅훅 기운을 들이마셨다. 안찰을 할 때는 반대로 '쉭쉭'하고 숨을 내쉬며 눈에서부터 시작했고 배를 제일 많이 비볐다. 대다수 사람들이 안수를 한 반면, 박태선은 때리고 비비고 두들기는 안찰을 하는 것이 특색이었다.[8]

전국을 누비는 박태선의 집회에는 향기가 나거나 몸이 진동하거나 불덩이가 떨어지는 듯한 현상이 나타났고 한때 한강 백사장에서 집회할 때는 9일 동안 연인원 60만여 명이 참석했다.[9]

---

6 최중현, 『한국메시아운동사 연구 (제1권)』, 248 참고.
7 위의 책, 252.
8 나운몽, 『아실 나운몽목사전집 24』(애향숙출판사, 1990), 71-72, 최중현, 위의 책, 251에서 재인용.
9 최중현, 『한국메시아운동사 연구 (제1권)』, 259.

그의 집회가 전국적으로 성황을 이뤄가는 것에 발맞춰 한국 기독교는 그의 부흥회를 예의주시하며 대처하기 시작했다. 1955년 7월 한국기독교교회협의회는 박태선 전도관 운동에 대해 '사이비 종교 운동'이라고 성명서를 발표했다. 다음 해인 1956년 2월 15일 장로교 경기노회는 그를 이단으로 규정한다. 그러자 박태선은 7월 1일 '한국 예수교 전도관 부흥협회'를 조직하고 정통 교회와는 다른 길을 걷기 시작한다.[10] 이후부터 박태선과 관계된 기괴한 행각들이 신문에 대서특필되기 시작한다. 1957년은 신천지의 이만희가 전도관에 들어간 시기인데 박태선은 이미 이단으로 규정된 뒤였다. 이만희가 들어간 때부터 탈퇴하던 1967년 이후까지도 박태선 관련 사건, 사고는 끊이지 않았다. 이에 관한 언론 보도를 살펴보면 다음과 같다.

1957년 3월 18일 『세계일보』 '괴(怪)! 박장로 전도관의 정체'라는 제목 아래 '남녀 12명이 혼음?: 거룩한 피 옮겨 생수(生手) 얻는다고'

1958년 9월 10일 『경향신문』 19세 정신병 소년, 수족 묶고 마귀 쫓는다며 곤봉으로 마구 패서 치사

1958년 9월 17일 『경향신문』 생수는 박 씨가 손을 댄 맹물, 그 물 마시면 병 낫고 천당에 간다. 한갑에 백환짜리 되는 캬라멜은 생수의 백배나 되는 큰 힘 가지고 있다. 안찰기도하지 않으면 '믿음이 약하고 죄를 지어서 병이 낫지 않는다'고 덮어 씌워. 신앙촌 이탈하면 영육이 썩어 문들어진다 공갈. 전국 신도는 3만여명.

1959년 2월 20일 『경향신문』 신도 가두어 놓고 강제안찰

---

10 탁명환, 『한국의 신흥종교: 기독교편 1권』 (서울: 국종출판사, 1997), 180.

1959년 4월 19일 『동아일보』 식모가 주인 집 아들 식도로 난자… 박태선 장로교 맹신하다 정신이상 보여.

1960년 12월 10일 박태선 전도관 신도들, 동아일보 피습.

1960년 12월 11일 『동아일보』 박태선 씨, 3.15 부정선거 개입.

1963년 6월 13일 문교부, 전도관 생수사건 진상조사… 눈에 생수 넣어 집단 결막염.

1966년 7월 8일 『경향신문』 박태선 씨 업무상 횡령혐의… 신앙촌 간부 6명 입건.

1975년 6월 10일 『경향신문』 박태선 씨의 장남, 26만 5천달러 해외 도피, 외환관리법위반 혐의로 긴급 구속, 탤런트·가수 등과 엽색 행각.

위와 같이 주요 기사의 보도에 따르면 박태선의 전도관에서는 여러 범죄 행위가 흘러나오고 있었다. 폭력적인 '안찰' 행위를 하고 사람의 수족을 묶어 놓고 마귀를 쫓는다며 곤봉으로 죽기까지 때렸다는 소식도 나왔다. 1958년 11월 24일, 박태선은 폭행, 혼음, 횡령 등의 혐의로 구속되기까지 했다.[11] 이후 3.15 부정선거 개입 혐의로 그는 1961년 1월 27일 투옥되었다. 이는 1960년 3월 15일, 직접 선거로 실시된 대한민국 제5대 부통령 선거 때 발생했던 일로, 박태선은 부정선거와 개표 조작에 적극 개입한 혐의가 인정되었다. 『이단종파비판』의 저자인 박영관은 "(그는)불법의 만신창이가 되었다. 그는 기독교회로부터 이탈했고, 성경의 교리에서 떠났으며, 사회에서는 물의를 일으키고 국가의 법을 위반하였던 것이다."라고 썼다.[12]

---

11 박영관, 『이단종파비판(1)』 (서울: 예수교문선선교회. 1976), 414.
12 위의 책, 415.

자칭 재림주 하나님의 자리에 앉았던 박태선의 장남은 부(富)를 주체 못 하고 1975년 26만 5천 달러(당시 한화 3억 1천만 원)의 외화 밀반출 혐의로 구속된다. 1975년경이면 대기업 사원의 초봉이 10만 원 정도 하던 때이고 서울 강남의 30여 평 아파트 분양가가 1천500만 원에서 2천만 원 하던 때이다. 즉 강남의 아파트 15채에서 20채를 살 수 있는 큰돈이었다. 지금의 화폐가치로 볼 때 약 300억 원을 상회하는 돈을 해외로 밀반출하려다 적발된 것이다. 그뿐만이 아니다. 박태선의 장남은 당시 유명 탤런트, 가수 등과 성 추문을 일으켰는데 구속될 때도 여자 연예인과 함께 있었다. 구속된 박태선 아들의 수첩에는 여자 연예인 100여 명의 이름이 담긴 일명 '박동명 리스트'가 있어 사회적으로 큰 파장을 일으켰다.[13]

　박태선에 대한 사회의 비판과 그의 범죄행각에 따른 수감생활은 그를 따르던 추종자들 사이에 동요를 일으켰다. 박태선은 이들의 동요를 최소화하는 방법의 일환으로 오랫동안 꿈꾸던 신앙촌 건립을 선언하고는 경기도 부천군 소사읍 일대에 집단 거주지를 조성한다. 신앙촌에는 1958년 4월에 이미 16개의 공장이 생겨났고 주택 60채를 비롯한 여러 관련 시설이 들어섰다. 이때부터 박태선은 영모(靈母)로 불리기 시작했다.

　영모라는 호칭에는 사연이 좀 있다. 1958년 신앙촌이 세워질 때 신도들은 무슨 이유인지 분명치 않으나 박태선을 보면 '엄마'로 불렀다. '감람나무 장로'로 불리던 그를 향해 '엄마'라고 하자 박태선은 "주책

---

13 『경향신문』 1975. 6. 10. 보도 참고.

박태선이 설립한 부산 기장의 신앙촌

좀 부리지 말라!"며 만류했다. 그러나 그의 의도와 다르게 '엄마'라는 호칭은 신도들 사이에서 불 번지듯 퍼져간다. 전국 방방곡곡에서 모인 신도들이 박태선을 향해 '엄마'라고 불렀다. 처음엔 싫어하던 박태선도 강단에서 '이 엄마가!'라며 자칭하기 시작했다. 시간이 지나며 이 호칭에 의미는 덧붙여졌다. 자식 같은 신도들을 위해 '해산하는 수고를 하는 이'(갈 4:19), '말씀의 신령한 젖을 먹여 많은 무리를 키우시는 이'(벧전 2:2), 엄마이지만 그는 특별한 엄마가 돼야 했다. 그래서 붙여진 이름이 '영모'였다.[14]

---

14 무아의 블로그(https://m.blog.naver.com/PostList.naver?blogId=pts9228), 2020. 3. 12.

신앙촌 상품중 가장 유명한 'Yoghurt 런'

　이 명칭은 그의 단체명이 천부교로 바뀔 때까지 20년 이상 사용
된다. 소사 신앙촌에서는 메리야스, 양말, 피복을 비롯한 섬유류, 카
스텔라, 캐러멜, 간장 등 식품류, 형광등, 모터 등 전기 기구류, 공업
용구류, 가구류, 악기류, 완구, 합성수지, 비누, 양초 등을 생산했다.
소사 신앙촌은 1960년대에 이르러 50여 개의 공장과 6동의 현대식
아파트, 120세대의 현대식 단독주택, 초, 중, 고등학교, 우체국, 경
찰 파출소, 소방서, 주유소 등의 시설이 들어서게 되었다. 시온 간장
과 메리야스 내복은 군에 납품했고, 조화(造花)는 미국에 수출했다.
이후 그는 경기도 양주군 와부면 덕소리에 제2 신앙촌을, 1970년에

전도관과 승리제단 글 참고.

는 경상남도 양산군 기장면에 제3 신앙촌을 건설했다. 지금도 천부교의 생명물식품(주)은 간장, 두부, 'Yoghurt 런' 등을 생산하는 기업으로 남아 있다. 이 회사의 연 매출액은 2022년 기준 87억 5천만원 정도이다.

3. 박태선 3기 – 천상천하 유일한 하나님 등극, 천부교 시대(1980–사망)

1980년 8월 1일, 박태선은 단체명을 전도관에서 천부교로 변경한다. 이때부터는 자신을 신격화하는 극단적인 주장들이 노골적으로 나온다. 그는 공식적으로 그의 신앙 단체에서 예수를 제거한다. 그래서 그가 1956년 1월 3일에 세웠던 '한국예수교전도관부흥협회'는 1980년에 '한국 천부교전도관부흥협회'로 개명했고, 그해 11월 1일에는 '재단법인 한국예수교전도관 유지재단'의 명칭을 '재단법인 한국천부교전도관유지재단'으로 변경하고자 문화공보부에 승인 신청서를 제출했다. 그가 마침내 예수를 저버리고 자신을 새로운 이긴 자요, 구주라고 주장하게 된 계기는 무엇일까?

첫 번째 이유는 그와 30년을 넘게 동고동락했던 아내 박정원의 죽음이다. 그녀는 1972년 2월 26일에 3남 2녀의 자녀를 두고 별세한다. 박태선은 이 무렵까지 육체로 영생한다고 주장했다. 그렇다면 그의 아내는 육체 영생에서 제외되었다는 말인가? 아내의 사별은 박태선에게 상당한 타격을 주었다.

두 번째 이유는 박태선의 건강 악화다. 상처한 지 얼마 지나지 않아 박태선은 어느 날 수출 독려를 위해 박정희 대통령의 방문을 받는다. 신앙촌을 방문했던 박정희 대통령 내외는 그에게 재혼을 권유한다. 그는 얼마 후 1974년 3월 19일에 신앙촌 신도 최옥순과 재혼한다. 재혼 후 그해 9월, 박태선은 폐렴으로 인해 각혈을 쏟는다. 영생한다고 주장했던 자신의 몸이 좋지 않고 피까지 토하는 것을 보고 박태선은 상당한 충격을 받았을 것이다. 그의 아내 최옥순도 박태선의 영생불사는 물론, 자신의 영생까지 믿었다가 이 모습을 보고 상당한 충격을 받아 구원관이 흔들릴 정도였다. 박태선은 분명 조용한 신앙의 위기를 맞고 있었다.

세 번째 이유는 1977년쯤 신앙촌 신도였던 조성기의 출현이다. 그는 당시 『격암유록』을 빙자하여 박태선이 격암유록에 예언된 말세의 성인이라고 주장하기 시작하였다. 박태선은 이를 무척이나 좋아하여 조성기에게 집까지 장만해 주었다. 이때부터 박태선은 자신을 특별한 존재로 생각하기 시작하였고, 자신의 존재를 입증하는 경전으로 성경만이 아니라 한국의 민간 예언 서적도 포함될 수 있음을 인지하기 시작했다. 그는 자신의 특별함을 입증할 수 있다면 굳이 성경에만, 성경이 증거 하는 예수에게만 얽매이지 않고, 이를 과감히 벗어날 수 있다는 생각을 하기 시작한 것 같다.

마지막 이유는 1980년 2월, 그를 찾아온 정 모 씨와 조 모 씨와의 만남이다. 이들은 아마도 주역(周易)으로 보이는 책을 갖고 와서 박태선에게 "이 책을 펴서 보니 당신은 5천7백 년 전에 태어난 사람으로 하늘의 사람이고, 땅의 사람이 아니다. 앞으로는 박태선을 통하지 않으면 아무도 구원받을 수 없고, 그야말로 천하를 다스릴 귀인"이라고 했다. 그는 그 말을 듣고 너무나도 좋아하고 기뻐하였던 것으로 전해진다. 이제 그는 기꺼이 예수를 버리고 자신이 구원자가 될 준비가 되었다.

마침내 그는 1980년 4월 5일, 전국 신앙촌 간부와 목회자 모임에서 지금까지 참고 숨겨온 비밀을 말하겠다고 하며 폭탄선언을 한다. 그는 "성경은 98%가 거짓말이고 성경에 나타난 인물들은 아브라함, 바울 할 것 없이 모두가 개새끼이고, 예수도 죄뭉치…"라고 했다.[15] 이는 기독교와의 결별을 공식화하는 첫 선언이 된다. 이후로 그는 점점 그 비판의 강도를 더해간다.

1981년 2월 7일에는 다음과 같은 극단적인 발언을 서슴지 않았다.

> 예수가 진짜 하나님의 아들인 줄 알고 속았다. 마귀의 아들인 줄 모르고 홀딱 다 반해 버린 것이다. 이제는 구세주가 이 사람(박태선)이다. 완전히 원죄까지 빼주는 것은 이긴자 아니면 어디 있는가? 이것이 구세주인 것이다.[16]

이 외에도 99%가 죄인인 예수를 증거한 신약은 폐하고 자신의 말이 곧 성경이라고 하면서 자신을 5,789세의 하나님이라고 하다가 1985년 이후에는 자기 나이가 1조 5천억 살이라고까지 했다.[17] 그는 예수교가 아닌 천부교의 시대가 왔음을 선언했다. 그가 주장한 천부교의 핵심 교리는 다음과 같다.

---

15 최중현, 『한국메시아운동사 연구 (제1권)』, 282.
16 위의 책, 282.
17 박태선, 『하나님 말씀』 (천부교. 2014), 72-73, 허병주, 『사이비 이단 천부교 제1대 교주 박태선 장로의 사상연구』, 총신대학교선교대학원 선교학과 석사학위 청구논문, 2018, 42에서 재인용.

1) 이긴 자가 5,780년 동안 공부를 했다.

2) 구세주는 박태선(이긴 자, 감람나무)이다.

3) 박태선이 심판주이며 모든 것을 초월한다.

4) 지구 위의 모든 것을 비롯, 죽은 사람들과 과거와 미래 등 지금 탄생된 것을 볼 수 있다.

5) 예수는 하나님의 아들이 아니고 마귀 대장의 아들이다.

6) 구세주인 이긴 자가 의인을 만든다.

7) 성경을 기록한 바울 등은 이긴 자가 마귀를 조종해서 기록했다.

8) 산 채로 영생한 자가 이긴 자(박태선)이다.

9) 제3신앙촌(경남 양산군 기장면 죽성리)이 마귀와 싸우는 최후의 결전장이다.

10) 인간의 죄를 원죄까지 벗겨서 구원을 줄 수 있는 자는 감람나무(박태선)이다.

이때 많은 사람들이 천부교를 이탈하였으며 본격적으로 박태선의 분파들이 형성되기 시작했다. 천부교의 상징은 감람나무 잎을 물고 있는 비둘기상이다. 이는 전도관에 있던 십자가를 떼어내고 대체하는 상징으로 자리 잡는다. 천상천하에 유일한 하나님이라던 박태선은 말년에 폐결핵과 당뇨, 신장병 등 각종 합병증으로 투병하다가 1990년 2월 7일 사망한다.[18]

천부교는 '전도관'으로 활동하던 1979년, 한때 전국 600-700여 개의 조직과 소사 제1신앙촌, 덕소 제2신앙촌, 기장 제3신앙촌을 세우고 신도들의 자녀들을 위해서 시온 초중고등학교를 설립하는

---

18 탁명환, 『기독교이단연구』 (서울: 국제종교문제연구소, 1986), 183.

등 신도 수가 70만여 명에 이른다고 주장했던 때도 있었다. 그러나 1998년 신도 수는 8천여 명, 집회장 수는 63개소로 축소됐고, 2017년에는 공식적으로 800여 명으로 감소했다.[19] 집회 장소는 카카오맵으로 검색한 결과 2020년 기준, 전국 30여 개소로 나타났다.

4. 박태선의 교리는?

박태선의 교리는 1980년 이전과 이후로 나눌 수 있는데 1980년 이전까지만 해도 박태선은 천상천하의 유일한 하나님으로까지 불리지는 않았던 것으로 보인다. 영모님으로 불리며 '동방의 의인'으로 여겨졌고 자신의 출현으로 그리스도의 재림과 심판이 임박했다고 주장하면서 구원받으려면 신앙촌에 입주해야 한다는 정도까지가 1980년 이전의 주장이었다. 많은 사람이 이를 믿고 신앙촌에 입주했다. 박태선은 또 자신이 말세에 하나님의 전권대사로서 이 땅 위에 나타나 죄를 구분하여 심판하고 의인을 불러 모아 14만 4천의 수가 차면 예수님을 오시게 하여 그들과 더불어 천년성을 이룩한다고 했다. 신도들은 박태선의 말을 진리로 받아들여 박태선이 예수 재림을 마음대로 조종하는데 악조건일 때는 공산 치하 때 오시게 하고 호조건일 때는 평화 시에 오시게 한다고 하며 자신들을 다스리는 왕이 되게 한다고 믿었다.[20] 그러나 1980년 이후 박태선은 이단 사이비성을 더욱 극심

---

19 최중현, 『한국메시아운동사 연구 (제1권)』, 304; 허병주, 『사이비 이단 천부교 제1대 교주 박태선 장로의 사상연구』, 26.
20 탁명환, 『기독교이단연구』, 180.

하게 드러낸다. 예수 그리스도에 대해 모욕적 언사를 하며 자신을 구세주로 변신시키고 나섰다.

> 아담과 하와가 범한 원죄로 인해 그들의 피는 더러워졌는데 예수의 피는 아무런 의미가 없고 오직 모든 것을 승리한 이긴자인 감람나무를 통해서만 구원이 가능하다고 주장했다. 묵시록 2:17에 나오는 '이기는 그에게는 내가 감추었던 만나를 주고 또 흰돌을 줄터이니'의 말씀을 인용해 우리의 더러워진 몸속에 세라믹의 원소를 기로써 천상천하의 하나님인 박태선이 우리 몸속에 넣어주며 이슬성신을 내려준다. 만나는 이슬과 같은 은혜이며 이러한 것을 이긴자요 말세의 완성자인 그가 내려주는데 이는 곧 요엘 2:29의 물 붓듯 부어주는 은혜. 이로써 우리의 몸은 썩지 않게 되며 피가 맑아져 영생한다.[21]

박태선은 이외에도 이사야 41:1-29를 근거로 동방의 의인, 요한계시록 2:17을 근거로 이긴 자, 요한계시록 11:4의 감람나무, 호세아 14:5-7의 이슬 은혜 등으로 일컬어졌다. 요한복음 4:1-26 사마리아 여인에게 주신 생수를 근거로 감람나무가 주는 생수를 마시면 영생한다고 주장했고 박태선의 안찰이 죄 사함과 치유와 의인이 되는 지름길이라고 가르쳤다.[22]

천상천하 유일한 하나님이라던 그는 1990년 2월 27일 사망한다. 그는 사망했지만, 전도관 박태선의 이단 사이비 교리는 현존하는 남신들에게 가장 많은 영향을 줬다. 박태선의 영향을 받은 사람들은 대다수 신령 체험을 바탕으로 자신을 '이긴 자'라고 주장하고 '육체 영

---

21 심창섭 외, 『기독교의 이단들』 (서울: 대한예수교장로회, 2000), 319-320.
22 위의 책, 322.

생'을 주장하는 특징을 보이며 대다수 교주가 1970년대 후반부터 1980년대 초반에 출현했다. 한국 정치사의 격변기에 남신들은 한국 사회의 전면에 우후죽순 등장한다.

대표적 인물이 에덴성회의 이긴 자라는 이영수(1942년생)다. 그는 전도관의 전도사 출신으로 이

비둘기가 면류관을 물고 있는 형상을 사용하는 천부교

미 1973년 서울 동대문구 전농동에 이탈자 10여 명과 함께 집회를 하며 공식적으로 출발하게 된다. 삼천년성의 이현석도 박태선을 추종하다가 1980년 이탈했으나 '정도령'이라는 조희성의 영생교에 잠시 몸담았다가 독자적으로 출발한다. 조희성도 전도관 이탈 신도들을 규합해 1981년 10월 10일 경기도 부천에서 영생교를 시작한다. 김순린의 한국중앙교회는 1982년 서울 하왕십리에 박태선 전도관 출신을 모아 시작했다. 박태선의 제자 중 가장 큰 성공(?)을 거둔 남신은 구원자라는 신천지의 이만희다. 이만희에 대해서는 2부 7장 '이만희' 편에서 다루었다. 이외에도 또 다른 보혜사라는 김풍일(2부 9장, 현 김노아, 세광중앙교회), 목단교의 손영진, 이불교의 하석자도 있다.

대기업형 이단의 출발인 박태선은 그 영향력도 이전의 이단 사이비

와는 비교 불가할 정도로 컸다.

1950년대 이전까지 중소단체에 불과했던 이단 사이비 단체들이 박태선, 문선명에 이르러 폭발적으로 증가한 이유는 무엇이었을까? 우선 당시 기독교 인구를 살펴보겠다. 일제 강점기에는 인구 1600만 명 중 29만 명, 6.25 한국전쟁 후에는 50만 명, 1961년에는 60만 7천여 명, 1979년에는 598만 명으로 기독교 인구가 급증한다. 그러나 1950년대에는 기독교 인구의 폭발적 증가가 눈에 띄지 않는 시절이다. 그런데도 왜, 대기업형 이단 사이비의 신도들이 폭발적으로 늘어간 걸까?

박태선이 이전 이단 사이비와는 다른 특징을 가진 데서 그 이유를 찾아보고자 한다. 1950년대에 나타난 박태선과 문선명은 신령 체험뿐 아니라 나름대로 이단 사이비 교리를 재정립한 시기에 탄생했다. 박태선은 『오묘원리』라는 경전, 문선명은 『원리강론』이라는 경전을 갖고 있었다. 또한, 이들은 종산 복합체라는 특징을 갖는다. 전도관은 사이비 종교에 비즈니스가 결합된 형태의 모습이었다. 1957년부터 이미 전도관 계열 시온산업 등을 통해 신도들은 회사에서 일하며 그곳에서 다양한 제품을 생산해 냈다.

불치병을 낫게 한다는 치유의 역사를 강조하고, 집회 장소에 '이슬'이 맺힌다는 이슬성신 체험신앙, 천년왕국이 자신들의 단체에서 박태선에 의해 이뤄진다는 급진적 종말론, 여기에 더해 생업과 직장까지 그곳에서 해결할 수 있을 것처럼 보였다는 점에서 1950년대 후반기 불안한 현대사를 살아가던 한국인들의 심성에 박태선의 전도관은 큰 매력을 보였을 것이다. 아마도 종교적, 영적 영역에만 제한된 것으로 보이는 정통 교회들은 당시 전도관에 들어간 신도들에게 매우 싱거운 것처럼 보였을 것 같다. 그들에게는 '여기에 오면 병도 낫고, 마지막 때에 낙원에 들어갈 뿐 아니라 신도들이 함께 모여 공동생활을 하며 현실의 먹고 사는 문제까지 다 해결한다.'라는 자부심이 있지 않았을까.

그러나 현실은 완전히 달랐다. 그 속은 세상 어떤 곳보다 병들었고, 때로는 사람들이 맞아 죽기도 하였으며, 그 단체를 떠나면 생활 자체가 불가능한 사회 부적응자들이 양산되었다.

5장

통일교의 참 하나님 문선명·
독생녀 한학자(1918-2012)

　1950년대 대기업형 이단 사이비의 장을 연 남신 박태선과 더불어 양대 산맥을 이루는 인물이 등장한다. 통일교의 교주 문선명이다. 그는 일제 식민지를 거친 1950년대 전쟁의 혼란기에 한국사에 나타난 거대 이단 사이비 교주이자 수십 수백에 이르는 아류 남신, 여신에게 자양분을 공급한 기원의 인물이다.

1. 통일교의 문선명 교주와 교주 사망 후의 통일교

　문선명(개명 전 문용명)은 전도관의 박태선과 닮은꼴이다. 1950년대 동시대에 두각을 나타낸 인물로서 둘 다 이북 출신이며 이단 교리를 집대성한 김백문에게서 동일하게 영향을 받았다. 문선명과 박태선은 모두 대기업형 이단 사이비의 서막을 열었다. 둘 다 피가름의 효시였던 정득은의 영향을 받았고, 영체 교환으로 일컬어지는 혼음 논란을 일으켰다. 종산 복합체는 박태선이 먼저 시작했지만, 문선명은 박태선과는 비교할 수 없을 정도의 성장을 이뤘다.

통일교의 참부모라는 문선명과 한학자

역사적으로 보면 모든 이단 교주들은 직통 계시, 신령 체험자였다. 문선명도 다르지 않았다. 1920년 2월 25일 평북 정주에서 태어난 그는 증조부가 평양신학교를 졸업한 문윤국 목사였다. 따라서 문선명은 기독교적 분위기 속에서 성장했음이 틀림없다.

문선명이 16세 때인 1935년 4월 17일 부활절 새벽이었다. 그가 집 근처 야산에서 오랜 시간 눈물 어린 기도를 하는데 돌연 영적 세계가 열린다. 예수님이 나타나서 많은 계시를 내려 주신다. 고통받는 인류 때문에 하나님이 슬퍼하고 계시니 하나님의 역사에 대한 특별한 역할, 메시아 사명을 감당해 달라는 것이었다. 이때부터 영적인 세계가 펼쳐졌고 문선명은 자유로이 그 영적인 세계에 있는 성자들과 마음껏 통신할 수 있게 되었다. 하나님과 예수님을 포함한 영계의 모든 성

현들과도 끊임없이 대화를 했다.[1]

이 특별한 만남 후 문선명은 일본 유학 시절(와세다대학에서 전기학을 전공했다고 밝혔으나 불분명)을 거치는 동안 자신이 메시아 사명을 감당할 만한 자격을 갖춘 사람이 되도록 준비해 갔다. 그것은 크게 두 가지로 나뉘었다. 하나는 진리 규명이었고 또 하나는 인격 수양이었다. 진리 규명을 위해 그는 하루에 열두 시간, 열네 시간씩 기도하는 생활을 몇 년간 지속했다.[2] 끝까지 하나님께 캐서 묻고 또 묻고 풀리지 않으면 피와 땀과 눈물을 흘리며 기도하기를 9년 동안 지속했다. 문선명이 기도하자 점차적으로 하나님께서는 놀랄 만한 진리를 가르쳐 주셨다. 이 계시가 곧 '원리'이며 문선명은 이 원리를 땅끝까지 전파하라는 지시를 받는다.[3]

인격 수양을 위해서는 특히 '성욕 통제'를 위해 애썼다. 일본 유학 시절에 자신의 이불속으로 여성들이 벌거벗고 들어왔다. 그런데도 문선명은 '너희들은 내 누이동생들'이라는 심정으로 그들을 물리쳤다.[4] 잠이라는 본능적 욕구도 통제했다. 계시를 받고 나서인 초창기 7년 동안 그는 하루 2시간밖에 자지 않았고 평생을 3, 4시간 정도밖에 자지 않아 주변 신도들을 힘들게 했을 정도다. 이런 치열한 통제

---

1 탁명환, 『기독교이단연구』, (서울: 국제종교문제연구소, 1986), 128; 『참부모님의 생애노정』 1권, 2022. 2. 6.; 천일국 경전방 다음카페(https://m.cafe.daum.net/ckatkfkdrhdqn/W5kI/14?listURI=%2Fckatkfkdrhdqn%2FW5kI).

2 천일국 경전방 다음카페; 『참부모님의 생애노정』 1권.

3 위의 자료 참고.

4 문선명, 『참부모님의 생애노정』 (서울: 성화출판사, 1999), 221-222, 이정해, 『메시아로서의 문선명 선생에 대한 한 연구』 선문대학교 신학전문대학원 석사학위 청구논문, 2003, 46에서 재인용.

와 수행 끝에 그는 하나님의 희로애락을 느끼게 됐고,[5] 아버지의 일은 곧 자신의 일이며 하나님과 자신은 좋아하는 것과 나빠하는 것이 같다고 주장하게 된다.[6]

　신도들은 문선명이 마치 인간으로선 감당 못 할 처절한 수양을 거친 것처럼 생각하지만 문선명의 실상은 '자기 수행'과는 전혀 관계없는 삶이었다. 그는 당시 유행하던 신령 체험자들을 다수 찾아다니며 영향을 받았고 부도덕한 행각을 일삼아 사회 문제를 일으켰다.

　문선명이 일본에서 귀국한 후 1945년 10월부터 약 6개월간 찾아간 곳은 재림주 교리의 집대성자 김백문의 이스라엘 수도원이었다. 이때 문선명은 차후 통일교의 핵심 교리가 되는 '창조 · 타락 · 복귀 원리'를 메모한다. 조잡한 메모를 문선명의 신도들이 정리하고 논리에 모순이 발생하지 않도록 다듬었다. 이것이 통일교의 경전인 『원리강론』이 탄생하게 된 배경이다. 이런 이유로 『원리강론』은 김백문의 『기독교근본원리』의 표절작이라는 지적을 받게 된다.[7]

　이스라엘 수도원을 다니던 문선명은 돌연 1946년 월북한다. '평양에 여호와의 부인이라는 미친 노인이 산다'는 소문을 듣고서다. 그는 여호와의 부인이라는 박태영을 만나서 그녀로부터 축복을 받아야 소위 탕감 복귀의 새 역사가 시작될 명분을 얻게 된다고 생각했던 것으로 전해진다. 또한, 당시 평양에 있던 피가름의 실천자 정득은을 만나서 '영체 교환' 행위를 한다. 정득은은 '자신이 성모의 반열에 오

---

5 문선명, 『원리강론』, 107.
6 문선명, 『뜻길』(서울: 성화출판사, 1999), 221-222, 이정해, 위의 책, 47에서 재인용.
7 박정화 외, 『야록 통일교회사』(서울:큰샘출판사, 1996), 196.

른 사람이니 그대와 영체 교환을 하면 당신도 동일한 반열에 올라서는 것이고 그 몸으로 여인들과의 관계를 통해 그들을 복귀시킬 수 있다'고 설명한다.[8]

정득은의 말대로 문선명은 평양에서 '어린양 혼인 잔치'를 명목으로 매일 울면서 기도하고 큰 소리로 찬송가를 부르고 세 자녀를 둔 유부녀와 동침하다가 마을 사람들의 신고로 체포된다. 그는 '사회질서 문란 죄'로 징역 5년 형을 선고받고 흥남특별노무자수용소에 수감되었으나 UN군에 의해 출옥한다.[9] 『야록 통일교회사』의 저자 박정화에 따르면 1940년대 후반부터 1950년대까지 문선명으로부터 170개 가정이 파괴됐다고 할 정도로 문선명의 영체 교환 행위는 극에 달했다.[10]

이런 사이비 교주 문선명을 중심으로 통일교는 1954년 5월 3일(5월 1일로 알려졌으나 실제 창립일은 5월 3일이라는 게 박정화의 주장이다) 서울 성동구에서 시작한다. 세계의 기독교를 자신들을 중심으로 통일한다는 의미로 '세계기독교통일신령협회'로 이름하였다.[11]

문선명은 통일교 내에서 신 중의 신이다. 통일교에서 문선명은 다음과 같은 존재로 추앙받는다.

1) 이 땅 위에 인생과 우주의 근본 문제를 해결하게 하시기 위하여 하나님이 보낸 한 분

---

8 위의 책, 158.
9 위의 책, 48.
10 위의 책, 167.
11 위의 책, 89-90.

2) 하늘만이 기억하시는 진리 탐구의 피어린 고난의 길을 걸으신 분

3) 혈혈단신(孑孑單身)으로 영계(靈界)와 육계(肉界)의 억만 사탄과 싸워 승리하신 분

4) 예수님을 비롯한 낙원(樂園)의 수많은 성현(聖賢)들과 자유로이 접촉하시며, 은밀히 하나님과 영교(靈交)하는 가운데서 모든 천륜(天倫)의 비밀을 밝혀내신 분[12]

　문선명이 신이기 때문에 당연한 현상이 생겼다. 머무른 장소 중 의미 있는 곳은 모두 성지가 되었다. 기독교인은 이스라엘로 성지순례를 가지만 통일교인은 한국이 성지다. 6.25 한국전쟁 시절 부산 범내골 뒷산에 올라가 바위를 붙잡고 눈물을 흘리며 기도했다는 장소는 '눈물의 바위'가 되어 전 세계 통일교 신도들의 순례지가 됐다.[13] 이곳엔 유명한 돌탑도 있다. 통일교 순례자들이 하도 돌탑에 돌을 얹어서 주변의 돌들이 보이지 않을 정도다. 이런 이야기도 전해온다. 어떤 순례자 한 명이 돌을 옮겨 탑에 얹으려다가 워낙 주변의 돌이 없어지는 모습이 탐탁잖아 다시 돌을 제자리로 던져 놓으려 했더니 갑자기 돌이 소리를 질렀다고 한다. "왜 저를 버리시나요? 저를 데려가 주세요!" 신기한 체험을 한 순례자는 결국 이 돌을 다시 주워 돌탑에 얹었다고 한다.[14] 문선명이 1955년, 혼음 논란에서 무죄 석방된 후 첫 번째로 서울 용산구 청파동에 통일교회를 개척했던 장소도 성지가 됐다.

---

12 세계기독교통일신령협회, 『원리강론』, (서울: 성화사, 1966), 17.

13 탁명환, 『기독교이단연구』, 130.

14 신동주, "[성지를 찾아서]⟨14⟩ 통일교 부산 '범냇골성지' ②", 『세계일보』, 2010. 8. 12.

통일교 신도들은 입교할 때 꿈이나 환상 등을 통해 문선명이 흰옷을 입고 나타나는 체험을 종종 한다고 주장한다.[15] 통일교 신도로 30년을 지내다 탈퇴한 박준철의 꿈에도 문선명이 나타나 많은 사람 중에 자신을 끌어안으며 "준철아, 일할 사람은 너밖에 없다. 잃어버린 내 아들, 딸을 찾아라."는 교시를 내렸다. 꿈을 통한 신령 체험을 계기로 박준철은 자신의 인생을 통일교에 바치게 됐다고 한탄한다.[16] 통일교에 입교한 신도들의 신령 체험을 기록한 글인 『영계의 실상과 지상생활』 1, 2, 3, 4, 5권에는 교통사고로 사망한 문선명의 둘째 아들 문흥진이 천국의 총사령관으로 소개된다, 문흥진은 예수님은 물론 마호메트, 공자, 석가 등 역사적 영웅들을 지휘한다, 여기서는 문선명이 죽고 천국 문을 열어야만 예수님이 구원받는다는 등의 주장을 하며, 여러 통일교 신도들의 문선명 체험기를 담았다.[17]

이런 체험과 더불어 통일교를 떠받치는 기둥은 통일교의 핵심 교리서인 『원리강론』이다. 김백문의 『기독교근본원리』의 표절작[18]으로 일컬어지는 『원리강론』에 대해 통일교는 성경을 능가하는 완성된 '성약'(聖約)이며, 이제까지 밝혀진 적이 없는 새로운 진리라고 주장한다.

---

15 탁명환, 『기독교이단연구』, 131.

16 박준철, 『빼앗긴 30년 잃어버린 30년』 (서울: 진리와생명사, 2002), 91.

17 위의 책, 126.

18 『빼앗긴 30년 잃어버린 30년』, 232, 『야록 통일교회사』 195에서는 공통적으로 문선명이 1945년 1월에 김백문의 이스라엘 수도원에 출석하며 6개월 동안 강의를 듣고 메모한 내용을 통일교측 유효원이 논리에 모순 없이 정리한 것으로서 『원리강론』은 『기독교근본원리』를 '도용'한 것이라고 비판한다.

해와 달이 빛을 잃는다는 것은 예수님과 성신에 의한 신약(新約)의 말씀이 빛을 잃게 된다는 뜻이다. 그러면 어찌하여 신약의 '말씀'이 빛을 잃게 될 것인가? 마치 예수님과 성신이 오셔서 구약(舊約)의 말씀을 이루시기 위한 신약의 말씀을 주심으로 말미암아 구약의 말씀이 빛을 잃게 되었던 것과 같이, 예수님이 재림(再臨)하셔서 신약의 말씀을 이루시고 새 하늘과 새 땅을 이루시기 위한 새 말씀을 주시게 되면, 초림(初臨) 때에 주셨던 신약의 말씀은 그 빛을 잃게 될 것이다.[19]

『원리강론』에는 오늘날 한국에서 활동하는 거의 모든 사이비 교리들이 상세히 등장한다. 타락한 천사와 하와의 성관계로 인간이 타락했다는 성적 타락론,[20] 예수는 십자가에서 실패해 영만 구원했기 때문에 재림주가 나타나 영육 구원을 완성해야 한다는 구원론,[21] 말세의 재림주는 육체로 와야 한다는 재림론,[22] 예수의 길 예비 사자로 왔던 세례요한의 불신론[23] 등이 대표적이다.

이처럼 재림주요, 참 하나님으로 추앙받던 문선명의 통일교는 그의 사망 후에 교리가 점차 변개된다. 부인인 한학자가 자신의 신격화를 진행하면서부터다. 문선명의 사후에 한학자가 '통일교를 주도적으로 이끌어 가겠다'고 공식 천명한 후 통일교는 한학자의 종교가 되다시피 하고 있다. 통일교 신도들조차 듣도 보도 못한 독생녀 교리가 등장해 내부적으로 큰 혼란을 겪기도 했다. 문선명의 사후 2주기부

---

19 문선명, 『원리강론』 (서울: 성화사, 2002), 130.
20 위의 책, 79.
21 위의 책, 165-166.
22 위의 책, 542.
23 위의 책, 164-170.

터 한학자를 향해 "여기 앉은 참 어머님은 6천 년 만에 탄생한 독생녀다"라는 주장이 나오기 시작했다.[24]

또한, 통일교의 성지로 조성된 경기도 청평에는 한학자 교주의 동상이 세워지는 등 한학자를 문선명과 동등한 위치에 놓고 한학자의 활동이 곧 하늘의 뜻이라고 할 정도로 그녀가 우상화되어가고 있다.[25] '한학자 종교화'에 대한 반발은 먼저 그들의 자녀들에게서 터져 나왔다.

문선명의 사망 후 3남 문현진은 2017년에 통일교를 나와 '가정평화협회'를 설립했다. 문현진은 창세기의 아담이 1대, 2대 아담은 김백문, 3대 아담은 문선명, 4대 아담이 문현진으로 자신이 재림예수의 실체라 주장하고 있다. 문현진은 독생녀이자 참 어머니라고 통일교 내에서 추앙받는 한학자의 색깔을 지우기 위해 앞장서고 있다.[26]

7남 문형진은 하버드대 종교학과 출신으로 문선명 사후 통일교의 후계자로 낙점됐던 인물이다. 그러나 문 교주 사망 후 한학자가 통일교의 권력을 장악하면서 퇴출되다시피 했고 지금은 미국을 거점으로 삼아 Sanctuary Church(생츄어리 교회, World Peace and Sanctuary Church)라는 곳을 세워 한학자와 대립 중이다. 문형진은 2015년 10월 28일 Sanctuary Church에서 설교하며 독생녀라는 한학자를 향해 '사탄의 핏줄'이라고 비난하였으며 통일교의 로고

---

24 정윤석, "통일교의 위기, 한학자 신격화 위한 교리 변조", 기독교포털뉴스, 2016. 9. 6.

25 조민기, "통일교 한학자 노골적인 신격화… 문선명은 이름뿐", 현대종교, 2020. 10. 8.

26 오명옥, "통일교 3男, 아버지 이어 자칭 '재림예수 실체'라 주장!", 종교와진리, 2021. 3. 9.

문선명 사후 독생녀로 일컬어지는 한학자의 조각상 (사진 - 현대종교)

사용 문제로 상호 간 법정 소송도 벌인 바 있다.[27] 문형진에게 가세한 사람은 4남 문국진이다. 그는 통일그룹을 물려받아 운영했었지만, 그룹 운영에서 배제된 뒤 7남 문형진을 도와 연합전선을 펼치며 한학자와 대립 중이다.

문선명 교주의 죽음 후 통일교는 엄마와 자녀 간 법정 소송과 서로를 사탄으로 비난하며 극단적 대립으로 치닫고 있다. 이를 보면 통일교는 기독교의 통일은 고사하고 자신의 핏줄인 가족 간의 통일도, 연합도 제대로 이루지 못하면서 자신들의 실체가 무엇인지를 적나라하게 보여주고 있다.

---

27 조민기, "통일교 한학자와 문형진의 후계전쟁", 현대종교, 2019. 5. 13.

통일교의 아류로는 정명석의 기독교복음선교회, 진진화의 생령교회가 있다. 통일교 강사 출신인 정명석이 세운 기독교복음선교회(CGM)는 지금도 대학가에서 위세를 떨치는 매우 위험한 사교 집단이다. 진진화의 생령교회는 영향력이 미미해졌지만 생령교회 출신이 신천지의 설립 초기 멤버로 들어가 신천지 교리에 통일교의 흔적을 남기게 된다.

2. 생활 속의 통일교

'통일교'라고 하면 성도들은 크게 관심을 갖지 않는다. 성도들의 일상생활에 크게 악영향을 끼치는 이단 사이비로 생각하지 않기 때문이다. 그러나 통일교는 2012년 9월 3일 문선명 교주가 사망 시 언론에서 추산한 자산규모만 '최소' 8조 원대인 초대형 이단 사이비 단체다.[28] 부동산 등 자산이 폭등한 현시점에서 계산하면 적어도 2배, 이들의 자산규모는 약 16조 정도로 증가했을 것으로 추산할 수 있다. 16조가 얼마나 큰 돈인지 실감이 나지 않을 것이다. 이렇게 생각하면 된다. 매일 하루도 빠짐없이 통장에 1억 원씩 460여 년 동안 들어온다고 생각하면 된다. 통일교는 신천지나 JMS, 안상홍 증인회(일명 하나님의교회)와는 비교가 되지 않을 정도의 막강한 경제력을 가진 한국 사회 최대 이단 사이비임이 틀림없다.

2008년 청주국제공항 사례를 보라. 당시 이용 고객이 적어 도저

---

28 "문선명이 남긴 통일교 자산 얼마?", 아주경제, 2012. 9. 3.

히 수지타산을 맞출 수 없는 지경이었다. 운영에 어려움을 겪던 중 공항 측에서 좋은 아이디어를 냈다. 일본 통일교 신도가 약 5만여 명에 달하는데 기독교인들은 소위 성지순례를 이스라엘로 가지만 일본 통일교 신도들은 한국으로 성지순례를 오니, 그들이 청주국제공항을 이용하도록 하면 어떠냐는 것이었다. 결국, 청주국제공항은 일본 통일교 신도들이 공항을 이용하도록 통일교 측과 협약을 맺는다. 당시 일 년에 한국을 방문하는 통일교 신도들만 10만여 명이었으니, 부도 위기에 직면했던 청주국제공항이 살아나는 전환점이 될 수 있었다.[29] 이런 사례는 우리 사회 가운데 통일교의 힘이 어느 정도인지를 실감 나게 한다.

1993년 『무궁화 꽃이 피었습니다』를 써서 베스트셀러 작가 반열에 오른 소설가 김진명 씨도 뜬금없는 책을 써서 독자들을 당황케 한 전력이 있다. 그가 2017년 『예언』이라는 책을 냈다. 이 책에서 작가는 사이비 문선명 교주를 소련 공산주의의 종언과 한반도의 통일을 2025년이라고 예언한 선각자처럼 그렸다. 통일교 문선명을 마치 선각자처럼 그렸다는 점에서 이 작가는 독자들에게 큰 실망을 안겼다.

이처럼 통일교는 우리 주변에 알게 모르게 퍼져 있다. 그 범위가 넓고 규모도 커서 종교와 산업 복합체의 끝판왕이라고 할 수 있다. 교육(선문대, 청심국제중고등학교, 선화예중고, 경복초등학교), 언론·출판(세계일보, 워싱턴타임스, 성화사), 사회복지기관(청심병원, 청심 국제연수원), 기업(통일, 일화, 일신석재), 레저(세일여행사, 용평

---

29 유태종, "청주국제공항 활성화 빨간불", 『조선일보』, 2008. 10. 27.

122 · 내가 신이다: 한국교회사 100년, 자칭 남신·여신들의 이야기

리조트), 문화예술(리틀엔젤스예술단, 유니버설발레단) 등 손을 안 뻗친 곳이 없다. 통일교는 기독교계에서 모두 이단 사이비로 규정했지만, 이에 아랑곳하지 않고 국내 최대 규모의 종산 복합체로 확장해 왔다.

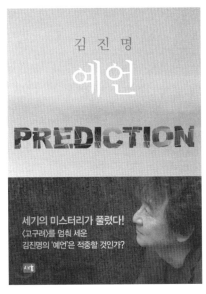

문선명을 선각자처럼 미화한 김진명의 소설 『예언』

박태선과 문선명은 동일하게 대기업형 이단의 서막을 열었던 이들이다. 하지만 통일교가 천부교와는 달리 세력을 더욱 크게 확장하게 된 것은 무엇 때문일까? 박태선의 시작은 문선명보다 모든 면에서 빨랐다. 빨리 달리는 자동차가 역풍을 맞는 법이라고 할까. 박태선은 1955년 이미 문선명보다 빨리 이단 사이비 단체로 규정된다. 종산 복합체도 박태선이 조금 더 빨리 시작했다. 정치권과도 빠른 속도로 결탁했다. 대기업형 이단으로 한발 앞서 시작했음에도 불구하고 박태선의 전도관이 통일교에 뒤처질 수밖에 없었던 이유는 아마도 1960년대 박태선이 현실 정치에 관여하며 3.15 부정선거로 구속된 이후 정치적 견제를 받아서였을 가능성이 크다.

이와 달리 통일교는 종산 복합체를 일구다가 특히 1970년대, 대한민국이 '반공'을 국가시책으로 삼던 시절에, 한 걸음 더 나아가 '승공'을 이슈로 내세우며 한국 정치의 비호를 받으며 정착했다. 문선명은 자신의 단체가 살아남으려면 정권의 비호 없이 불가능하다는 것을 일찍 간파했던 것 같다.

정치권과의 결탁은 국내뿐 아니라 해외에서도 문제가 됐다. 문선명은 1968년 4월 일본국제승공연합을 창설한 이후 일본 우익 정치인들과 긴밀한 관계를 맺어온 것으로 전해진다. 이런 오랜 결탁으로 일본의 아베 총리는 통일교가 주최한 '신통일한국 안착을 위한 싱크탱크 2022 희망전진대회'에서 영상을 통해 기조연설까지 하였다. 일본 정치권과 통일교가 결탁한 것으로 판단한 '야마가미 데쓰야'라는 통일교 2세 피해자는 결국 아베 전 총리를 2022년 7월 8일 총격 살해하는 충격적인 일을 벌인다.

통일교와 미국 공화당 정권과의 유착관계도 공공연한 비밀이다. 1982년 통일교가 창간한 워싱턴타임스(Washington Times)는 미국 보수 정권의 목소리를 대변하는 언론으로 자리매김했다. 1960년부터 1970년대까지 미국 통일교 간부를 지낸 앨런 우드는 일본 TBS와의 인터뷰에서 "거물급 정치인이 통일교 행사에 참석하거나 메시지를 보내면 수억 원이 지급된다."라며 "조지 부시 전 미국 대통령이 임기를 마치고 한국에 강연 왔을 때도 한 차례 연설에 100만 달러(한화 약 13억 원)를 지급했다."라고 폭로했다.[30] 트럼프 전 미국 대통령도 통일교 행사에 두 차례 영상 강연을 한 대가로 25억 원을 받았다

---

30 송주열, 한혜인, "통일교 美 정치권 유착 의혹까지", CBS 노컷뉴스, 2022. 8. 2.

고 한다.[31] 이처럼 한국은 물론 세계 각국 정치권과의 결탁은 통일교의 생존을 넘어 추종 불가한 대기업형 이단 사이비로 성장하는 데 결정적 역할을 했을 것이다.

---

31 이가영, "트럼프, 통일교 행사에 두 차례 영상 강연, 25억 받았다", 『조선일보』 2023. 7. 14.

사이비종교 최악의 참사 '백백교'

백백교 (1992년 개봉한 영화 〈백백교〉의 한장면)

　사이비 종교의 폐해는 이루 말로 다 할 수 없다. 끔찍한 피해의 대표적인 사례는 짐 존스의 존스타운 집단 자살 사건이다. 이는 미국의 사이비 교주 짐 존스를 추종하던 신도들이 1978년 11월 18일 청산가리를 탄 음료수를 마시고 909명이 사망한 미국 역사상 최대의 집단자살 사건이다. 미국의 존스타운 집단자살 사건이 발생하기 40여 년 전, 한국에서는 사이비 종교 최악의 참사 백백교(白白敎) 사건이 발생했다. 존스타운 사건이 사이비 종교 교주가 일으킨 집단 '자살' 사건이라면 백백교 참사는 사이비 교주가 벌인 집단 '학살' 사건이라는 것이 차이다.

백백교는 1920-30년대 일제 강점기에 경기도 가평에서 동학 분파의 신흥 종교로 처음 시작했다. 백백교의 기원은 전정운의 백도교(白道敎)였다. 전정운(1868-1919)은 평안남도 영변군 연산면 화현동의 가난한 농사꾼으로 동학교도로 활동했다. 문제는 그가 동학을 신앙하며 이를 빌미로 사기를 저질렀다는 것이다. 동학운동이 뻗어 나갈 당시, 급진파 세력의 지도자였던 녹두장군 전봉준이 이 사실을 알게 되었고, 분노하며 그를 손수 베어버리겠다고 공언하였다. 이 소식을 들은 전정운은 겁을 먹고 피하여 금강산에 들어가 잠적했다.

이후 그는 자신이 금강산에서 3년 동안 도를 닦아 천지 신령의 도를 터득하였다고 주장하며 함경남도 문천군에서 백도교를 창설했다. 그는 훗날 본거지를 경기도 가평군 화악산 기슭으로 옮긴다. 전정운은 시한부 종말을 주장했다. 그는 1904년 6월 천재지변이 일어나 전 인류가 심판을 받아 멸망한다고 하였다. 그러나 백도교를 믿으면 동해 바다에 새로 생길 신선의 땅으로 피난하여 영생불멸한다는 것이었다. 그는 신도들의 재산을 갈취하고 60명이 넘는 첩을 거느렸는데 그중에 4명을 생매장하고, 여러 신도들을 살해하는 등 많은 범죄를 저질렀다.

그는 1919년 51세의 나이로 가평에서 사망한다. 백도교는 교주 전정운 사망 직후에 적잖은 타격을 받았다. 교주 전정운의 범죄행각이 알려지며 신도들이 떠났기 때문이다.

사망한 전정운에게는 세 아들이 있었다. 이 중 둘째 아들 전용해는 아버지 사망 후 교단을 이어받아 비밀리에 포교하며 백도교를 백백교로 개칭하고 사이비 종교를 재건하기 시작한다.[1] 백백교는 이상한 주문을 외웠는데, 이 주문만 외우면 무병장수한다고 주장했다.

> 남자: 백백백의의의적적감응감감응하시옵숭성
>   (白白白衣衣衣赤赤赤感應感感應하시옵崇誠)
> 여자: 백의부인선선감감응
>   (白衣婦人善善感感應)

'백백백'으로 시작하는 주문은 백백교를 매우 강렬하게 각인시키는 효과를 준다. 이런 종류의 주문은 무속이나 도교의 영향을 받은 것으로 구한말에서 일제 강점기에 일어난 신흥 종교들 사이에서 흔하게 있었다.

백백교의 전용해는 백도교의 창시자이자 부친인 전정운으로부터 배운 수법과 유사한 방법을 쓴다. 신도들을 향해 '천부

---

1 유곤룡, 『현대종교』, 1982년 11월호, 169-170 참고.

님'이 곧 재림하는데 그때까지 자신에게 권세를 인계했고 세상이 심판받는 날 헌금의 다소에 따라 벼슬을 받고 영생할 수 있다고 주장한다.[2] 종말의 날에 서양은 불, 동양은 물의 심판을 받아 인류가 멸망한다고 주장했다. 여기서 살아남으려면 백백교의 처소에서 생활하다가 물의 심판 날에 금강산의 피수궁으로 옮겨가면 백백교 교주인 대원님이 진실한 신도는 동해 천 리 밖의 영주로 보내주고, 부귀영화를 원하는 자는 계룡산으로 인도한다고 주장했다. 진실한 신도의 기준은 교주에게 바치는 헌금의 액수에 따라 결정됐다. 백백교 간부들은 다음과 같은 말로 포섭 활동을 했다.

> 우리 백백교 교주님은 신비한 힘을 가지고 있는 분이다. 머지않은 장래에 천위(天位)에 등극할 인물이다. 지금 일본의 통치 아래 있지만, 가까운 장래에 반드시 백백교 교주의 통솔 하에 독립이 될 것이다. 그때 각 교도는 헌성금(獻誠金)의 다소와 인물의 능력에 따라 대신, 참의, 도지사, 군수, 경찰서장 등에 임명될 것이다.
> 오래지 않아 큰 전쟁이 날 터이니 교도들은 자산을 팔아가지고 상경하라. 교주는 신통력을 가지고 계신 분이므로 반드시 그대들의 생명을 보장할 것이다.
> 3년 내 조선에 서른 자 이상의 큰 홍수가 날 것이다. 일반백성은 모

---

2 위의 책, 171.

두 물에 빠져 죽더라도 헌금한 우리 백백교도는 금강산 피신궁(避身宮)에 들어가 목숨을 구할 수 있다. 홍수 이후 교주 전용해가 등극하여 천위에 오르면 헌금액에 따라 관직을 제수할 것이다.[3]

이런 주장에 미혹된 교도는 1만여 명으로 늘었고 전용해는 '천부님'으로 불리며 그들의 헌금으로 의자왕 같은 초호화판 생활을 하였다. 신도들은 전용해를 신이 사람의 모습을 쓰고 내려온 구주라고 믿었다. 구세주가 독립을 성취하는 날이 왔을 때 인정받고자 사람들은 재산을 바쳤다. 심지어 교주는 신도의 자녀 중 미모의 여성이 있으면 '시녀'로 바치도록 했다.[4] 바쳐진 딸들은 전용해의 첩이 되거나 성 노리개가 됐고 만족을 주지 못하는 여성은 간부의 성 노리개가 됐다.[5]

세상 종말이 오고 백백교를 믿고 따르면 불로불사의 존재가 된다고 했지만, 막상 들어가 본 백백교는 사실과 달랐다. 신도들은 늘 감시당했고 교주는 수십 명의 첩을 거느리고 호의호식하며 살았다. 반면 재산을 바치고 들어간 신도들에게 약속한 새 세상은 오지 않았다. 이에 불만을 품은 사람들이 잘못을 지적하다가 도망가는 일이 발생하기 시작했다. 전용해와 측근

---

3 "백백교 사건의 정체", 『조광』, 1937년 6월호, 전봉관, "백백교 사건 공판기", 『신동아』, 2006. 2. 10에서 재인용.
4 위의 공판기 참고.
5 위의 공판기 참고.

간부는 교단에 불만을 품은 교도를 배교 분자로 분류했다. 교주는 배교 분자를 비밀 아지트로 데리고 가서 '기도'를 올려주었다. '기도'는 교도를 살해해 암매장하는 것의 다른 이름이었다. 성인들이 타살된 후 딸린 어린아이들은 산 채로 암매장됐다.[6] 1937년 2월 당시 일본 경찰이 전용해 교주의 본부가 있던 가평에서 발견한 시체만 346구였다.

백백교가 설립된 시절은 일제 치하였다. 20여 년 이상을 식민 지배를 받으며 살던 희망 없는 국민들에게 폐쇄적 사이비 조직은 전쟁의 공포와 심판의 두려움을 주고 그에 반응하는 사람들에게 벼슬을 보장하며 '가짜 희망'을 안겨 줬다. 백백교에 들어온 사람들을 상대로 교주는 황제와 같이 군림하고 신도들의 삶을 황폐하게 만들며 살인, 축첩 등을 일삼았다. 이런 면에서 전용해는 한국이 낳은 최악의 사이비 교주였다. 백백교 사건은 1978년 11월 18일 가이아나 존스타운의 '인민사원 집단자살' 사건에 비견되는 참사였다.

참고로, K-POP으로 선풍적 인기를 끄는 방탄소년단의 슈가가 2020년 5월 22일 믹스테이프(비정규 무료 음반) 'D-2'를 발매했다. 이 중 '어떻게 생각해'라는 곡의 도입부에 미국 최악의 종교 참사를 낸 사이비 교주 짐 존스의 연설을 15초

---

6 위의 공판기 참고.

동안 삽입했다. 이 문제로 논란이 일자 슈가의 소속사 빅히트 엔터테인먼트는 해당 곡에 들어간 목소리가 미국 사이비 교주 짐 존스의 연설인지 알지 못했다고 해명하며 2020년 6월 31일 공식으로 사과했다. 슈가 역시 소속사를 통해 깊은 책임감을 느낀다고 전했다.

살인마교 백백교 여담을 기사화한 1937년 4월 18일자 『조선일보』

6장

철장 권세를 가진 자,
어린 종 유재열(활동연대 1966-1975)

'강남 스타일'이 전 세계 히트상품이 될 때 느닷없이 싸이의 종교가 관심거리로 떠올랐다. '신천지다, 아니다' 등등 갑작스레 신천지 논란이 일었지만 정작 싸이의 종교가 무엇인지는 알려지지 않았다. 그러나 확실한 것 한 가지가 있다. 그가 신천지의 형님뻘 되는, 사이비 계보사의 한 시대를 풍미했던 남신, 유재열의 사위라는 점이다. 그래서 '강남스타일'의 인기와 더불어 세인의 관심이 유재열이란 인물에 쏠리기도 했다. 유재열은 누구일까? 유재열이 등장했던 1960년대 후반, 장막성전 집회의 현장으로 시선을 돌려보자.

이들의 집회 의식은 무당의 초혼의식과 닮았다. 영명이 '사무엘'이라는 사람이 방언을 하면 '어린 종'이라 불리던 유재열이 그것을 통역했다. 그들은 집회를 하면서 성경 속 인물들의 이름을 부르며 그들의 영을 불러내는 의식을 치렀다. 방언자가 "모세스, 모세스, 따따따!"하고 기도하며, 이스라엘 백성을 가나안으로 인도한 모세 이름을 부르는 듯한 방언을 한다. '모세스' 외에는 알아들을 수 없는 방언이 울려 퍼질 때 어린 종이라는 유재열이 강단에 선다. 아무도 알아들

지 못하는 방언을 유재열
은 통역한다. 1966년, 장
막성전의 주요 지도자들에
겐 '여호수아', '미카엘',
'솔로몬' 등 성경에 등장하
는 인물의 이름이 붙었다.
이를 '영명(靈名)'이라고 했
는데 그 이름에 해당하는
신령이 임했다는 의미였
다. '여호수아'라는 영명
을 썼다면 그에게 여호수
아의 영이 임한 것으로 여
겨졌다. 신령이 임한 사람
이 방언하고 어린 종이 통

설교하는 '어린 종' 유재열

변하는 방식의 집회는 '신령예배'로 불렸다.[1]

일제강점기와 6.25 한국전쟁을 거쳐 보릿고개로 접어들며 모두 다
못 살고 모두 다 어려운 시절, 한국 사회뿐만 아니라 한국교회에도 신
령 사상이 범람했다. 1950년대, 문선명의 통일교와 박태선의 전도관
을 이어 1960년대, 천년성을 이룬다며 하나님의 영을 받았다는 유재
열의 집회에 사람들은 구름 같이 몰려들었다. 증거장막성전이 시작
된 경기도 과천의 청계산(淸溪山)을 그들은 '천개산(天開山)'으로 고

---

1 탁명환, 『한국의 신흥종교: 기독교편 3권』 (서울: 국제종교문제연구소, 1974), 78.

1966년 경기도 과천에서 시작한 장막성전 (사진 - 탁명환, 『한국의 신흥종교』, 3권)

쳐 불렀다. 마지막 날에 하늘이 열리는 곳이라는 의미였다.[2] 남신의
계보사에 합류한 유재열은 당시 아직 10대의 앳된 청년이었다. 당시
매 주일 아침이면 용산의 시외버스 터미널은 장막성전 신도들이 어
린 종을 보려고 과천행 시외버스를 타기 위해 초만원을 이루었다.[3]
많을 때는 4천여 명이 몰렸고 일부 신도 중에는 재산을 바치고 장막
성전 인근에 입주해 사는 사람까지 있었다.[4]

한때 세인들의 관심을 받던 어린 종이라는 유재열의 장막성전은 언

---

2 위의 책, 79.

3 위의 책, 47.

4 신천지문화부, 『신천지 발전사』 (경기도: 신천지, 1997), 35.

제부터 등장한 것일까? 그가 남신의 계보사에 교주로 등극하기 전 몸담았던 곳은 김종규의 호생기도원(1964년 설립)이었다. 당시 유재열은 고등학교 재학 시절 기계체조 선수였다. 그는 고등학교 2학년 중퇴 시까지 금메달도 여러 개 획득할 정도로 어느 정도 재능을 인정받았다. 당시 그는 일본 원정 경기를 앞두고 있었다. 하지만 일본어를 할 줄 몰랐다. 그러던 어느 날 유재열의 모친이 호생기도원을 출입하며 방언의 은사를 받았다. 그런데 방언을 하는 것이 흡사 중국어와 같았다. 이런 모친을 보고 유재열은 일본 원정을 가기 전, 일본어 방언을 받기만 하면 마음대로 일본어를 구사할 수 있다는 계산으로 모친을 따라 호생기도원에 출입한다.[5] 방언을 받으면 쉽사리 일본어도 익힐 수 있을 것이라는 착각 때문이었다.

당시 호생기도원의 원장이었던 김종규는 그곳에서 '주님' 또는 '아버님'으로 불리며 남신으로 군림하고 있었다. 신으로 군림하던 김종규는 여신도들을 밤마다 자신의 방으로 불러들였다. 그렇게 통간한 여성이 60여 명에 이르렀다고 한다.[6] 유재열은 교주의 여신도 간음 사건을 보고 큰 실망을 하였다. 결국, 일부 신도와 호생기도원을 탈퇴한 유재열은 1966년 4월 아버지 유인구 등과 함께 경기도 과천, 청계산 저수지에 장막성전을 세웠다.[7] 이때가 유재열이 아직 고등학교를 다니던 17세였다. 한국 교회사에 나타난 남신 중 가장 어린 교주의 등장인 셈이다.

---

5 탁명환, 『기독교이단연구』, 343.
6 탁명환, 『한국의 신흥종교: 기독교편 3권』, 52.
7 탁지일, 『사료 한국의 신흥종교』 (서울: 현대종교, 2009), 247, 257.

장막성전을 세우기 전, 신도들과 유재열은 신비로운 체험을 한다. 김종규에게 실망하고 나온 27명의 신도들은 과천의 유인구의 집에서 모임을 가졌다. 1966년 3월, 유재열이 운동을 하고 몸을 씻는데 갑자기 태양빛이 나타나 비추는 것을 봤다는 신도들이 나타났다. 유재열이 몸을 씻다 말고 빛을 피해 방으로 들어가자 태양빛이 그를 따라 들어갔고 유재열은 갑자기 쓰러져버렸다. 그의 아버지 유인구는 죽은 듯 쓰러진 유재열의 입속으로 두루마리가 들어가는 환상을 본다. 마치 요한계시록 10장[8]에서 사도 요한이 책을 받아먹는 체험을 연상케 하는 환상이었다. 다른 신도들도 이를 봤다고 주장한다. 유인구의 환상 속에서 두루마리를 받아먹은 유재열은 누운 채로 있었고 그 입에서 종이테이프 같은 걸 끄집어냈는데 그걸 모두 끌어내서 모으니 한 권의 성경책이 되었다. 그다음에 지구 모형을 두 손안에 넣고 힘을 주어서 부수니 지구 모형에서 피가 주르륵 나왔다. 이런 신비체험을 했다는 27명의 신도들이 1966년 4월 4일 청계산 계곡 속에서 장막을 짓고 6개월간 기도 생활을 시작하면서 장막성전은 시작된다.[9] 유재열은 설교 시에 자주 요한계시록을 인용하며 일곱 인으로 봉한 책 속의 비밀은 마지막 새 역사를 말한 것이라며 새 역사는 두루마리를 먹은 자가 공급해 주는 것이라고 강조했다.[10]

부친 유인구와 유재열의 동행은 오래가지 못했다. 어렸을 때부터 유인구는 유재열을 엄하게 키웠다. 잘못을 저지르면 매질을 하고 묶

---

8 내가 천사에게 나아가 작은 두루마리를 달라 한즉 천사가 이르되 갖자 먹어 버리라 네 배에는 쓰나 네 입에는 꿀같이 달리라 하거늘 내가 천사의 손에서 작은 두루마리를 갖다 먹어 버리니(계10:9-10).
9 탁명환, 『한국의 신흥종교: 기독교편 3권』, 52-53.
10 유재열 교주의 설교(1968-1980. 5. 18.까지), 『영원한 생명』(미출판자료), 347.

어서 천장에 매달아 놓을 정도로 가혹했다. 10대였던 유재열은 부친에 대한 반항심이 있었고, 이는 그가 장막성전의 지도자에 올라서자 부친을 배척하는 반항으로 작용했다. 결국, 1967년 6월, 아버지 유인구와 아들 유재열은 갈라선다.[11]

그 후 유재열은 요한계시록 7장 3, 4절에 나오는 인 맞은 자 14만 4천이라는 숫자를 악용, 종말이 다가오면 자신의 말을 믿고 따르는 사람, 실제 숫자 14만 4천 명만 천국으로 갈 수 있다고 주장한다.[12] 또한, 그는 자신을 감람나무, 순, 군왕, 선지자라고 하면서 "군왕의 말에 순종하는 자는 세상의 종말이 와도 죽지 않고 영생을 얻을 수 있다."라고 했다. 전국 각지에서 종말론 공포에 빠진 사람들이 유재열의 말을 믿고 청계산으로 모여들었다. 14만 4천 명 안에 들기 위해 집과 재산을 아낌없이 팔았다. 그러나 유재열은 신도들의 헌금으로 "호화주택을 짓고 고급 승용차를 타고 요정과 나이트클럽에서 술과 여자로 향락을 일삼았다."[13]

때로 유명 여배우와 스캔들이 나기도 했다. 여배우가 장막성전을 가게 된 계기는 꿈 때문이었다. 장롱과 서랍 7개가 있는데 마지막 서랍을 열었더니 금은보화가 가득 나오는 꿈이었다. 절에도 가보고 점도 쳐보았지만 명쾌한 해답을 얻지 못했는데 장막성전에 갔더니 기계체조 선수 출신의 건장한 10대의 젊은 청년이 '일곱 천사, 일곱 대접, 일곱 교회' 등 일곱에 관한 설교를 하는 것 아닌가. 이 여배우는

---

11 탁명환, 『기독교이단연구』, 342, 347.
12 우리가 우리 하나님의 종들의 이마에 인(印) 치기까지 땅이나 바다나 나무들을 해하지 말라 하더라. 내가 인침을 받은 자의 수를 들으니 이스라엘 자손의 각 지파 중에서 14만 4천이니(계 7:3-4)
13 『동아일보』 1975. 4. 3.

바로 장막성전의 신도가 되었고, 차후 어린 종의 숙소를 드나들더니 급기야 동거설까지 흘러나오게 되었다.[14]

1966년 3월 14일을 성탄절로 선포한 장막성전은 한 때, 두 때 반 때, 즉 3년 반이 지날 즈음인 1969년 11월 1일 세상이 불바다가 되고 끝날 것이라고 예언했으나 실패한다.[15](종말 날짜와 관련 신천지의 이만희와 함께 장막성전 생활을 함께한 신천지의 산증인 김대원은 필자와의 인터뷰에서 유재열은 세상 끝나는 날을 정확하게 1966년 3월 14일에서 3년 반이 지난 1969년 9월 14일이라고 말했다고 주장했다.)[16] 게다가 아버지 유인구와의 갈등, 내부에서 일곱 별로 세워진 지도부와의 갈등, 시한부 종말 예언의 실패로 조직이 거의 와해될 정도였다. 장막성전이 붕괴한 가장 결정적인 계기는 유재열의 구속이었다. 누가 그를 고소했을까? 신천지를 시작했던 이만희와 초기 두 증인 중 하나로 활동했던 홍종효 등이다.

처음 박태선의 전도관 신도였던 이만희는 천년성을 이룬다는 기대로 전도관에 들어갔으나 기대했던 일이 일어나지 않자 탈퇴하였고, 1967년 봄, 또 다른 사이비 유재열의 장막성전에 들어간다. 이때도 14만 4천이 채워지면 천년성을 이루어 왕처럼 살 수 있다는 말을 믿고 유재열을 따른다. 하지만 유재열의 종말 예언은 빗나갔다. 뒤늦게 자신이 속은 것을 깨닫게 된 이만희는 유재열을 고소하기에 이르렀다. 그는 장막성전에 들어가 유재열로부터 재산을 다 털리고 사기

---

14 탁명환, 『한국의 신흥종교: 기독교편 3권』, 58.
15 탁명환, 『한국의 신흥종교: 기독교편 3권』, 57.
16 정윤석, "신천지의 실상, 장막성전의 실체는 영적 사기극", 기독교포털뉴스, 2017. 6. 12.

를 당했다며 1971년 9월, 40여 개의 범죄 혐의로 고소장을 제출한다.[17] 신천지가 설립되던 초기, 이만희와 함께 두 증인이라고 주장했던 홍종효도 유재열의 고소에 합세했다. 그는 유재열 교주가 자신의 비닐공장을 폭력으로 가로챘다며 함께 고소했다. 결국, 유재열은 사기, 공갈, 무고, 폭력행위 등 처벌에 관한 법률 위반 등의 행위로 구속된다.[18]

이후 장막성전을 떠난 이만희는 한때 통일교 강사였던 목영득, 영부(靈父)라는 백만봉 등 또 다른 남신들에게 미혹돼 또다시 이단 사이비의 피해자로 살다가, 급기야 1980년 3월 14일 신천지를 세우고 자신이야말로 이 시대의 이긴 자, 구원자 등이라며 초라하게 개업을 한다. 이만희는 그 자신이 이단 사이비 집단이었던 박태선의 전도관과 유재열의 장막성전 최대의 피해자였다. 그러나 자신이 속아 인생을 바쳤던 사기 교리들을 짜깁기해 종교 사기꾼으로 변신, 이 시대 최악의 사이비 가해자가 되었다. 아마 1980년 3월 14일 설립할 때만 해도 자신조차 오늘의 신천지와 같은 조직을 이루리라고는 상상하지 못했을 것이다.

한편 1975년 구속된 유재열은 장막성전 교주로서의 활동을 사실상 중단하게 된다. 이후 유재열은 사업가로 변신, 상당한 성공을 이룬다. 그가 소유한 것으로 전해지는 서울 논현동 J빌딩의 경우 부지만 325평이다. 부동산 전문가는 디스패치와의 인터뷰에서 강남 시세를 따졌을 때 최소 200억 원 이상이라고 추정했다. 유재열이 살고 있

---

17 탁명환, 『기독교이단연구』, 347.
18 "장막성전교회 교주 등 넷 구속", 『동아일보』, 1975. 9. 6.

유재열의 현재 모습을 취재한 언론 디스패치

는 집은 서울 한남동 L하우스이며 지난 2018년, 64억 원을 주고 매입했다. 등기상 주인은 아내이다. 그들은 서울 청담동에도 154평(부지) 규모의 대저택을 소유하고 있었다. 강원도 평창에는 자녀 공동명의의 땅이 있다. 제주시 연동에도 건물이 있다. 해당 건물과 옆 건물, 그리고 건물 사이의 주차장도 유재열 일가의 재산이다.[19]

한국 이단 계보사의 가장 나이 어린 교주 유재열이 현재 누리는 거대한 부는 과연 어디에서 왔을까?

---

19 김지호·구민지, "그가 이만희의 스승이다" 디스패치, 2020. 3. 23.

7장

사망을 극복한 구원자 이만희(1931-)

신천지예수교증거장막성전(신천지)의 대표자인 이만희는 1931년 8월 26일[1] 경북 청도군 풍각면에서 태어났다. 이만희는 다른 어떤 사이비 교주보다 뒤늦게 종교 사기업에 뛰어들었다. 다른 교주들은 주로 2, 30대의 젊은 나이에 남신의 반열에 올랐다. 이만희가 이전에 몸담았던 유재열의 경우, 17세의 청소년기에 장막성전을 세우며 이미 남신의 반열에 올랐다. 이만희는 남신계의 지각생이었다. 자신이 비로소 주도자로 나서게 된 건 인생의 중년기를 넘어서는 50살이 될 때였다. 그와 함께 신천지를 세운 사람은 5명 남짓이었다. 박태선에게, 유재열에게 사기를 당하며 전 재산을 빼앗겼던 피해자, 또 통일교 강사 출신 목영득의 제자, 백만봉을 영부로 믿고 따르던 사이비 피해자였던 그는 1980년 3월 14일 추종자 수 명과 함께 초라하게 신천지의 시작을 알린다.

---

1 신천지요한지파 문화부, 『평화의 사자 熙』 (경기도: 신천지총회문화부, 2017), 9. 이만희의 탄생부터 성장까지, 어린이를 위한 동화 형태로 낸 원문에는 페이지가 없어서 표지를 1쪽으로 정해서 페이지를 계산했다. 이만희의 탄생 연도는 나무위키의 경우 1931년 9월 15일(음력 8월 4일)로도 표기했으나 신천지가 공식적으로 발행한 문건을 근거로 생일을 8월 26일로 표기했다.

1. 사이비 전전하다가 종교사기의 피해자에서 가해자로

이만희는 경북 청도에서 한때 교회에 출석했던 것으로 알려졌다. 그런 그가 1957년부터 10년간 자신을 천상천하의 유일한 하나님이라고 주장하던 전도관 박태선의 신앙촌에 머문다. 이를 이만희는 '성령의 환상과 이적과 계시를 받아서' 들어간 기간이었다고 말한다.[2] 그러나 사실상 이만희가 박태선의 전도관에 들어간 이유는 다른 데 있었다. 박태선은 1950년대 중반 안찰 기도로 사람의 병을 고치는 치병 집회로 이름을 떨쳤다. 그는 서울 남산을 비롯하여 여의도, 경북 안동, 부산 대신동, 대구 칠성동에서 순회 집회를 했고 특히 1955년 7월 3일부터 9일간, 서울 한강 백사장에서 진행한 천막 집회에는 연인원 약 60만 명이 모인 것으로 추산될 정도였다. 소경이 눈을 뜨고 앉은뱅이가 일어나고 벙어리가 말하고 문둥이가 깨끗함을 입는 역사가 일어난다고 소문이 퍼졌다.[3] 당시 깡촌 시골 경북 청도에 사는 이만희도 이 소문을 듣고 귀가 번쩍 뜨였다. 그에게는 남모르는 아픔이 있었다. 한센병 음성 환자였기 때문이다. 형인 이OO은 증상이 가장 심했고 이만희는 언뜻 보면 표가 나지 않았지만, 의사가 보면 쉽게 알 수 있는 정도였다. 그래서 동네에서 그의 별명은 '보얀 문둥이'였다.[4] 그는 이 문제로 고민하다가 자살 기도를 한 적도 있을 정도로 힘들어했다.[5]

---

2 "총회장님 약력", 신천지예수교증거장막성전 과거 홈페이지.
3 최중현, "박태선 장로가 주도한 60만명 참석 '서울한강 백사장 집회'", 브레이크뉴스, 2017. 4. 29.
4 "이만희 씨 교주가 되기까지", 신현욱 목사의 구리상담소, 2015. 9. 10. 게시글.
5 홍종효, 2007. 12. 16. 확인서.

한국 최대 이단의 교주가 된 이만희의 모습 (사진 – 신천지대책전국연합)

 이만희는 박태선의 전도관에서 14만 4천 인이 이룰 지상천국 공동체, 천년성을 쌓는다며 벽돌 굽기 등 막노동을 한다. 당시 전도관에 빠진 신도들은 전국 10만여 명에 이르렀다. 이만희도 그중 하나로서 가짜 하나님을 10년 동안 믿고 따르며 '육체 영생', '14만 4천', '동방 한국' 등 사람을 신으로 믿게 만드는 사이비 교리를 학습한다.[6] 전도관에서 천년성의 꿈을 안고 10년을 지낸 이만희 교주는 그곳에서 새 하늘 새 땅이 이뤄지지 않자 탈퇴하고 어린 종이라는 유재열의 장막성전으로 옮겨 탄다. 그는 이때도 역시 '성령의 계시에 이끌

---

6 진용식, "사이비 교주들과 지상천국론", 『빛과소금』, 2020년 5월호.

렸다'고 표현한다.[7]

유재열은 "우리가 새 하늘 새 땅에 살게 될 거다, 그곳에서 죽지도 않고 늙지도 않는다."라며 육체 영생을 강조하며 설교했다. 이곳에서 이만희는 일곱 천사라는 실상의 인물들의 살림살이를 도와주고 시키는 대로 일하는 역군의 삶을 반복한다.[8] 유재열에게 속은 것을 알게 된 건 1969년 11월 1일이었다(장막성전 탈퇴자이자 신천지의 산증인 김대원은 9월 14일이었다고 주장한다). 유재열은 이때 세상이 불바다로 심판받는다고 했으나 아무 일도 일어나지 않자 시한부 종말의 실패를 눈으로 확인하게 되었고 비로소 이만희는 장막성전을 떠난다.

1977년 이만희는 다시 '영부'라는 백만봉의 재창조교회로 들어간다. 백만봉은 자신이 '영의 아버지', 즉 영부라고 하였고, 심판 때에 갖춰 입을 옷이라며 흰옷, 흰 가운, 흰 구두를 신었다. 그는 휘하에 열두 제자를 두기 위해 선착순으로 신도를 모았으나 잘 채워지지 않자 교회도 안 가봤던 사람, 강화도 깡패 등을 넣었고 그것도 모자라 막차 타듯 이만희를 태워서 겨우 12제자의 숫자를 채웠다. 백만봉은 자기 자신이 영부이기 때문에 자기가 하는 말이 곧 성경이라며 성경을 보지도 않고 잔칫집 등을 돌아다니며 먹고 마시는 떠돌이 생활을 했다. 이때 주로 독주를 들이켰는데 이만희도 술을 매우 좋아했다.

이만희에게 술을 가르친 사람은 김대원이다. 김대원은 필자와의

---

7 "총회장님 약력", 신천지예수교증거장막성전 과거 홈페이지.
8 정윤석, "신천지의 실상, 장막성전의 실체는 영적 사기극", 기독교포털뉴스 2017. 6. 12. 김대원과의 인터뷰 참고.

여신도의 손을 마주 잡고 술을 따라주는 신천지의 교주 이만희 (사진 – 신천지대책전국연합)

인터뷰에서 처음 이만희가 신앙촌에서 장막성전에 왔을 때만 해도 술을 전혀 하지 못했다고 말했다. 김대원은 전도관에 이어 장막성전에서도 천년성을 짓는다며 고된 노동을 하고 땀 흘리는 이만희에게 다가가 넌지시 시원한 막걸리 한잔을 권했다. "이 양반아 지금 율법시대여? 마셔. 괜찮혀." 이만희는 그 후로 술을 즐기게 됐다.[9] 한때 신천지 내에 '금주령'이 내려졌는데 이는 신천지 내부적으로 신도들이 술 문화에 관대했다는 방증이기도 하다.[10]

백만봉은 요한계시록 12장의 한 때, 두 때, 반 때를 '삼 년 반'으

9 정윤석, "백OO의 12제자로 막차 탄 이만희 교주의 실상", 기독교포털뉴스, 2017. 6. 29.
10 정윤석, "신천지와 JMS, 같은 사이비지만 서로 다른 문화", 기독교포털뉴스, 2023. 3. 27.

로 해석했다. 그는 재창조교회 설립일인 1977년 9월 14일을 기점으로 3년 6개월이 지난 1980년 3월 14일 태양이 떠오를 때가 바로 지구 종말의 때라고 예언했다. 백만봉은 예언의 그 날 아침, 모든 신도를 데리고 과천 청계산 위로 올라갔다. 그는 신도들에게 "아침에 떠오르는 태양을 내가 멈출 테니 그러면 내가 그인 줄 알라"라고 큰소리쳤다. 그리고는 떠오르는 태양을 향하여 "태양아, 멈춰라!"라고 했다. 그러나 태양은 백만봉의 지엄한 선포에도 불구하고 여전히 힘차게 떠올랐다. 그때까지 백만봉을 믿고 따르던 이만희는 그때야 자칭 하나님이라는 사이비 교주를 향해 '이놈, 저놈!' 하며 폭언을 퍼부었다. 그리고 그들은 서로 다투다가 헤어진다. 이만희는 그날부로 5명의 재창조교회 탈퇴자들과 신천지를 세운다. 그중 한 명이 두 증인 중 하나라는 홍종효였다.[11] 홍종효는 차후 이만희와도 결별하고 자신이 진정한 재림주라며 호언장담하다가 2012년 7월 사망한다.

이만희는 이렇듯 최소 3개 사이비 교파, 전도관, 장막성전, 백만봉 등 사이비 단체를 전전하다가 사기를 당한 후 1980년 3월 14일 결국 피해자에서 가해자로 전환한 신종 종교 사기 단체의 수장이다.

2. 신천지 이만희 교주의 체험

피가름, 목가름, 강신극, 친림 등 여신, 남신을 통틀어 신흥종교 교주의 체험에서 보여주는 핵심은 영적 존재가 육체를 가진 인간 속으

---

11 정윤석, "백OO의 12제자로 막차 탄 이만희 교주의 실상", 기독교포털뉴스, 2017. 6. 29.

로 '빙의'하듯 쑥 들어와 신의 반열에 오른다는 점이다. 신령과의 접촉뿐 아니라 그에 발맞춰 일월성신이 특정 인간을 매우 특수하게 점지해주는 듯한 자연현상이 있었다는 것도 내세운다.

이만희도 자신의 탄생부터 성장까지 '별'과 연결해 '탄생설화'를 만들었다.[12] 경북 청도에 하나님을 믿는 믿음을 굳건히 지킨 할아버지가 있었다. 그가 어느 날 꿈을 꾼다. 갑작스레 해, 달, 별이 떨어지고 하늘이 캄캄해졌다. 그때였다. 문득 어둠이 갈라지듯 큰 빛이 나타나더니 천지에 빛을 가득 채웠다. 하늘에 머물던 그 빛은 갑작스레 땅으로 쏜살같이 내려왔다. 그러더니 며느리의 몸속으로 파고들었다. 그리고 이 여성은 1931년 8월 26일 남자아이를 낳는다. 할아버지는 그를 '가득한 빛'이라는 의미로 '만희'라 이름하였다. 할아버지는 순백색 도포를 입고 하늘을 향해 기도를 올리는 사람이었다. 할아버지가 본 그 별은 이만희의 인생을 떠나지 않는다. 이만희가 맏형수와 밭일을 하는데 낮에 큰 별이 떠서 한참을 바라봤다. 그 별을 바라본 후 얼마 지나지 않아 이만희는 산에서 영인을 만난다.

영인은 직접 쳐다볼 수 없을 정도로 광채로 빛이 났다. '이분이 바로 하나님이구나.' 하며 두려워 엎드린 이만희에게 영인은 "너는 나를 따르라"고 말했다. 그 후 얼마쯤 지났을까. 일어나보니 영인은 온데간데없었다.[13] 그때 감동을 받은 이만희는 곧장 백지를 사서 '이제 저는 죽고 지금 산 것은 주님께서 사시는 것입니다. 이 한목숨 다하여

---

12 신천지요한지파 문화부, 『평화의 사자 熙』, (경기도: 신천지총회문화부, 2017), 8-9; 12-13; 18-22; 32-33 참고.
13 만국소성회, 『영핵』 (경기도: 신천지, 1996), 75.

충성을 맹세합니다.'라고 혈서를 쓴다. 그 후 장막성전에 들어갔다가 나온 후인 1980년 봄, 이만희에게 하늘에서 온 천사가 큰 대접을 들고 나타났다. 대접에는 깨알같이 작은 글씨가 휘몰아치고 있었다. 천사가 대접을 기울여 이만희의 입에 부어주었다. 그것을 다 받아 마신 이만희는 '마지막 피 한 방울까지라도 다 바쳐 하나님의 뜻을 이루겠다'고 결심한다. 신천지는 이 체험을 하나님이 지난 6천 년 동안 누구에게도 허락하지 않으셨던 완전한 계시의 말씀이자 인류 최고의 복음을 이만희에게 허락하신 것이었다고 평가한다.[14]

이만희의 탄생 사건은 별이 그를 인도한 것을 넘어 영이 이만희의 육체 속에 들어와 '신탄(神誕)', 즉 신이 탄생한 사건이라고도 한다. 하나님은 영적 세계에 계신다. 그래서 육계에서 역사할 수가 없다는 것이다. 그래서 그분이 거할 육체를 감찰하시다가 드디어 한 육체를 선택하신다. 그리고 그 안에 거하며 죄와 사망을 극복한 초인, 신인이 탄생했다는 것이다.[15] 재림 또한 예수께서 인격적으로 가시적으로 다시 오시는 게 아니라 예수의 영혼이 이 땅에 사는 어떤 육체에 임하여 탄생하시는 것이기 때문에 결국 이만희는 재림주가 된다. 이는 무속에서 의미하는 빙의나 접신과 다를 바 없는 재림관이다. 이런 신비체험과 재림관을 섞어서 신천지에서 이만희는 진리의 영이 임한 이 시대의 진리의 목자, 구원자, '만희왕'으로 찬양받는 존재가 됐다.

---

14 신천지요한지파 문화부, 『평화의 사자 熙』, 33.
15 김건남·김병희, 『신탄』 (경기도: 신천지, 1985), 5.

3. 신천지의 급성장과 핵심교리

이만희는 다른 어떤 교주보다 뒤늦게 종교 사기업에 뛰어들었지만, 해마다 매서운 성장세를 이어왔다. 그 이유는 10여 년 단위로 포교마케팅의 혁신을 이뤄왔는데 바꿀 때마다 대히트를 쳤기 때문이다. 1980년대, 처음 출범할 때 이만희는 '이충진'이라는 가명을 쓰거나 '목사'를 사칭하며 '계시록 진상공개 집회'를 열기도 했다. 당시 계시록에 대한 호기심을 채우려는 사람들을 상대로 이 방법이 먹혀들면서 1990년대에 이르러 신천지 신도는 1천여 명에 도달하게 된다.[16]

1990년은 이만희가 전환점을 맞는 시기이다. 당시 다른 사이비 조직에 있던 사람이 신천지에 들어오면서 그가 제안한 신학원 시스템이 신천지에 도입된다. 서울 방배경찰서 옆에 '창세기부터 요한계시록까지 통달시켜 준다'는 캐치프레이즈를 걸고 무료성경신학원이 처음 생겼는데 두 달에 한 번 개강할 때마다 100명씩 들어왔다. 당시는 신도들을 포섭하는 역할을 담당하는 바람잡이도 없을 때였다. 신천지 교육장 출신인 신현욱에 의하면 이 신학원은 신천지가 전국 조직으로 확장되면서 사람들이 기하급수적으로 늘어 2000년대에 들어서면서 1만여 명으로 급성장을 하였다고 한다.

2000년 이후 신천지는 복음방과 모략 포교를 도입한다. 무료성경신학원은 신천지에 대한 경계심이 커지자 복음방 과정을 두었다. 복

---

16 신현욱의 증언, "이만희, 2년만 더 살아도 신천지 20만 육박할 것", 기독교포털뉴스 2016. 7. 4.

"교회는 우리의 밥이다"라는 구호를 외치며 추수꾼으로서 정신교육을 받는 신천지 신도들

음방은 성경공부 전에 카페에서 차를 마시고 대화하며 신천지 말씀을 살짝살짝 섞어서 먹이는 과정이다. 또한, 교회에 추수꾼을 파송하는 사기 포교를 실행한다. 복음방과 모략 포교 역시 큰 성공을 거두면서 신천지 신도가 10만여 명을 넘어서는 시대를 열게 되었다.

정통 교회를 통째로 신천지화하려는 '산 옮기기'와 정통 교회에 위장 신도를 보내는 '추수꾼 포교법', '가나안정복 7단계' 등 신분을 숨기는 사기 포교들도 이때 시도된다. 이만희는 일제강점기와 한국전쟁을 경험한 1931년생이지만 교단의 급성장에 필요한 동력이라고 판단되는 것은 도입을 주저하지 않는 성격이었다고 한다. 한국교회는 가장 심각한 피해를 주는 이단, 가장 주의할 이단으로 신천지를 첫 번째로 손꼽고 있지만, 교회 성도들의 피해는 줄지 않고 있는 현

실이다.[17]

신천지는 대형 이단 사이비 조직이 된 이후에도 직통 계시, 은사, 하나님의 음성 듣기를 사칭하며 점쟁이 수법, 타로 등 사람을 미혹하는 방법이라면 어떤 수단과 방법도 따지지 않고 동원한다. 심지어 섹스 포교에 피해를 봤다는 사람이 생길 정도이다. 섹스 포교 피해자는 내용증명을 보내 이만희 교주에게 일곱 가지를 질의했다. 그러나 이만희는 묵묵부답이었다.[18]

신천지에는 직장도, 학업도, 가족도 버리고 합숙을 하며 사기 포교법만 전문적으로 개발하는 팀이 있는데, 이를 전도특전대라고도 부른다. 또한, 국내에서 신천지에 대한 경계심이 많아지자 신천지는 해외로 눈을 돌리기 시작한다. 신천지는 현지 배경이 없이 활동하면 의심을 받기 때문에 먼저 해외에서 사업을 기획한다. 대표적인 것이 K-POP, K-Beauty의 유행을 발판 삼아 한국어 강좌를 열거나 한국 화장품을 브랜드별로 사서 화장품 가게를 내는 방법이었다. 2016년부터 시작한 화장품 사업은 폭망하였지만, 이후 기획한 한국 문화 카페 사업은 K-POP 붐을 타고 인기를 끌었다. 이를 기반으로 한국 음식점과 한국식 치킨 가게까지 열었다. 식당은 사업성과 함께 거점 역할을 하였고, 실제 포교를 위해서는 문화적인 방법을 동원하였다. 한국에서 한국어 교사 자격증을 취득하고 온 신도들을 중심으로 한국어 수업을 진행하고, 매주 토요일은 문화 모임(한국 영화의 날, 한국 음식 체험의 날, 한국 놀이 체험 등)으로 홍보하여 지속적으로 섭외

---

17 유영권, 『한국기독교의 이단규정과 평가』 (경기도: 기독교포털뉴스, 2023), 305
18 정윤석, "신천지 탈퇴자 '나는 신천지 섹스포교 피해자'", 기독교포털뉴스, 2013. 11. 17.

자를 모았다.

신천지는 '예수 + 비유 풀이 = 새 언약'을 믿을 때 구원에 이를 수 있다고 강조한다. 여기에 이만희 교주는 절대적 역할을 한다. 이만희 교주를 만나야 구원을 받고 신천지에 가야 구원을 받을 수 있다고 한다. '이만희식 비유 풀이'로 성경을 해석해야 죄 사함도 받을 수 있고 특히 요한계시록을 알아야 구원을 얻을 수 있다고 한다. 교리 중독에 빠진 신도들은 이 땅에서 14만 4천 명만 채우면 왕 같은 제사장이 되어 세계를 통치한다는 허황한 생각에 빠져 학업, 직장, 가정을 내팽개치고 사이비 집단에 '올인'하고 있다. 이들에게 '예수는 없다'. 오직 예수의 영을 받았다는 교주 이만희만 있을 뿐이다. 심지어 신천지는 이만희 교주를 만왕의 왕이라고 추앙하기도 한다. 그들의 찬송집에서는 이만희를 '만희왕'이라고 부른다.[19] 찬송가에서 이만희는 "오늘 나신 만희왕을 기쁨으로 맞이하자, 오늘 나신 만희왕께 찬양하며 경배하자"라며 경배의 대상이 되고 있다.

이만희가 죽으면 신천지는 과연 와해될까? 그렇지 않을 것이다. 통일교나 천부교와 같이 다른 이단 사이비 종파처럼 신천지는 나름대로 변화를 도모하며 적응해 갈 가능성이 크다. 그리고 신도들은 그 안에서 어떻게든 자신들의 신앙을 합리화하며 적응해 갈 것이다. 이것이 종교 중독의 패턴이다. 과거의 이만희가 사이비를 전전하다가 끝내 그 굴레에서 벗어나지 못하고 스스로 교주가 됐듯이 말이다.

이만희가 사망하면 가장 먼저 교리 변개가 이루어질 것이다. 신천

19 이만희, 『신천지 찬송가』(경기도: 신천지, 2014), 43.

지인들은 이만희의 육체 영생을 내일 지구의 태양이 떠오를 것처럼 믿어온 사람들이다. 그런데 그렇게 믿었던 이만희가 죽으면 신천지는 자체 모순에 빠져버리고 만다. 이만희의 사후 신천지에 남은 자들은 어떻게든 교리 합리화 작업을 해야 하는 과제를 안고 있다.

이미 몇 가지 성경 구절도 거론되고 있다. 요한계시록 20장 6절에 나온 "이 첫째 부활에 참여하는 자들은 복이 있고 거룩하도다 둘째 사망이 그들을 다스리는 권세가 없고 도리어 그들이 하나님과 그리스도의 제사장이 되어 천년 동안 그리스도와 더불어 왕 노릇 하리라"라는 구절을 만지작거린다는 정보가 들어오고 있다. 말인즉슨, 둘째 사망이 다스리는 권세가 없다고 했지, 첫째 사망은 이만희도 거스를 수 없었다고 합리화할 수 있다는 것이다.

지방 호족들의 재편도 예견된다. 신천지는 경기도 과천에 있는 본점을 중심으로 전국 12개의 지파로 구성돼 있다. 원래 가장 유력한 지방 호족은 베드로 지파의 지재섭 지파장이었으나 제명된 상태이다. 맛디아 지파의 장방식 지파장도 유력했으나 지금은 본부의 눈치를 보는 위치로 변모했다. 그만큼 현재 신천지는 본부의 세력이 막강한 상황이고 2023년 가장 눈에 띄는 변화는 지방 호족이 본부 측 인사들로 변경된 것이다. 고○○ 본부 총무 중심으로 지방 호족이 재편된 것이다. 이는 이만희 사후 본부 중심으로 신천지가 적응해 갈 것을 예측하게 한다. 고 총무는 현재 이만희의 뒤에서 신천지를 움직이는 막후 실세로 자리했다.[20]

---

20 김리나, "신천지 고동안 총무, 그는 누구인가?", 현대종교, 2023. 5. 3.

이만희 사후 가장 큰 문제는 신천지에서 떠나 자칭 '재림주'를 주장하며 신장 개업파들이 난립하는 경우이다. 이만희는 진리의 영을 받은 인물을 대언자, 이긴 자, 보혜사, 구원자로 믿게 하는 교리 시스템을 신도들에게 주입했다. 이 교리를 근거로 하면 이만희 사후에 스스로 재림주를 자처할 인물들이 우후죽순으로 생길 수밖에 없다. 이만희가 죽으면 그에게선 진리의 영이 떠났고 진리의 영이 점프해서 내게로 왔다며 교주들이 난립할 수 있다는 의미다. 특히 이 부분에서 자칭 재림주들은 이만희를 '배도자' '세례 요한'으로 만들 가능성도 적지 않다. 그래야 그의 죽음이 해석되고 신천지 조직에서 이탈한 사람들을 규합해 자칭 재림주로 등극할 수 있기 때문이다.

마지막으로 조직의 분화다. 이만희 사후에 신천지 내부 세력의 다툼이 살벌하게 전개될 것이다. 역사적으로 보면 권력 앞에서는 아비, 어미, 자식도 없었다. 신천지는 2020년 기준, 자산 5천억 원대의 거대권력이다. 따라서 이만희 사후에 거대 조직이자 권력화한 신천지 조직의 주도권을 장악하기 위한 치열한 다툼이 전개될 것이다. 통일교도 문선명 교주의 사후, 문 교주의 부인 한학자와 아들 문형진이 내부 분열을 일으키지 않았던가. 아무리 고OO 총무가 선두 주자라 하더라도 통일교에서보다 권력 다툼이 심하면 심했지 결코 덜하지 않을 것이다.

이쯤 되면 세상 정치판이나 조폭 세력보다 하등 나을 것이 없는 신천지의 실체를 보고 대거 이탈하는 신천지 신도들도 적잖이 생길 것이다. 신천지 역사 완성이 인생의 모든 것인 줄 알고 10년, 20년을 맹종했는데 사실상 종교 사기에 속았다는 것을 알았을 때 그들이 겪는 자괴감은 말로 다 할 수가 없을 것이다. 게다가 세속에 물들어 산다고 비웃었던 남들이 오히려 결혼하여 가정을 이루고 사회의 일원으로 적응하며 성실하게 살아가고 있는 것을 보고, 그 평범함이 신천지 역사 완성보다 훨씬 위대했다는 것을 깨달았을 때, 신천지에 속은 피해자들이 느낄 절망은 사회가 고스란히 감당할 몫으로 남게 될 것이다.

8장

신부급·애인 시대의 구원자 정명석(1945-)

그날 눈이 오지 않았다면 어땠을까? 전 JMS 부총재로 30여 년을 기독교복음선교회에 몸담았던 김경천은 정명석을 회상할 때면, 눈 오던 그날을 떠올린다. 김경천은 정명석과의 관계를 30년 가까이 끊어낼 수 없었던 이유 중 하나를 '신령 체험' 때문이었다고 말한다. 1980년, 김경천이 정명석과 성경공부를 하며 무상거주하던 서울 삼선교 근처의 거처가 있었다. 한겨울에 집주인이 갑작스레 방을 비워달라고 했다. 그때 정명석은 "눈 오라고 기도하자"고 김경천에게 말했다. 그런데 다음날 실제로 눈이 내렸다. 눈이 오는데 야박하게 방을 빼라고는 못 하겠다며 집주인은 2주 정도 유예를 주겠다고 했다. 정명석은 다시 기도하자고 했고 방을 빼기로 한 날 또다시 눈이 펑펑 내렸다.

1980년, 정명석을 처음 만나던 날도 그랬다. 정명석은 김경천을 향해 "네가 너를 꿈에 보았다"라고 말했다. 이 말은 마치 예수님이 나다나엘을 만났을 때 하셨던 말씀 같았다. 그리고 김경천에 대한 환상을 본다며 말을 하는데 딱딱 들어맞는 듯했다. 당시 정명석의 손톱과 발톱은 까맣게 변해 있었다. 대둔산에서 기도하다가 동상에 걸려서 그렇게 된 것이라고 했다. 정명석을 만나면서 김경천은 집도 안 가고, 밥도 안 먹고, 며칠 밤을 새우며 말씀만 들었다. 배와 그물을 버리고 예수를 좇은 베드로처럼.[1]

태풍이 몰아치던 날이었다. 정명석은 "태풍의 눈을 빼겠다"고 기도했다. 그랬더니 다음날 일기예보에 '태풍의 눈이 빠졌다'는 아나운서의 멘트가 나왔다. 이를 김경천은 3중 세뇌라고 한다. 첫째는 '교리 세뇌', 둘째는 '체험 세뇌', 마지막은 이단 교리를 가르치면서 스스로 세뇌되는 '자가 세뇌'다.[2]

이단 상담가들에게 의뢰가 가장 많이 들어오는 한국의 이단 사이비 단체는 신천지와 JMS이다. 둘 다 1950년대 남신의 양대 산맥이었던 박태선과 문선명의 아류다. 둘 중 어느 단체의 상담이 더 어려울까. 많은 상담가들은 JMS를 꼽는다. 신천지는 방언이나 예언 같은 행위를 하지 않는다. 논리적 측면이 강하다. 따라서 그들이 알던 논리의 오류를 반증하면 신천지인 대부분은 깨진다. 하지만 JMS 신도는 다르다. 이들 중 상당수는 신령 체험을 한 이들이다. 탈퇴자들에 따르면 정명석은 '박수(남자 무당)'의 끼가 있었고 한때 여신급으로 올라섰던 정조은도 꿈, 환상, 예언 등을 말했다. 그 외에도 '계시자' 혹은 '예언자'들을 두어 입신을 하거나 강단에서 여러 차례 신령 체험을 언급해 왔다. 상담할 때 신천지는 교리 상담에 전념하면 되지만 JMS의 경우 교리 상담에서 끝나는 게 아니라 신도들이 그곳에서 직접 체험한 현상에 대해 집착을 단절시키고 깨뜨려야만 한다.

---

1 김경천, 『거짓을 이기는 믿음Ⅱ』, (경기도: 기독교포털뉴스, 2020), 5-6.
2 위의 책, 5-6.

1. 신령 체험과 교리 세뇌로 무장한 정명석의 기원

1980년대 당시 서울 신촌을 중심으로 기독교 청년들 사이에 이상한 소문이 퍼졌다. 예수님은 40일 금식기도를 했는데 산에서 70일 금식기도를 한 분이 계신다고 했다. 성경을 2천 번 읽은 도인이 나타났다고 했다. 그를 만나러 가자는 것이었다.

한국 정치사의 격동기인 1980년, 신촌 대학가를 중심으로 활동한 정명석은 '도인', '신령한 사람'으로 포장해 젊은 층에 다가갔다. 그러나 정작 그는 1975년 통일교에 입교했다가 탈퇴한 이단 사이비 출신자에 불과하다. 그런데도 그의 생애는 JMS 내에서 '기도하는 사람'으로 신비롭게 포장됐다.

정명석은 1945년 음력 2월 3일 충남 금산군 진산면 석막리 달밝골에 있는 화전민이 쓰다가 만 토담집에서 태어났다. 이 장소를 JMS 측은 '오염되지 않은 하늘과 자연의 소리'를 들을 수 있는 천혜의 땅이었다고 표현한다. 정명석은 1959년 진산초등학교를 졸업했으나 가정 형편 때문에 중학교에 진학할 수가 없었다. 그는 새벽부터 저녁까지 밭일을 하며 나무를 졌다. 그러면서도 밤에는 하늘의 사상을 배우기 위해 뜬눈으로 홀로 성경책을 읽거나 기도하는 등 삶의 현장에서 고달픈 수도 생활을 시작했다고 한다. 17세가 되던 해(1961년)부터는 낮 동안의 집안일이 모두 끝나면 밤 2~3시까지 산기도에 들어갔고 18세 때는 나운몽[3]의 용문산기도원에 출입했다.

---

3 나운몽은 승려 출신으로 방언, 입신, 예언 등 신비체험을 한 후 부흥사로 활동했던 사람이다. 그가 활동을 시작하던 1950년대는 문선명의 통일교, 박태선의 전도관 등 신흥종교가 극성을 부렸고 나운

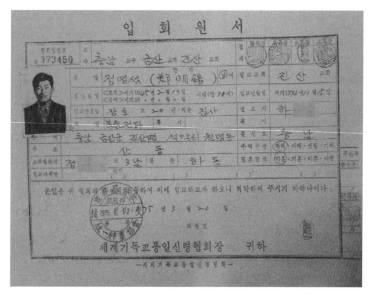

정명석 교주의 통일교 입회 원서

　그는 군 제대 후 본격적인 산기도를 시작한다. 대둔산 용문골의 기도굴(바위 밑)과 고향 다래골의 기도굴에서였다. 1972년에는 경기도 남한산성 근처에서 기거했는데 한때 스마일 빵집을 직접 운영하기도 했다. 빵 장사를 하던 그는 당시 모 성결교회 목사를 도와 교회에서 궂은일을 도맡아 하면서 섬기는 생활을 했다. 이때 주위로부터 온갖 천대와 멸시를 받아 가면서 하늘 심정의 한을 깊이 체휼하게 되었다고 한다.

몽은 1955년, 1956년, 1998년 세 차례에 걸쳐 대한예수교장로회 통합 총회에서 이단 규정을 받았다. 정명석은 문선명은 물론 나운몽에게서도 적잖은 영향을 받았다.

때로 정말 먹을 것이 없어서 굶다 보니까 40일 금식, 70일 절식 기
도를 하게 되었고 한 겨울철 고향 땅이나 대둔산 골짜기, 아니면 남한
산성 기슭의 기도굴에서 하늘이 전해주는 말씀을 받아 적고 말씀의
인봉을 떼게 되었다고 한다. 때로 손이 얼어붙어 글씨를 쓸 수 없으면
성냥불을 켜서 손을 녹이고 난 연후에 받아 쓸 정도로 정성을 들였다.
그는 우주의 법칙 세계에 관한 내용을 알기 위해 한 자리에서 5천3백
번이나 계속해서 물고 늘어지는 끈기를 보여 결국 답을 얻었다고 한
다. 바로 그 시절에 하늘로부터 받은 말씀의 대부분은 말세, 비유, 중
심인물, 무지속의 상극세계, 세례 요한 등으로서 오늘날 JMS의 핵심
교리인 30개론의 근간을 이루는 내용이라고 한다. JMS 측은 1975년
에는 정명석이 종교의 세계를 정탐, 조사했다고도 썼다.[4]

　그런데 정명석은 종교 세계를 정탐, 조사하거나 대둔산과 남한산
성 기도굴에서 기도하며 말씀의 인봉을 떼거나 깨달은 것이 아니었
다. 그는 1974년 11월 15일에 진산통일교회에 입교했던 사람이다.[5]
입교가 1974년이면 그전부터 통일교 원리강론을 공부했다는 의미이
고 입교 시에는 문선명과 한학자를 참 부모이자 구원자로 믿고 따랐
다는 의미이다. 정명석은 통일교에서 승공 강사 생활까지 했다. 그러
던 그가 통일교 문선명의 사명은 끝났고 1978년부터 자신의 사명이
시작됐다고 공언하고 다니기 시작했다. 통일교를 탈퇴한 후 1980년
대부터는 몇 사람의 추종자들(일명 신촌 5형제)과 함께 서울 신촌에
서 선교회를 만들어 주로 대학생들과 청년들을 대상으로 포교 활동

4 "교주의 생애", 반JMS 활동단체 엑소더스, 자유게시판 2009. 4. 4.
5 정명석의 통일교 입회 원서.

을 펴기 시작했다. 정명석은 초등학교 졸업자였지만 통일교에서 배운 비유 풀이와 신령 체험을 앞세워 당시 명문대 학생들을 대상으로 '성경 2천 번 읽은 도사'라는 콘셉트로 전도하는 데 성공한 것이다. 이렇게 정명석에 의해 포섭된 대표적 인물이 신촌 5형제로 불리는 김기희, 안구현, 김형만 등이다.[6] 특히 서울대에 재학 중이었던 안구현은 무엇하나 내세울 것 없는, 즉 초졸자인 정명석의 투박한 이론들을 합리적이고 이성적이고 논리적으로 뒷받침하고 정립하는 데 큰 공을 세운다.[7] 정명석의 교리는 명문대 학생들의 도움으로 체계화됐고, 이 교리 교육을 받은 신도들이 다시 대학가로 투입돼 전도 활동을 하며 JMS는 점점 확장되기 시작했다.

2. 교단 명칭과 주요 교리

JMS의 정식 명칭은 타 신흥종교에 비해 매우 자주 바뀌었다. 창립 초기부터 1990년까지는 애천(愛天)선교회 혹은 애천교회(1980-1990)라는 명칭을 사용했다. 규모가 늘어난 1989년부터 1996년까지 세계청년대학생MS연맹, 그러다가 90년대 중반부터 1999년까지는 국제크리스천연합이라는 이름으로 바꾸었고, 1999년부터 현재는 '기독교복음선교회'(CGM)란 명칭을 공식적으로 사용하고 있다. 명칭에 '선교회'가 들어가지만 선교 단체 역할보다는 JMS 소속 교회를 총괄하는 교단의 역할을 하기에 신도들은 사무적인 용도 외에 이

---

6 현대종교 편집국, 『자칭 한국의 재림주들』(서울: 국제종교문제연구소, 2002), 92.
7 위의 책, 94.

이름을 쓰는 경우가 거의 없다. 오히려 신도들이 선호하는 이름은 '섭리', '섭리교'이다. JMS의 성 추문으로 몇 번 고역을 겪은 적이 있는 일본과 대만에서는 각각 세츠리(摂理)와 섭리교(攝理教)로 알려졌으며, 영어 위키백과는 물론 호주 SBS에서 비판 보도할 때도 'Providence' 즉 '섭리'라는 이름으로 소개됐다.[8]

JMS의 주요 교리는 정명석을 구원자로 만들기 위한 것으로 체계화됐다. 이를 30개론이라고도 하는데 그중 중요한 내용만 정리하면 다음과 같다.

첫째, 정명석은 재림주가 육체를 갖고 한국 땅에서 1945년경 태어났다고 주장한다. 정명석은 재림주가 승천하신 모습으로 다시 오시는 게 아니라 인간 육체의 탄생과 동일한 방식으로 다른 나라도 아닌 한국에서, 그것도 1945년경에 태어났다고 주장한다.[9]

둘째, 정명석은 자신이 쓴 『구원의 말씀』을 읽고 믿고 행하는 자가 사망의 주관권을 벗어나며 지옥을 면하고 영육이 시대의 천국을 이루며 구원받는다고 주장한다.[10] '성경 말씀'보다 자신이 쓴 책을 더 상위에 두는 것이다.

셋째, 선악과 타락을 성적인 타락이라고 주장한다. "선악과를 문자 그대로 보면 안 된다.", "성관계를 통해 인류가 타락하게 됐다.", "만일 선악과를 따먹고 실제 입으로 범죄한 것이라면 왜 아담과 하와가 하체를 가렸겠는가?" 이와 같은 어처구니없는 주장을 '섹스 타락론'

8 인터넷 나무위키, "기독교복음선교회", 2023. 6. 23.
9 정명석, 『구원의 말씀 Ⅰ권』 (대전: 도서출판 명, 2005), 191-192; 2004년 5월 22일 수료식 정명석 직강 동영상 중.
10 위의 책, 14.

이라고 하는데 이는 통일교 문선명에게서 영향을 받은 사람들에게서 주로 발견되는 사상이다. 정명석도 다르지 않았다. 그는 『비유론』에서 선악과를 '여성의 성기'를 상징하는 것이라고 설명한다.[11]

넷째, 정명석은 구약과 신약을 지난 지금 시대는 성약 시대로서 하나님과 인간이 '신랑-신부', '애인 관계'가 되는 '애인 시대'라고 주장한다. 정명석은 시대를 3가지로 구분한다. 구약, 신약, 성약 시대다. 구약 시대는 여호와 하나님과 인간이 주종관계를 맺는 시대이며 신약 시대는 부자(아버지와 아들)관계를 맺는 시대이다. 그리고 이제 성약 시대가 도래했는데 이 시대는 새 섭리 시대, 애인 시대, 신부 시대로 칭할 수 있다는 것이다.[12] 그런데 하나님은 영이시니 애인 관계를 어떻게 맺을 수 있겠는가? 그것은 곧 육체로 임한 시대의 사명자를 사랑하는 것이 곧 하나님을 사랑하는 것이라고 연결한다. 이는 섹스 타락론과 함께 여신도들의 순결을 빼앗는 기초 교리로 작용한다.

이외에도 정명석은 정통 기독교의 교리와는 완전히 다른 해석을 한다. 그의 주장은 다음과 같다.

예수님의 부활은 육체 부활이 아니라 영의 부활이다.[13]
성경을 문자대로 믿어서는 제대로 구원받지 못한다.[14]

---

11 정명석, 『비유론』 (대전: 도서출판 명, 1998), 80. "아담을 생명나무로 비유했을진대 선악을 알게 하는 나무는 누구를 가리킨 것일까? 그것은 두말할 나위도 없이 아담 앞에 상대 기준이 되는 하와를 말한 것이 틀림없다. 남자를 생명나무라 칭했고 여자를 선악을 알게 하는 나무라 칭했던 것이다. 이제 더 이상 다른 해석이나 다른 것을 찾기 위해 헤매지 말아야겠다. 하와를 선악을 알게 하는 나무로 비유했을진대 그 과실 역시 문자 그대로 과일이 아님을 알아야겠다."

12 위의 책, 21.

13 정명석, 『구원의 말씀 1권』, 176.

14 위의 책, 241.

성경의 '동방'은 한국이다.[15]

3. JMS 내부의 성 추문과 성장의 이유

1980년, 애천교회를 세우며 활동을 시작한 정명석은 2023년에 구속 재판을 받기까지 심각한 성 행각으로 사회문제를 일으켜 왔다. 법원 판결문(2001고단8865 판결문)에 따르면 정명석 교주가 신도들과 그룹 섹스를 했다는 내용이 등장한다. 2003년 7월, 홍콩에서 여신도들과 수영복 차림으로 있다가 안티 JMS 활동가들에게 들통난 적도 있었다. 초미니스커트를 입은 여신도들과 정명석 교주가 단체로 춤추는 장면도 나왔다. 여성들이 욕조에서 집단 나신으로 그를 부르거나 사랑한다고 고백한다. 정명석 교주를 향해 '주님'이라고 부르며 반신욕을 하자고 말한다. JMS 사진을 혀로 핥는 신도도 있었다. 이 여성들의 영상은 정명석 교주에게 여신도들을 소개하는 '보고 영상'으로 알려졌으며, 2012년 3월, JMS 탈퇴자들에 의해 폭로됐다.

여신도 성폭행 혐의로 구속됐던 정명석 교주는 2018년 2월 18일 만기 출소한다. 그러나 전자발찌를 찬 상태에서 또다시 여신도 성폭행을 저질렀다는 혐의로 2022년 10월 구속됐다. 게다가 2인자로서 성령의 상징체로 신격화되던 정조은이란 여성도 2023년 4월 18일 구속되면서 JMS는 조직 자체가 궤멸할 위기까지 이르렀다. 넷플릭스가 2023년 3월 3일 개봉한 다큐멘터리 〈나는 신이다〉는 JMS를 사

---

15 정명석, 『비유론』, 56.

여신도성폭행으로 10년 복역을 마치고 만기 출소한 정명석 교주 (사진 – CTS 기독교TV 2018. 2. 19.)

이비 범죄조직으로 묘사하며 전 세계에 '한류 이단'에 대한 관심을 증폭시켰다.

　사람들이 JMS에 관해 가장 궁금해하는 것 중 하나는 아무리 성적 타락 교리를 배웠다고 해도 어떻게 여성들이 정명석 같은 노인에게 자신들의 꽃다운 순결을 바칠 수 있는가 하는 의문이다. 이에 관해 설명해보자.

　우리는 언론을 통해 피해자들이 성폭행을 당했다는 결과부터 접한다. 그래서 그 과정을 지나치는 경우가 있는데 정명석이 여신도들의 순결을 빼앗기까지 매우 조직적인 '빌드업' 과정을 거친다는 것을 유념할 필요가 있다. 우선 정명석은 겉으로는 인간이 성적으로 타락했으니 순결을 지켜야 한다고 매우 강조한다. 그러면서 내부적으로 차근차근 정명석에게 순결을 바칠 수밖에 없는 빌드업 과정을 거치는

정명석의 사진을 혀로 핥는 여신도

데 그 첫 번째가 '섹스 타락론'이다. 성경은 아담과 하와가 하나님의 말씀에 불순종해서 타락했다고 한다.

그러나 정명석은 이를 성적 타락으로 풀어간다. 선악과가 실제 과실이었으면 따먹고 입을 가려야지 왜 하체를 가리느냐는 것이다. 생명 나무는 아담을, 선악을 알게 하는 나무는 하와를, 선악과는 하와의 금단의 사랑의 열매 즉, 여성의 성기를 비유한다고 주장한다. 하나님적 가치로 성장하기 전에 사랑의 행위를 저지르지 말라는 명령을 어기고 하와가 다른 존재도 아닌 뱀으로 비유한 사탄과 성관계를 함으로써 타락했다는 주장이다.[16] 이는 곧 인류의 타락이 아담과 하

---

16 정명석, 『구원의 말씀1』, 207-209; 정명석, 『비유론』, 80-81 참고.

와의 섹스로 인한 것이기 때문에 구원의 방법에도 당연히 섹스가 빠져서는 안 된다는 논리가 가능해진다.

두 번째가 애인 교리이다. 이는 정명석을 종교 지도자로서가 아니라 그를 심정적으로나 실제로 애인으로 보게 하는 사악한 교리이다. 이 교리를 제대로 세뇌시켜야 정명석이 여신도들에게 애인처럼 다가가도 하등 문제행동이 아닌 것처럼 위장할 수 있다. 애인 교리를 만드는 방법은 다음과 같다. 우선 시대를 3개로 구분한다. 구약, 신약, 성약 시대다. 구약 시대는 여호와 하나님과 인간이 주종관계를 맺는 시대이며 신약 시대는 부자(아버지와 아들)관계를 맺는다고 시대이다. 이제 성약 시대가 도래했는데 이 시대는 새 섭리 시대, 애인 시대, 신부 시대로 칭할 수 있다는 것이다.[17] 정명석은 구약은 종(從)급 구원, 신약은 아들급 구원, 성약은 재림의 역사 때 재림주를 보내서 신부급 구원 역사를 펼치는 시대라고 주장한다.[18]

20여 년간 JMS에서 있으면서 교역자 생활까지 하다가 이탈한 한 탈퇴자는 필자에게 "구약은 상징의 시대, 신약은 믿음의 시대, 성약은 실체의 시대라는 게 JMS 30개론의 기초"라며 "정명석이 신랑이고, 신도들은 신부들이라고 가르쳤다."라고 말했다. 그는 "이 시대가 신랑-신부 시대, 실체적 애인 시대라는 것을 받아들인 여신도들은 JMS가 '하나님이 나를 통해서 너를 사랑하고자 한다'고 할 때 쉽게 거부할 수 없게 된다"라고 지적했다. 이렇게 정명석 교주는 여신도들에게 자신은 '많은 남자 중 한 명의 애인'이 아니라 '유일한 애인'이

---

17 정명석, 『구원의 말씀1』, 175.
18 위의 책, 174.

되어야 하며 애인과 해야 하는 사랑의 관계를 자신과 하도록 여신도들을 유도해 간다. 결론은 자명하다. 정명석의 '애인 시대' 교리는 육체적 애인 관계로 발전해야 하는 필연성을 갖고 있다.

셋째, '영은 육을 들어 쓴다'는 그릇론이다. 신부급 구원, 애인 교리가 있지만, 이것만 주장해서는 부족하다. 세뇌하기 위해서는 결정적인 한 방이 필요한데 그것이 '그릇론'이다. 정명석의 교리를 설명하자면 다음과 같다. 하나님은 영이시기에 육체를 가진 우리를 직접 사랑하지 못하신다고 한다. 그래서 육체를 가진 이 시대의 중심인물, 한 사람의 속에 들어와 역사하신다는 것이다. JMS에서도 신천지와 같이 '영은 육을 들어 쓴다'는 주장을 한다. 중심인물이라는 육체의 그릇에 하나님의 영이 들어와 계시니 그 중심인물을 사랑하고 애인 관계를 맺는 것이 곧 하나님을 사랑하는 것이라는 뜻이다.

> 하나님은 장차 세울 어떤 중심인물에게 신으로 강림하여 뜻을 펼 것을 말씀하신 것이다. 마치 어떤 임금이 지방에 한 지도자를 세워 그에게 특권을 주고 그를 통하여 자기 뜻을 이루는 것과 같은 격이라 하겠다. 영인체는 육신을 통해서만 역사하는 것이 하나님의 근본섭리 방식이다.[19]

JMS에서 20년간 활동하다가 탈퇴한 여성 신도는 필자에게 다음과 같이 말한 바 있다.

> 정 교주는 때로 그룹섹스도 마다하지 않았다. 상식적으로 납득되지 않았다.

---

19 정명석, 『비유론』, 69-70.

그런데도 나 또한 그 줄을 놓을 수가 없었다. 이런 생각을 하며 자위했다. '그는 메시아다. 그는 예수의 영을 입은 육체의 사명자다. 그렇다면… 그와 사랑을 나누는 게 맞는 거다.'

그녀는 정명석에게 당한 날 항의했다고 한다. "아니, 이게 주님이 할 짓이에요?" 반응이 가관이었다. "나는 육신을 입고 온 예수야! 네가 예수 앞에서 그렇게 따질 수가 있어? 잘 생각해 봐, 회개해!"라며 오히려 그녀는 꾸중을 들었다고 한다. 그리고 교주의 한마디가 더 있었다. "이건 너와 나만이 아는 천기(天機)다. 누설하지 말아라."[20]

실제로 정명석 교주에게 보고하기 위해 만든 동영상이 공개되기도 했다. 동영상에 등장하는 일부 인물은 지금도 JMS 교단에 남아 있다고 한다. 그녀들은 동영상에서 즐겁게 웃고 떠들고 있었다. 액자에 담긴 정명석 씨의 사진에 전라의 여성이 키스를 하고 혀로 핥는 모습을 취하는 등 사랑 고백을 하는 장면도 나온다. 제작 연도는 2007년 1월 26일이다. 동영상에 등장하는 여성들이 전라의 모습으로도 '주님', '여보'라고 외치는 모습은 정명석 교주의 타락론, 애인 교리, 그릇론 등의 사악한 교리에 세뇌된 신도들의 당연한 귀결이다.

네 번째, 조직적 분위기이다. 이는 어쩌면 가장 중요하다고 할 수 있는 요소이다. 이 세상 그 어떤 여성이 교리로 세뇌됐다고 1945년 생, 팔십이 되어 가는 노인을 애인처럼 생각하고 관계까지 하겠는가. 여기서 중요한 것이 조직적, 집단적 분위기이다. 교단이 전체적으로 성적인 분위기로 끌고 가면서 성적 피해자가 발생하여 고통을 당할

---

20 정윤석, "진리에 목말라 들어간 그곳이 섹스교였다니", 기독교포털뉴스, 2012. 4. 15.

때 그들의 마음을 세뇌하고 심리를 조작하는 임무를 수행한다는 것이다. 이는 외부적으로 확인할 수 있는 교리가 아니라 조직 내부에 깊이 들어가야 가능한 것이다.

실제로 JMS에 20년간 있다가 이탈한 한 탈퇴자는 정 교주를 애인, 신부처럼 믿게 하고 그를 사모하게 되는 데는 교리적 이유뿐만 아니라 단체의 전체적인 분위기도 한몫하고 있다고 말한다. 단체 연합 행사를 할 때 여신도들에게 교역자들이 묻는다. 애인인 JMS에게 무엇을 해 줄 것이냐고. 그러면 "뽀뽀해 줄 거예요."라는 등 여러 가지 답변이 나온다. 그러면 이를 경쟁하듯 부추긴다. "저 신도들은 뽀뽀해 준다는 데 당신들은 뭐 해줄 거냐?"라고 다른 사람들에게 묻는다. 이렇게 점점 애인에게 뭐를 해 줄 수 있느냐는 분위기로 끌고 간다고 한다.

또한 '이성 교육'을 따로 받기도 했다고 한다. 말을 돌려서 했지만 분명한 것은 정명석이 이 시대의 주님이고, 그를 가장 사랑해야 하고 다른 마음을 품어서는 안 된다는 내용이었다. 이 교육을 받고부터 그녀는 인류가 선악과를 따 먹고 성적으로 타락했기 때문에 이성을 마음에 품고 생각하는 것도 죄악이라며 마음에서 이성에 관한 생각을 몰아내기 시작했다. 호감 가는 이성이 생기는 것을 허용하지 않으려고 노력했다. 주님을 생각해야지 다른 남자를 생각하는 것은 '죄'였기 때문이다. 그녀는 메시아(정명석)가 맺어주는 축복 된 결혼식을 올리기 전까지 금욕적으로 살려고 노력했다고 고백한다.

이렇게 행동함으로써 그녀에게 정명석은 멀리 있는 존재가 아니라 자신의 옆에서 가까이 있는 실체가 됐다. 실제로 JMS 단체에는 그를 만나기만을 고대하며 살아가는 여신도들이 적지 않다. 정명석도 그런 그녀들의 마음을 알고 있는지 설교하면서 그런 말을 하기도 했다. "몸은 멀리 떨어져 있어도 마음은 항상 너희들 곁에 있다고…." 그러나 어쩌겠는가. 이제 정명석은 감옥에서 죽어야만 나올 수 있는 신세가 되어 가는 것 같다.

명확한 이단성은 물론 상상을 초월하는 성 추문에도 불구하고 청년·대학생들이 JMS에 가장 많이 미혹되는 이유는 문화를 이용한 포교 전략 때문이다. JMS가 처음부터 성 추문 이야기나 정명석의 얼굴을 보여주며 포교할 이유는 없다. 이들은 치어 댄스, 모델 강습, 악기 강습, 연극·영화 동아리, 축구 등 문화적 코드를 가지고 청년·대학생들에게 접근한다. 그리고 상대가 어디서도 경험하지 못한 사랑을 제공하며 끈끈한 관계를 유지한 후 "사실은 우리가 교회 다니는 사람들인데 성경 말씀으로 하나님의 뜻을 따라 대학 생활을 하는 게 좋지 않겠니?"라는 멘트를 사용하며 성경공부로 유도한다. JMS는 교단 명칭으로 '예수교대한감리회'를 주로 사용하며 교회명이나 책과 자료에 독특한 서체를 사용한다는 것을 알아두면 좋겠다. 공식적으로는 단체 명칭을 JMS라고 하지 않고 기독교복음선교회(CGM)라고 한다.

9장

또 다른 보혜사 김노아(김풍일, 1940-)

　　김노아는 1940년 경북 상주에서 태어나 박태선의 전도관에서 전도사 생활을 하다가 이탈하여 유재열의 장막성전에서 2년 정도 신앙생활을 했다. 그 후 1979년 한국예수교 실로교회(이후 새빛등대중앙교회, 현재 세광중앙교회로 변경)란 간판을 달고 자신을 '보혜사 성령'이라 주장하며 남신으로 등극한 사람이다. 이곳에 장막성전 이탈자뿐 아니라 구인회 측 전 신도, 기성 교회에 불만을 품고 있던 이탈자들이 모여들었다.[1] 그의 교리는 장막성전의 아류로서 신천지와 거의 동일하다. 『생명나무』라는 김노아의 교리서를 보고 신천지 신도들을 상담해도 무방할 정도로 그 교리가 유사하다.

　　그는 신천지와 동일하게 성령을 '일반 성령'과 '진리 성령'으로 나눈다. 오순절에 역사한 불같은 성령은 일반 성령이고, 마지막 때에 자신에게 온 것이 진리의 성령이라고 한다. 보혜사인 예수님이 사람인 것처럼 또 다른 보혜사도 사람이라고 주장한다. 자신의 교회에서 '사도와 선지자'를 임명했고 사도신경으로 신앙고백하는 신앙을 마

1　현대종교 편집국, 『자칭 한국의 재림주들』, 218.

박태선과 유재열의 영향을 받은 김풍일(김노아)

치 '엉터리'인 것처럼 비판한다. 성경을 비유로 풀고 짝을 맞춰서 풀
어야 한다며 예수님이 재림 시 타고 오는 '구름'은 '목자'를 비유하는
것이라고 주장했다.

김노아는 2004년 자신의 명의로 발간한 『새노래』에서 다음과 같
이 주장했다.

1) 성서에 계시된 지상낙원은 한국을 중심으로 이루어진다
2) 동방에서 하나님의 섭리가 이루어질 곳은 동방의 땅끝 모퉁이(한반도)다.
3) 강들이 국경이 된 나라(압록강, 두만강)에 시온산을 세운다.
4) 그 성읍(천국) 자기 산(사명자 있는 시온산) 한국에서 중건될 것을 예언

신도들에게 보혜사 명의로 임명장을 준 김풍일(김노아) (사진 – 탁명환 저, 『한국의 신흥종교』, 4권)

하였다.[2]

　신천지와 유사한 사상을 갖고 있으면서도 김노아는 기성 교단에 조금씩 발을 들여놓기 시작한다. 그가 한국기독교총연합회에 가입한 것은 예장 합동 측 홍재철 목사가 대표회장이었던 2013년 8월이다. 김노아는 그가 담임하는 세광중앙교회에서 8월 31일 한기총 가입 감사예배를 드리는 것과 동시에 신천지반대대책위원장으로 임명받는다. 신천지와 유사한 사상을 가졌으면서도 신천지반대대책위원장에 임명되는 어처구니없는 사건이 벌어졌다. 이후 김노아는 한기총의 공동회장을 거쳐 2017년 1월 31일 한기총 발전기금 5천만 원

2　김풍일, 『새노래』(서울: 실로출판사, 2004), 242.

과 한기총 운영기금 1억 원을 동시 납입하며 대표회장에 출마한다. 당시 '김노아 다음에는 신천지 이만희가 한기총 대표회장 하면 되겠다'고 비판하는 목소리도 나왔다.

이후 2017년 8월 24일 한기총 대표회장직에 재수하였으나, 탈락 후 2018년 1월 30일에 삼수 출마하였으나 역시 탈락했다. 기독교 연합기관의 대표회장까지 출마했던 김풍일은 2023년 7월 7일 한기총 세미나실에서 열린 긴급 임원회에서 비성경적 신학 사상을 가진 것으로 판단되어 이단으로 규정되고, 따라서 임원회는 이단 사상을 가진 김노아를 한기총 회원에서 제명할 것을 만장일치로 결의했다.[3] 이날 즉시 김노아는 한국교회연합으로 자리를 옮겨 탔다. 교계 연합기관에서는 자칭 재림주라는 그가 아직 쓸모 있나 보다.

---

3 송상원, "한기총, '자칭 보혜사' 세광중앙교회 김노아 목사 만장일치로 '이단' 규정", 크로스뉴스, 2023. 7. 7.

10장

성령 하나님 이재록(1943-)

　이재록(만민중앙교회 담임)은 1943년 전남 무안 출생으로 어릴 때 별명이 '장사', '고릴라'였을 정도로 강건한 체질이었다. 대학에 입학한 후 군대에 가면서 복학을 위한 학자금을 다른 사람에게 빌려줬다가 돌려받지 못한다. 부모로부터 물려받은 유산도 친척에게 빌려줬다가 사기를 당하면서 빈털터리가 된다.[1] 1968년 결혼한 후, 낮에는 신문사에서 일하고 밤에는 야간대학에 다녔다. 아내는 미장원에서 일하며 생계를 보탰다. 경제적으로 여유가 생겨갈 무렵 이재록은 친구들과 독한 위스키에 설탕을 타서 먹다가 위장장애가 생겼고 이후 위궤양, 식욕부진, 신경성 노이로제, 두통, 빈혈, 관절염 등 합병증을 얻는다.[2] 병세가 너무 심해져 직장을 그만두게 됐고 이후 병마와 싸우며 몸에 좋다는 것은 모두 다 하고 다 먹어보았다. 그는 고양이도 잡아먹었고 솔잎에 여과시킨 똥물도 먹는다.[3] 그러나 아무런 차도를 보지 못했고 어머니마저 '죽는 것이 효도'라는 말을 할 정도로 긴 투병

1　이재록, 『죽음 앞에서 영생을 맛보며』 (서울: 도서출판 우림, 2004년 개정판), 23-25.
2　위의 책, 29.
3　위의 책, 30-31.

생활을 한다. 심지어 수면제를 먹고 자살 시도까지 했다.[4]

1. 이재록, 어떻게 신앙을 갖게 됐나?

7년간 질병으로 고통당하던 그에게 1974년 봄, 친누나가 당시 인기를 끌던 치유사역자 현신애의 집회에 참석하자고 제안한다. 이재록은 누나의 권유를 받고 그곳에 참석했다. 거기서 이재록은 현신애의 안수를 받고 병이 치유되는 기적을 체험한다.[5] 이후 이재록은 각종 부흥 집회에 참석하며 여러 계시와 환상을 체험한다.

이재록이 신앙을 가지게 된 과정은 이단의 원조 격인 이순화나 김성도와 유사하다. 이순화, 김성도가 병을 치료하기 위해 교회에 출석하게 됐듯이 이재록이 교인이 된 건 강력한 치유 경험 때문이었다. 이순화, 김성도가 치유 경험을 한 후 기도의 능력을 받고 다른 사람에게 안수하여 병을 치료해주다가 '신'으로 등극해 가듯이 이재록도 이와 유사한 과정을 거친다.

극적인 체험으로 신앙을 가지게 된 이재록은 하나님의 뜻대로 살아가겠다고 다짐한다. 성경 말씀을 정독하면서 글자 한 자도 귀히 여기며 죄를 버려 나가기 시작한다. 성경 난해 구절이 나올 때 이재록이 목사님께 물었더니 목사님은 그에게 '주석 책'을 권유했다고 한다. 그러나 이재록은 그것이 마음에 차지 않았고 난해 구절이 나오면 금식하고 철야 기도하며 성령의 감동하심을 구했다. '어떤 사람은 천

---

4 위의 책, 61.
5 위의 책, 81.

사가 와서 (말씀을) 3년 동안 풀어주었다'는데 자신에게도 말씀을 풀어 달라는 기도를 했다.[6] 이후 이재록은 기도하고 금식할 때 난해 구절을 친히 풀어주시는 하나님의 도우심을 체험한다.[7]

그뿐 아니라 기도를 해 줄 때마다 능력이 나타나는 체험을 한다. 그리고 1978년 5월, 기도하면서 '주의 종'이 되라는 하나님의 음성을 듣고 신학교에 가게 된다. 신학교 시절인 1982년, 13명의 신도와 함께 만민중앙교회를 개척한다. 이때 교회 다닌 지 2주밖에 되지 않는 여신도가 하나님의 뜻을 계시해 주는 '대언자' 역할을 하며 등장한다. 대언자는 이재록의 행위와 말을 신격화하는데 적잖은 기여를 한다.

이재록은 "태양이 작열할 때 개척하라."는 말씀을 듣고 1982년 7월 25일 한여름에 교회를 개척했다.[8] 교회 이름도 "만민교회라 칭할지니라"는 음성을 듣고 정한다.[9] 이재록은 마지막 때 세계선교를 이룰 대성전의 환상도 보고 금식, 철야, 부르짖는 기도를 통해 성경 난해 구절에 대한 계시를 받는다. 천지 만물, 성경 말씀, 꿈이나 환상을 통해 하나님의 음성을 듣고 과학자들이나 지식인들이 반론을 제기하는 모든 문제를 포함해 창세기부터 요한계시록까지 크고 비밀한 일들을 알게 된다. 더불어 이재록은 그 과정에서 십자가의 비밀을 제대로 알고 믿는 사람이 별로 없다는 사실도 깨닫게 된다.[10]

이재록은 마치 사도 요한이 밧모섬에서 하나님과 교통을 이루고

---

6 위의 책, 126.
7 위의 책, 119.
8 위의 책, 164.
9 위의 책, 167.
10 위의 책, 198.

계시를 받은 것과 같은 경험도 한다. 그는 천국에 대한 계시도 받는다. 그에 따르면 천국은 다섯 단계로 나누어져 있다. 아래로부터 낙원, 1천층, 2천층, 3천층, 그리고 제일 위는 새 예루살렘으로 되어 있다. 천국은 믿음에 따라, 죄를 버리고 얼마나 성결하게 사느냐에 따라, 하나님께 얼마나 충성하느냐에 따라 거하는 처소가 달라지는데, 이 모든 깨달음은 이재록이 직접 받은 환상과 계시 체험에 따른 것이었다.[11] 이처럼 이재록은 교회 입교 순간부터 성장 과정 중에 계시, 체험, 환상, 예언, 신유, 대언 등 직통 계시 신비주의에 해당하는 거의 모든 요소를 갖추었다. 이재록의 만민교회에 다니는 사람들은 이와 같은 이재록의 하나님을 향한 열정과 죄를 버리려는 열망, 그리고 하나님과 직접 교통하며 받는 직통 계시와 대언을 통해 그를 점차 특별한 존재로 생각해 가기 시작한다.

2. 이재록, 자칭 신이 되다

1992년의 일이었다. 이재록의 눈, 코, 입, 귀에서 피가 쏟아지는 현상이 벌어졌다. 쏟아지는 피를 휴지로 닦고 또 닦고 아무리 닦아도 피는 멈추지 않았다. 이렇게 8일 동안 이재록은 부모로부터 물려받은 모든 피를 다 쏟아냈다. 피를 닦은 휴지를 쓰레기봉투에 담았더니 거의 일곱 봉투가 됐다. 피가 나오는 중에 물을 마셨다. 물은 영적인 말씀이었다. 그 물이 깨끗한 피가 됐고 하나님 말씀으로 그의 내적인

---

11 위의 책, 263-264.

피가 만들어졌기 때문에 그의 피 안에는 죄성이 없다는 것이었다.[12] 처음에는 신유 은사를 체험해 교인이 됐고, 하나님의 말씀대로 살며 죄를 버리고 금식과 철야와 목숨을 건 기도를 하며 살았다는 이재록은 점점 자기 신격화의 길을 걷는다. 그 시발점은 역시 '피 쏟은 체험'에 있다. 소위 피가름과도 유사한 체험을 통해 그는 갑작스레 자신의 몸에서 죄성이 사라졌다는 주장을 하기 시작한다. 부모로부터 물려받은 원죄 및 자범죄에 해당하는 모든 죄가 피로 쏟아져서 자신이 의인이 됐다는 것이다.

1998년이 7월 3일 만민중앙교회에서는 '하나님 임재쇼'가 벌어진다. 피를 쏟아내고 죄성이 없어졌기 때문에 하나님께서 자신에게 창조의 권능을 허락했다는 것이다. 자신은 어떤 병도 낫게 하고 자신의 얼굴이 해와 달 속에 나타나며, 실내 생활을 많이 하는 신도들에게는 자신이 전등에도 나타난다고 주장하기 시작했다. 자신의 영이 하나님 보좌 좌편에 앉아 있다고 했고, 만민중앙교회에 성경의 모든 선지자, 천군 천사, 예수님이 내려왔다고 하며, 하늘 문이 열려 하나님의 보좌도 내려오고 아버지 하나님께서 임재하셨다고 주장했다.

이재록은 2천 년 전의 예수님은 구약 율법을 완성하셨고 자신은 물 위를 걷는 것 외에는 66권의 말씀을 다 이루었다고도 했다. 아브라함 선지자는 물론 심지어 주님의 제자들까지 자신이 부르면 나타나서 자신을 경배한다고 했다.[13] 교회 측이 '하나님은 빛'이시니 하나님의 임재를 맞으려면 흰옷을 입고 오라고 하는 바람에 금요 철야

---

12 이재록, 만민중앙교회, 1998. 7. 5. 주일 집회 설교.
13 이재록, 만민중앙교회, 1998. 6. 28. 금요 철야, 1998. 7. 5. 주일 집회 설교 등.

내부에서 성령 하나님으로 신격화됐던 이재록 (사진 – 만민중앙교회 자료집)

집회 때 신도들은 흰옷을 입고 대거 교회에 출석했다. 이를 영매 역할을 하는 여성들이 현장 중계를 하는 경우도 있었다. 영매들의 주장은 하나같이 이재록 신격화에 초점이 맞춰져 있었다. 이재록의 손등에 네 생물이 앉았다거나 하나님의 보좌 좌편에 앉은 분이 계신다거나 그 모습이 당회장 이재록의 모습과 닮았다거나 하는 발언을 하였다. 이런 심각한 주장이 공예배 시간에 스스럼없이 선포되었고 신도들은 '아멘'으로 화답하며 동조했다.[14] 신도들은 이재록의 얼굴 사진을 집에 걸어놓고 사진을 집에 갖다 놓으면 사진에서 빛이 나고 사

---

14 이재록, 만민중앙교회, 1998. 7. 5. 주일 집회 설교.

탄의 역사는 물러가며 하나님의 권능의 역사들이 나타난다는 생각까지 갖고 있었다.[15]

3. 신으로 추앙받으면서 이재록이 벌인 일

신과 같은 권위를 갖고 이재록은 이미 1998년 당시부터 교회 여신도를 상대로 심각한 도덕적 문제를 일으켜 온 것으로 지적받았다. 문제가 되자 1998년 8월 30일 직원회에서는 "사람 보기 흠이 있고 티가 있었다고 해도, 설령 뽀뽀를 했다 해도, 설령 같이 누워 있었다 해도 여러분은 저를 용서해 줄 것을 믿어요. 그러나 하나님 앞에는 떳떳해요. 정녕 하나님 앞에는 떳떳해요."라고 궤변을 늘어놓는다.[16] 내부적으로 여성 문제가 있었음을 짐작할 수 있는 변명이었다.

1999년 4월호 월간 『말』은 이재록을 이니셜 처리해서 여성 문제를 처음으로 제기한다. 그 핵심 내용은 다음과 같다.

1) 이재록(기사 상에선 익명의 목사로 표기)이 과천의 한 아파트로 여 신도들을 불렀다
2) 그는 마음이 성결하고 죄가 없으면 아담과 하와같이 벌거벗고 살아도 수치를 느끼지 않는다고 했다.
3) 이재록은 조용히 불러낸 여신도들에게 죄가 없으면 옷 입고 있을 필요가 없으니 다 벗으라고 했다.

---

15 정윤석, "이단 규정된 이재록 목사의 요즘", 기독교포털뉴스, 2014. 2. 3.
16 MBC피디수첩, "이단 파문 이재록 목사, 목자님, 우리 목자님" 편. 1999. 5. 11

여신도 성폭행으로 구속된 이재록 (사진 – MBC 〈PD수첩〉 영상 갈무리)

4) 이재록은 여신도에게 아브라함이 독자 이삭을 바치듯 너의 가장 소중한 것을 바칠 수 있느냐고 물었다.

5) 이재록은 너희를 부른 건 하나님이 선택했기 때문이라고 했다.

6) 이재록은 여신도들에게 너희들의 영을 너무도 사랑하니 그걸 몸으로 표현한 것이라며 성관계를 맺었다.

7) 이재록은 관계 후 많게는 2천만 원 정도의 봉투를 줬고 이런 행위를 많은 여신도들과 암암리에 진행했다.

1999년 5월 11일, MBC 〈PD수첩〉은 이재록을 취재하여 "이단 파문 이재록 목사, 목자님, 우리 목자님" 편을 방송할 예정이었다. 여기에는 15분 분량의 이재록 관련 성 추문도 포함되어 있었다. 하지만 신도들이 방송을 막기 위해 이날 주조정실 철문을 뜯고 난입했

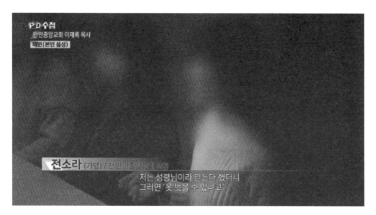

PD수첩
만민중앙교회 이재록 목사
제보 (본인 음성)

전소라 (가명) / 전 만민중앙교회 신도
저는 성령님이라 믿는다 했더니
그러면 '옷 벗을 수 있냐고'

이재록의 성행각을 폭로한 MBC〈PD수첩〉

다. 사상 초유의 방송국 점거 사건이었다.[17] 결국, 방송 송출은 중단
됐고 제작진은 급하게 얼룩말이 등장하는 초원을 찍은 영상을 내보
내면서, 이 난입 사건은 'MBC 동물의 왕국 사건'으로 회자되기도 하
였다. 이 사건은 대한민국 방송 역사상 최대의 방송사고로 기록되었
다.[18] 이후 만민중앙교회는 법원에 방송금지 가처분신청을 했고 결국
이재록 성 추문과 관련한 방송은 PD수첩에서 계획했던 대로 다루지
못하게 되었다.

다른 한편 만민중앙교회 내부에서는 이재록의 신격화가 계속 진행
되고 있었다. 2017년에 일부 신도들을 모아 놓은 자리에서 예수님
이 자신을 처음에는 '동생'이라고 했는데, 나중에는 자신을 '주님'으
로 불렀다고 주장하기도 했다. 이곳에서 영매 역할을 해왔던 신도도

---

17 탁지원, 『탁 소장님! 여기가 이단인가요?』 (경기도: 도서출판 현대종교, 2022), 36.
18 나무위키, '이재록 사건 사고 및 논란' 2023. 7. 2.

예수님이 이재록을 향해 '주시여'라고 했다고 해설하였다.[19] 지금까지 직접적으로는 '주님' 또는 '성령'이라는 표현을 삼가왔으나 마침내 내부에서 노골적으로 표현하기 시작한 것이다.

이재록은 2018년부터 성 문제와 관련한 언론의 포화를 맞았고 급기야 성폭행 피해 여신도들의 고소를 당하며 2019년 8월 9일 대법원에서 징역 16년 확정판결을 받았다. JTBC, MBC 〈PD수첩〉, 넷플릭스가 이재록의 문제점을 방송했는데 이재록은 집단 성관계를 위해 '하나팀'을 만들어 운영했다고까지 한다. 만민중앙교회 신도들은 죄와 피 흘리기까지 싸우라는 말씀만을 강조하는 이재록의 말을 실천하기 위해 거세를 하는 경우까지 있었다. 하지만 이재록은 신으로 군림하며 여신도들을 농락하는 이중적인 삶을 살아온 성폭행범이며 성범죄자였다는 것이 세상에 드러났다.

---

19 "[다큐] 만민중앙교회 이재록 목사 성범죄 사건, 교회에서 사라진 여성들", 2018. 10. 22. 뉴스앤조이 유튜브 영상, https://www.youtube.com/watch?v=bZeVU-z9G9U&t=536s.

11장

여호와 하나님 박명호(1943-)

"난 주님께 뿅갔어. 낭군님만 바라보면 콩닥콩닥. 여보, 노래에 반했어. 여보 키스에 빠졌어." "영원토록 원자 씨를 낳아 드릴게요. 아름다운 신들의 사랑." 젊은 신도들이 찬양을 부른다. 모두 교주를 향해서 사랑을 표현하는 가사 일색이다. 한농복구회는 어렸을 때부터 박명호를 '신랑', '낭군'으로 배우며 자란다. 이는 양육이 아니라 '길들이기'일 뿐이다.[1] 어린이가 소녀가 되면 교주 앞에 불려가기도 한다. 그 자리에서 미성년자를 상대로 필설로 다할 수 없는 성행각이 발생했다는 폭로가 나오기도 했다.

성 추문을 일으키고 2009년 브라질로 이주한 박명호(본명 박광규)는 어떻게 남신의 반열에 오르게 됐을까? 그리고 어떻게 여신도들로부터 '낭군', '신랑님' 등으로 추앙받게 됐을까?

박명호는 1943년 10월 충남 보령에서 태어났다. 그가 태어나던 날 밤 12시, 한 시골집 처마 끝에 떴던 세 개의 별 중에서 한 별이 그가

---

[1] '돌나라 한농복구회 교주, 가스 라이팅 의혹', MBC PD수첩, 2022. 9. 6.

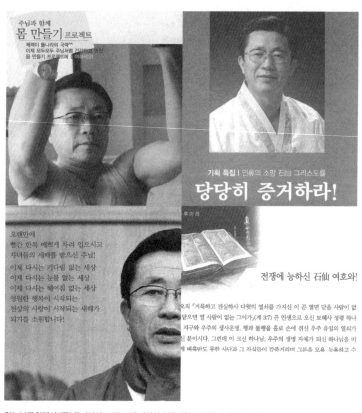

주님과 함께
몸 만들기 프로젝트
체력이 둘나라의 국력^^
이제 모두모두 주님처럼 건강하고 멋진
몸 만들기 프로젝트에 동 여러세요!!

기획 특집 | 인류의 소망 石仙 그리스도를
당당히 증거하라!

루마리

오랜만에
빨간 한복 예쁘게 차려 입으시고
자녀들의 세배를 받으신 주님!
이제 다시는 기다림 없는 세상
이제 다시는 눈물 없는 세상
이제 다시는 헤어짐 없는 세상
영원한 행복이 시작되는
천상의 사랑이 시작되는 새해가
되기를 소원합니다!

전쟁에 능하신 石仙 여호와!

오직 「거룩하고 진실하사 다윗의 열쇠를 가지신 이 곧 열면 닫을 사람이 없고 닫으면 열 사람이 없는 그이가,(계 3:7) 곧 인생으로 오신 보혜사 성령 하나님 자구와 우주의 생사운명, 행과 불행을 홀로 손에 쥐신 우주 유일의 열쇠가지신 분이시다. 그런데 이 크신 하나님, 우주의 생명 자체가 되신 하나님을 미꾸라지, 버룩만도 무한 사단과 그 자식들이 깝죽거리며 그분을 모욕, 능욕하고 수

한농복구회에서 '주님', '석선 그리스도', '석선 여호와'로 불리는 박명호 교주

태어난 방으로 들어갔다고 한다.[2] 그는 중학교 재학 시 토사곽란(더위를 먹거나 그 밖의 일로 심하게 토사하는 급성 위장염)을 치유코자 외삼촌이 장로로 있던 안식교에 나가게 된다. 그곳에서 박명호는 안식교 신자가 되었고, 안식교 전도사로 성장한다. 그러던 1976년 5월

2 시정일보, "酒色財氣 초월 '경천애인' 실천하는 현대판 神仙", 2014. 2. 13.

의 어느 날 그는 산에서 기도를 하던 중 환상을 보았다. 유명한 목사들이 양 떼들을 이끌고 천국이 아닌 멸망의 길로 가는데 사람들이 장사진을 이루며 따라가는 것이었다. 그때 박명호는 너무도 놀라 외쳤다. "엘리야의 하나님, 엘리야의 하나님! 나를 엘리야로 보내주소서. 그리하여 저 죽어 가는 양 떼들을 생명의 길로 바로 인도하도록 나를 엘리야로 보내주소서."[3]

엘리야 환상을 본 후 박명호는 1984년 6월 25일 강원도 원주에 '엘리야복음선교원'을 설립한다. 박광규라는 본명을 박명호로 바꾸었는데 이는 정감록의 세인불각 명호비재(世人不覺 嗚呼悲哉: 속세인은 명호의 슬픔을 알지 못한다)라는 내용을 인용한 것이다.[4] 이는 박명호가 말세에 인간을 구원할 '정도령'이요 말세 구세주라는 것을 의미한다.

박명호의 콘셉트는 신령한 나무꾼이었다. 무소유의 삶을 사는 신선, 그러나 산 깊은 곳에서 머리와 수염을 치렁치렁 기르고 하얀 도포에 지팡이를 짚은 신선은 아니었다. 그는 산에서 나무를 캐고, '물처럼 맑고, 산새처럼 자유롭고, 깊은 산속 공기처럼 신선한 생활을 즐기는'[5] 선량하고 순박하지만, 사람들 곁에서 하나님의 말씀을 대언하는 친근한 '나무꾼+신선'과 같은 콘셉트로 활동한다. 1994년, 그

3 정동섭 외, 『한국의 종교단체실태조사연구』, 203.

4 필자에게 전달된 한농복구회 피해자 서OO 진술서 참고.

5 천산지기, '나무꾼 신선'의 블로그, 2013. 5. 25. 글, https://cjdthdrhtps.tistory.com/entry/%EB%8F%8C%EB%82%98%EB%9D%BC-%ED%95%9C%EB%86%8D-%EC%84%9D%EC%84%A0%EB%B0%95%EB%AA%85%ED%98%B8%EC%84%A0%EC%83%9D%EB%8B%98%EC%9D%98-%EA%B0%80%EB%A5%B4%EC%B9%A8-%EB%82%98%EB%AC%B4%EA%BE%BC-%EC%8B%A0%EC%84%A0.

는 산에서 기도 중에 계시를 받았다며 '지구 종말이 1년 남았다'고 주장한다.[6] 이 가짜 예언을 믿고 약 5천 명 가까이 되는 엘리야복음선교회 신도들은 '전쟁'을 피해 각 지방에 산재한 엘리야복음선교원 지부로 도망쳤다. 1994년 당시 김일성의 사망으로 남북한 상황도 긴장 상태였고, 삼풍백화점과 성수대교 붕괴 등 대형 재난 사고들이 겹쳐 박명호의 종말론은 힘을 얻었다. 박명호는 신도들에게 피난처에 마을을 세울 돈이 필요하다는 명분으로 전 재산 헌납을 강요하며 본색을 드러냈다.[7]

피난처로 들어선 사람들은 농장을 만들어 수익금을 공동재산으로 헌납했다. 종교단체라는 세간의 의심을 피하고자 자급자족을 하는 환경단체인 것처럼 명칭도 '돌나라 한농복구회'로 바꾸었다. '돌나라 한농복구회'는 겉으로는 정치인들로부터 상까지 받을 정도로 농촌 살리기에 열심이었다. 또 내부에서는 십계명을 돌처럼 단단히 지킨다는 뜻의 '십계석국총회'라는 이름을 사용하며 결속을 다졌다. 신도들은 '나만 구원받았다'는 심리에 지배당했고, 친인척들이 구원을 받지 못하고 죽을까 봐 잠도 못 자면서 합류하라고 설득할 정도로 불안 속에서 전도하고 다녔다. 불안은 신도들의 의존성을 높였고, 박명호는 어느 날 "나는 보혜사, 성령 하나님"이라는 설교를 하게 된다. 이로 인해 박명호는 '신의 스피커', '대리인', 나아가서는 '신 자체'로 행세하며 신도들의 무조건적인 지지를 받기에 이르렀다.[8]

---

6 예장 통합 76회 총회(1991년) 박명호 씨(엘리야복음선교원)에 대한 이단 규정 연구 보고서.

7 채널에이드, "교주의 교리와 맹신 돌나라를 뛰쳐 나온 사람들의 증언", 2023. 4. 27. https://www.youtube.com/watch?v=TP5y3ppqZFQ.

8 박아름, "나무꾼 선생, 종말 마케팅에 강간면허증까지 잔혹한 행태(블랙2)", 뉴스엔, 2023. 4. 23.

신도들에게 주님 여호와로 일컬어지는 박명호의 발벽 퍼포먼스

2000년 7월 2일이었다. 박명호는 비장한 표정으로 강단에 섰다. 하나님 아빠에게 기별이 왔다며 그는 하나님께서 "네 씨를 하늘의 별같이 퍼뜨릴 것"이라고 말씀하셨다고 주장했다.[9] 이것이 성적인 의미가 있다는 것은 이어진 그의 설교에서 드러난다. 이 기별을 받고 그는 가장 가까운 남자를 불렀다. 넌지시 물었다. "내가 네 아내를 취해 하나님의 씨를 낳고자 한다면 어떻게 하겠는가?" "영광이지만 그런데 제가 취한 여자를 주님이 취하시겠습니까?"라는 답이 돌아왔다. 박명호가 다시 묻는다. "내가 깨끗한 동정녀인 어린 딸을 취해서 씨를 퍼뜨린다면?" 역시 같은 답이 돌아왔다. "그야 영광이죠!"[10]

---

9 박명호, "성령이 내게 임하시고", 날짜 미상 설교.
10 박명호, "성령이 내게 임하시고", 날짜 미상 설교.

법원에 제출됐던 박명호의 성행각 입증자료

이렇듯 해괴한 설교들이 쏟아져 나왔다. 태초의 육체에는 코에 생기를, 마지막 때에는 배에 생기를 불어넣어 주신다, 인류가 색욕에서 빠져나올 수 없기 때문에 구세주가 색욕의 함정에 대신 들어가셔서 창기를 취하는 죄인이 되심으로 구원하셔야 했다는 '창기 십자가론'이 대표적이다.[11]

결국, 박명호의 창기 십자가론은 자신의 타락한 성 문제를 은폐하기 위해 만든 것에 불과했던 것이다. 2009년도가 되자 박명호는 한국은 하나님이 버린 땅이고 브라질이 새 천국이며, 바다 한가운데 숲과 사막으로 둘러싸여 있어서 대살육의 날에도 안전하다며 1000

---

11 한농복구회, 『새벽이슬』, 제80호, 59.

여 명의 신도를 집단 이주시켰다. 그 후 SBS 〈그것이 알고 싶다〉가 "탐욕인가, 희생인가 – 창기 십자가의 비밀"(2012월 12월 08월)편을, 또 MBC 〈PD수첩〉이 "돌나라 한농복구회 교주, 가스라이팅 의혹"(2022년 9월 6일)을 방영한다.

2022년 4월에는 브라질의 한농복구회 집단 농장에서 한국 어린이 5명이 흙더미에 깔려 질식사해 큰 충격을 안겨줬다. 박명호는 자신을 나무꾼 + 신선, 정 도령 등 신령한 인간으로 포장했지만, 결국 신으로 군림하며 신도들의 인권과 성적 자기 결정권을 침해하고 유린한 최악의 사이비 교주임이 드러났다.

12장

구속사 쓴 재림예수 구인회,
영생교 조희성, 이긴 자 이영수

기독교에서 구속사(救贖史)는 예수 그리스도께서 인류를 구원하기 위해 행하신 사역을 의미한다. 그런데 구속사를 다른 의미로도 사용할 수 있을 것 같다. 이 교주들에게 적용되는 구속사는 예수께서 펼치신 구속사와는 의미가 다르다. 구속사(救贖史)가 아닌 구속사(拘束史)다. 소위 남신들이 감옥에 갔다 온 전력을 말한다. 남신 중에서 실정법을 어겨 사회문제를 일으킨 사람은 한둘이 아니다. 지금까지 거론한 남신, 박태선, 문선명, 정명석, 이만희, 이재록 모두 전과가 있다. 육체로 영생한다고 주장했으나 사망한 구인회, 조희성도 마찬가지이다. 이 둘은 모두 박태선의 아류인데다 구속 전력도 같고 노골적으로 재림주, 하나님이라 자칭하며 영생불사를 주장했으나 사망했다는 점도 동일하다.

1. 무덤에 장사된 뒤 깨어나지 못한 재림예수 구인회(1942-1976)

무덤에 '재림예수님의 묘'라고까지 쓴 구인회(천국복음전도회)는

1942년 충남 부여에서 태어났다. 부여중학교 3학년에 재학 중이던 16세 되던 12월 어느 날 새벽이었다. 하늘에서 노란 광채가 보이면서 스피커에서 울려 나오는 듯한 음성이 들렸다. "사랑하는 내 아들아! 너는 신앙촌에 들어가라"[1] 구인회는 그 음성을 따라 박태선의 신앙촌에 들어갔으나 1968년 이탈하여 유

자칭 재림예수 구인회 (사진 – 탁명환, 『한국의 신흥종교』 3권)

재열의 장막성전에 입주했다. 하지만 1970년에 다시 장막성전을 이탈하고 만다.[2] 구인회는 이때 음성을 또 듣는다. 1971년 음력 1월 17일의 일이라고 한다.

'사랑하는 내 아들아 이제 만민의 경배를 받으라' 그러더니 구인회를 중심으로 양편으로 흰옷 입은 천사들이 끝이 보이지 않도록 늘어서서 절을 하더라는 것이었다. 그리고 그 무리가 사라지더니 모든 나무들이 만화에서 보는 것처럼 일제히 달려와서 두 열로 늘어서서 절을 하고는 사라졌… 이어서 또 다음과 같은 음성이 들려왔다. '하나님은 조직적이고 과학적이다. 그것은 이

---

1 현대종교 편집국, 『자칭 한국의 재림주들』 (서울: 국제종교문제연구소, 2005), 235.
2 탁지일, 『사료 한국의 신흥종교』 (서울: 현대종교, 2009), 263.

사야 11장에 있다' 그래서 성서를 펴보니 과연 그 구절이 있었으며 그 후부터 가만히 있어도 신구약 66권을 통달했다고 구 씨는 주장하였다.

그 후 구인회는 전도관과 장막성전 이탈자들을 모아 1972년 서울 구로동에 '새마을전도회'(후에 천국복음전도회)라는 사이비 종교를 설립한다.[3] 그는 '태극기는 하나님의 형상이다', '지상천국은 대한민국에서 건설된다', '재림예수는 육체를 가진 사람이어야 한다', '구인회가 곧 재림 예수이다', '박태선은 마귀, 장막성전은 일곱 마귀'라고 주장했다.[4]

구인회는 시한부 종말론을 내세워 부녀자와 청소년이 대부분인 2천여 명의 신도들로부터 억대의 금품을 뜯어내는 등의 상습사기 혐의로 구속됐다. 당시 보도에서 구인회는 '나를 따르는 사람만이 천국에 가서 왕이 된다', '천국에는 먹을 것, 입을 것이 다 있으니 돈을 한 푼이라도 갖고 가면 남태령 고개를 지날 때 불기둥에 걸려 못 간다', '재산, 부모, 형제, 직장을 버리라'고 강요하며 헌금을 갈취했다고 지적받았다.[5] 사기 혐의로 구속된 구인회는 1976년 옥중에서 사망한다. 구인회의 무덤은 경기도 남양주시 화도읍 월산리에 위치한 모란공원묘지에 있다. 모란공원묘지에서 망자 중 '구인회'를 찾아달라고 하면 묘지 구역을 보면서 "재림예수의 묘요!"라는 말이 나올 정도로 유명한 무덤이다. 묘비에서만큼은 그만이 유일한 재림예수인

---

3 현대종교 편집국, 『자칭 한국의 재림주들』, 236.
4 탁지일, 『사료 한국의 신흥종교』, 263.
5 중앙일보, 1976. 2. 11.

셈이다. 그의 묘비 우측에는 1942년 음력 5월 9일(양력으로는 6월 22일)에 태어나 1976년 음력 1월 29일(양력으로는 2월 28일)에 운명했다고 나온다. 그는 가족이 없었던 것 같다. 묘비 좌측에 가족관계를 기록하지 않았다.[6]

구인회의 제자 최총일은 『새 하늘과 새 땅 지상 천국은 재림예수 교회에서

묘비명에서만큼은 유일한 재림예수 구인회

이루어진다』에서 이 일을 다음과 같이 해석한다.

재림예수님께서는 이 땅에 오셔서 많은 고난을 받으시고, 이 세대 자기 백성에게 버린 바 되어 마지막에는 범죄자 중 한 사람으로 헤아림을 입으시고, 상습 사기꾼이란 죄명으로 옥중에 끌려가 20일 동안 곤욕과 심문을 받으시다가 1976년 음력 1월 29일 서울 서대문 교도소 옥중에서 운명하셨다. … 재림 예수님께서는 성경에 기록된 대로 많은 고난을 받으시고 옥중에 끌려가 육체로는 죽임을 당하시고 영으로는 살리심을 받아 하늘로 승천하셨으며 재림예수님께서 대한민국 땅에 오셔서 보배로운 피를 흘리시므로 여호와의 뜻이 성취되는 것이며… 지상천국이 우리 대한민국 땅에서 이루어진다는 것을

6 정윤석, "하나님이라더니 땅속서 썩고 있네?", 교회와신앙, 2006. 3. 14.

깨달아야 한다.[7]

이 단체는 현재 구인회를 증거하는 선지자로 자처하는 최총일의 재림예수교회천국복음전도회, 박인수 씨의 한국예수교천국복음전도회로 나뉘어 활동 중이다.

2. 육체 영생 주장하다 심장마비로 사망한 영생교 조희성(1931-2004)

영생교의 조희성은 '사람이 죽는 종교는 종교가 아니다'며 자신의 육체 영생을 주장했던 사람이다. 1931년생인 그는 박태선 전도관 전도사 출신이었다. 그가 전도관 시절 10일 금식은 다반사였다. 그는 30일 금식을 14번이나 했다고 한다. 산속에서 기도를 하는데 어느 날 하나님의 음성이 들려왔다. '이제는 네가 완성자가 됐다'는 것이었다.[8] 이 계시를 바탕으로 전도관에서 이탈한 그는 1980년 '영생교 하나님의 성회'(일명 영생교)를 설립한다.[9] 그는 완성자가 되면서 두 가지 큰 권능을 가지게 됐는데 하나는 우주 자연의 풍운 조화를 조절하는 권세, 또 하나는 인간의 생로병사를 관장하는 권세다. 조희성은 자신을 이긴 자, 정 도령, 구세주, 하나님, 주님으로 신격화했으며 자신이 거쳐온 전도관 박태선을 향해서는 미완성의 하나님, 자신은 유

---

7 최총일, 『새 하늘과 새 땅 지상 천국은 재림예수 교회에서 이루어진다』 (서울: 성광출판사, 1999), 12.

8 정동섭 외, 『한국의 종교단체실태조사연구』, 117.

9 탁명환, 『한국의 신흥종교: 기독교편4권』 (서울: 국제종교문제연구소, 1987), 83.

사람이 죽는 종교는 종교가 아니라던 조희성

불선을 통합한 완성자 하나님이라고 주장했다.[10]

완성자이자 이긴 자이자 생로병사를 관장한다던 그의 전과는 다양하다. 그는 1995년 4월 29일 대법원으로부터 신도들의 헌금 3억여 원을 가로챈 혐의로 징역 2년 6월 형을 선고받았다. 복역 중에 추가로 사기 혐의가 적용돼 징역 4년 형을 더 얹어서 선고받기도 했다. 7년 가까운 세월을 사기 혐의로 감옥생활을 한 것이다. 출소 후 신도 6명의 살해를 지시한 혐의(살인 교사) 등으로 구속기소 돼 1심에서 사형을 선고받았다가, 2004년 5월 24일 열린 2심에서는 범인도피 혐의만 유죄로 인정돼 징역 2년을 선고받았다. 그러다가 서울구치소에서 2004년 6월 심장마비로 사망했다.

---

10 탁지일, 『사료 한국의 신흥종교』, 383.

3. 감람나무의 사명을 감당한다는 에덴성회의 이긴 자 이영수(1942-)

'전도관' 계열의 남신들은 1970년대 후반과 1980년대 초반 한국 사회에 창궐한다. 통일교 계열보다 전도관 계열에서 더 많은, 소위 성공한 재림주들이 나온다. 앞서 살펴본 구인회, 조희성, 이만희 등이 전도관 계열의 대표적인 아류이다. 이와 더불어 빠뜨려서는 안 되는 인물이 에덴성회의 이영수다. 그는 1958년 16세 때 박태선 전도관에 들어갔다가 1962년 20세 때 전도관의 전도사가 된다.[11] 그는 전도관에서 각종 신령 체험을 한다. 꿈에 하늘이 캄캄해지고 빛으로 에워싸인 예수가 하늘로부터 내려오는 환상 장면 체험, 부친의 장례식 때 시신에서 향기가 나는 체험 등을 한다. '고아가 됐다'며 자신의 처지를 비관하자 "너의 아버지는 하늘에 있느니라."라는 음성을 듣기도 했다. 1960년 4월에 사닥다리가 하늘에 연결되는 환상을 보았고, 1961년 8월에는 너무나 젊고 잘생긴 미남의 모습을 한 주님을 직접 만났다고 한다. 처음에는 누군지 모르고 "누구시냐?"라고 질문을 했더니 "나사렛 예수"라고 대답하더라는 것이다. 그리고는 예수의 손을 잡고 하늘나라에 가서 여호와 하나님을 만나 뵈었다고 한다.[12]

이영수는 신도들의 열광적인 지지와 추종을 받는다. 이에 위협을 느낀 박태선이 자신을 해직하자, 1973년 11월 17일 10여 명의 추종자와 함께 기독교에덴성회를 설립한다. 이 단체는 시작부터 현재까지 설립자 이영수의 다양한 신령 체험, 꿈, 환상, 입신, 하나님의 음

---

11 정동섭 외, 『한국의 종교단체실태조사연구』, 121.
12 탁명환, 『한국의 신흥종교: 기독교편 4권』, 41-45.

◀ 말세 마지막 때 나타나는 두 감람나무라고 주장하는 이영수씨

▶ 동대문구 용두동에 있는 에덴성회의 본부

자칭 이긴 자 감람나무라는 에덴성회의 이영수 (사진 – 탁명환, 『한국의 신흥종교』, 4권)

성 등을 하나님이 주신 계시로 믿고 받아들인다. 이영수는 에덴성회에서 이 시대의 이긴 자, 감람나무로서의 사명을 완수하는 자로 추앙받고 있다. 그러나 1979년 11월 26일 특수수사대에 의해 구속된다. 여신도 간음, 뇌물공여, 향토예비군 설치법 위반 혐의 등이었다. 종교를 빙자한 엽색행각에 대한 의혹이 일자 그는 프로 권투선수 출신과 태권도 유단자 3, 4명을 보디가드로 내세워 데리고 다녔다. 그러면서도 자신을 '하나님의 둘째 아들', '감람나무', '이긴 자', '구세주'로 칭하고 자신이 설교할 때 성령이 강림한 모습이라고 조작한 사진

을 신도들에게 비싼 값에 팔았다.[13] 현재 에덴성회는 전국 30여 개 지교회, 경기도 가평에 3천여 평의 대단지에 '알곡성전'과 스포츠센터 위락시설을 세운 상태다.

---

13 "여신도 농락 교주 구속", 『조선일보』, 1979. 11. 27.

3부

사람을 '신'으로 믿게 만드는 비밀 교리

교주들을 보면 하나같이 평범하다 못해 남루한 시골 농부 또는 아낙네 같다. 그들이 말하는 것들은 알아듣기가 좀처럼 쉽지 않다. 사투리에 발음도 정확하지 않아 몇 번을 들어야 겨우 알아들을 수 있을 정도다. 또 말하는 것을 들어보면 논리적으로도 잘 맞지 않는 부분이 많다. 한참을 앞뒤로 생각해야 무슨 말을 하는지 겨우 알아듣는다. 또한, 교주들 대부분이 문해력이 부족하다. 그러니 성경 해석도 자의적이다. 이런 교주를 신으로, 보혜사로 받들고 따르는 사람들을 보면 신기하고 궁금하다. 도대체 어떤 과정을 통해 사람들은 그를 신이요, 재림주요 보혜사로 믿고 따르게 된 것일까? 조금씩 차이는 있지만, 사람을 신으로 믿게 하는 교리에는 공통점이 있다. 그들이 가르치는 성경은 배우면 배울수록, 공부하면 할수록 예수가 믿어지는 게 아니라 사람이 하나님으로 믿어지게 된다. 그들은 성경을 처음부터 끝까지 특정 인간을 믿도록 조작해 놨다. 따라서 이단 사이비 단체에서는 성경을 보면 볼수록 바른 진리에 가까워지는 게 아니라 인간 교주를 하나님으로 믿는 세뇌만 깊어지게 된다. 사람을 신으로 믿게 만드는 그 공통 교리들이 도대체 어떤 것인지 살펴보도록 하자.

1장

신령 체험과 특별계시

    자칭 신들은 저마다 특별한 영적 체험을 간증한다. 그리고 이런 영적 체험의 결과 새로운 진리를 깨닫고 성경을 통달했다고 주장한다. 이러한 신들의 신령 체험과 성경 통달의 체험은 그를 따르는 신도들에게 교주가 하는 말을 무조건 믿고 따르게 만드는 효과를 발휘한다.

    새주파의 김성도를 보자. 그녀는 젊은 시절, 매우 특별한 체험을 한다. 그녀는 두 번에 걸쳐 육신은 가사 상태에 들어가고 영은 영계를 체험하는 이른바 '입신(入神)' 체험을 한다. 첫 번째는 1923년 음력 4월 2일이다. 그녀는 입신하여 천군 천사를 만났고, 영계에 들어갈 때 사탄의 방해를 받았으나 이기고 들어가 예수를 만나 대화를 나누었다고 한다. 그런데 예수께서 주신 계시가 이상하다. '죄의 뿌리가 음란이고, 사람들의 불신으로 인해 자신이 억울하게 죽었으니 교회당에서 십자가를 떼어내는 운동을 전개하라'는 것이다. 두 번째는 열흘 뒤인 음력 4월 12일에 일어났다. 그녀는 또다시 입신하여 예수와 두 번째 만나 '재림주가 육신을 쓴 인간으로 한반도에 온다'는 계시를 받는다. 결국, 그녀는 자신을 이 시대의 '새 주님'으로 주장하며 새주파를 창설한다.

황국주는 어떠한가? 그는 1930년대 초, 기도 중에 자기 목이 떼어져 나가고 그 대신 예수의 목이 자기의 몸에 붙는 소위 '목가름'이라는 것을 체험한다. 그는 이후 자신의 몸과 피가 모두 예수의 피로 바뀌었다고 주장한다. 이후 그는 백일기도 중에 머리를 길러 내리고 수염을 길렀다. 사람들은 그의 모습에서 예수의 모습을 연상했고, 그는 이 시대에 재림한 예수 행세를 하였다.

정득은은 어떠한가? 그녀는 신령 체험으로 사람들이 저지른 일들을 영안으로 보아 알아맞히는 신통력을 발휘하곤 하였다. 그녀는 기도 중에 계시를 받았는데, '인류 최초의 죄는 천사장 루시퍼와 하와의 성관계를 통해 발생했다'는 것이다. 그녀는 자신이 하나님이 찾으시는 동정녀이고, 오직 그녀와의 성관계를 통해 사람들이 새 피를 받을 수 있고 죄 사함을 받을 수 있다는 계시를 받는다. 이것이 소위 말하는 '피가름' 교리이다. 결국, 그녀는 수많은 이들과 난잡한 성관계로 훗날 성병(임질, 매독)에 걸렸고, 말년에는 온몸에 종기가 많이 나서 고생한다.

문선명은 어떠한가? 그는 16세가 되던 1935년 4월 17일 부활절 아침, 평안북도 정주군 덕언면 상사리 묘두산 꼭대기에서 하늘의 음성과 신적 계시를 받았다. 그것은 예수께서 다 이루지 못한 사명을 문선명이 일임받았다는 것이다. 예수는 그에게 "나는 십자가에 의한 구원을 이루었으나 그보다 중요한 사명인 지상천국의 건설은 아직 이루어지지 않았다."라고 하며, "내가 하지 못한 사역을 너를 통해 완성할 것"이라고 했다고 전한다. 이후 그는 성경의 진리를 찾으려고 예수님을 비롯한 낙원의 수많은 영인들과 역사 이래 지상에 왔다 간 모든 성현들과 자유로이 접촉했고, 신과 교통하며 신의 품속에서 감춰진 천륜의 비밀을 찾아내었다고 주장한다.

통일교에서 강사 생활을 했던 정명석 역시 마찬가지다. 그가 내놓을 수 있는 것이라곤 초등학교 졸업장이 전부였지만, 그는 12세부터 신의 음성을 들었고 21년간 성경을 1천 회 이상 정독하며 성경 속의 모든 진리를 깨달았다고 주장한다.[1] 그는 굴속에서 사람과 접촉 없이 오직 하나님과 대화하며 진리를 깨닫고 배웠다고 주장한다. 성경에 의문이 생기면 그 뜻을 깨닫기 위해 5천 3백 번이나 기도한 적도 있었다고 한다.[2] 그 결과 그는 성경 속의 모든 진리의 인봉을 떼었고, 하늘 심정과 증거의 도를 터득하였으며, 하나님의 인류 구원 섭리의 경륜의 도를 깨달아 하늘 섭리 역사의 새로운 지평을 열었다고 주장한다.

박태선도 특이한 체험들이 많다. 그는 한국전쟁 당시 북한군을 피해 자기 집 구들장에 숨어 지내며 '하늘로부터 오는 생수'를 마시는 체험을 한다. 그의 입과 코로 시원한 무엇이 흘러들어 마음속을 시원하게 하였다는 것이다. 그는 피신 생활 중 신체와 뼈가 말라가도, 그의 심령은 배부름을 느끼게 되었다. 이후 박태선은 1951년 1.4후퇴 때 평택으로 가는 길에 소변을 보았는데, 소변에 피가 섞여 나왔다. 그는 놀랐지만 이후 20여 차례나 소변을 통해 피가 나왔어도 몸이 쇠약해지기는커녕 더욱 힘이 솟고 왕성해지게 되었다.

그의 마지막 피가 다 나오자 그는 전신이 상쾌해지는 것을 경험하

---

1 정명석, 『30개론: 입문편』, 2-3.
2 위의 책, 5-6.

였다. 이때 대낮에 예수께서 그에게 나타나셨다. 예수는 가시관을 쓰고 손과 발에 피가 흐르고 있었는데 그에게 "내 피를 마시라"하며 그의 피를 입에 넣어주시고 그의 심장 속에 정결한 예수님의 보혈을 흘려 넣어주셨다고 한다. 그래서 그는 예수의 피를 한없이 마셨다고 주장한다. 일종의 피가름 체험을 한 것이다. 한국전쟁 후 박태선은 창동교회로 옮겼고 1954년 3월 어느 날, 천계로부터 사명을 받는 신비 체험을 한다.[3] 그는 어느 날 밤 자리에 누웠는데, 하늘 문이 열리고 환한 빛이 내려 그의 몸을 뒤덮었다. 하늘 문은 삼 일간 계속해서 열린 채로 있었고, 삼 일 만에 하늘에서 음성이 들렸다. "너는 나가서 나의 명하는 것을 행하라." 이 체험 후 박태선은 본격적으로 부흥사로 활동하게 된다.

이만희는 어떤가? 그는 고향 청도군 풍각면 현리 마을에서 어느 날 그에게 강한 빛이 임하였다고 한다. 그는 그 자리에 쓰려졌고, 그때 예수께서 오셔서 그에게 안수하고 요한계시록을 먹여주었다는 것이다. 그는 예수께서 "너 보는 것을 두루마리에 써서 일곱 교회에 보내라"(계1:11)라고 하시는 음성을 들었다고 한다. 예수께서는 이만희를 새 요한으로 안수하여 세우고, "네 본 것과 이제 있는 일과 장차 될 일을 일곱 교회에 편지하라"(계 1:19)라고 명령한다. 이만희는 예수로부터 그가 몸담았던 장막성전이 배도하고, 멸망당할 것이며 자신이 구원자로 세움 받았다는 계시를 받는다. 그는 예수님의 명령대로 편지를 써서 일곱 교회에 편지하고, 그가 예수님의 계시로 직접 본 요

---

3 김성여, 『박태선 장로의 이적과 신비경험』(서울: 신천신지사, 1955), 30.

한계시록의 성취 실상을 기록하여 증거했다고 주장한다.

이후 그는 계룡산 국사봉에 올라가 새롭게 계시를 받고 책을 저술한다. 문제는 그가 주장한 계시의 실상이 자꾸만 바뀌고 그가 말했던 실상의 인물들이 이만희가 주장하는 것과 사뭇 다른 주장을 한다는데 있다. 예를 들어 그가 배도자라 주장한 유재열은 이만희를 모른다고 하고, 멸망자로 주장하는 오평호 역시 이만희의 존재를 기억하지 못한다. 그 외에 여러 실상의 증인들도 이만희가 주장하는 것과 다른 주장을 펼친다. 다른 증인들이 거짓말을 하는 것일까, 이만희가 거짓말을 하는 것일까? 문제는 이만희 자신이 한 말도 계속해서 스스로 바꾼다는 데 있다. 그동안 이만희는 자신의 이름으로 여러 권의 계시록 해설서를 냈다. 요한계시록 해설서의 내용을 계속해서 수정하고 고치며 책을 낸 것이다.

이처럼 한국에 등장한 거짓 신들의 신령 체험과 특별계시가 갖는 공통점은 분명하다. 바로 예수를 구원자로 내세우는 것이 아니라, 교주 자신을 이 시대의 구원자로 내세운다는 것이다. 이들은 공통적으로 예수는 사명을 온전히 다 이루지 못했다고 주장하며, 이제는 나머지 사명을 감당할 재림주, 보혜사, 또는 하나님이 바로 자신이라고 말한다. 이를 위해 하나님은 특별한 계시를 자신에게만 주셨다고 주장한다.

따라서 이들은 성경 외의 경전을 반드시 내세운다. 이들에게 성경은 하나님을 만나게 하는 '지도책', '내비게이션'이다. 이 말은 일견 옳은 것 같으나 함정이 있다. 목적지에 도달하면 지도와 내비게이션이 필요 없어진다. 이들은 이 시대의 구원자를 만나게 하는 용도로만 성경을 이용한다. 그 후에는 더 중요한 게 있다. 곧 이 시대의 구원자의 '말씀'이다. 자연스레 성경보다 더 중요한 자체 경전, 즉 자신들만의 특별계시 책을 내세우게 된다.

정득은의 『생의 원리』, 박태선의 『오묘』, 문선명의 『원리강론』, 정명석의 『30개론』과 『구원의 말씀』, 이만희의 『요한계시록의 실상』, 『예수 그리스도의 행전』 등이 그것이다(이 내용은 3부 3장에서 조금 더 상세히 다뤘다).

2장

삼시대론

　기독교의 경전인 성경은 크게 구약성경과 신약성경으로 나뉘어 있다. 구약성경은 39권, 신약성경은 27권으로 구성되었고, 그 안에 있는 경전들은 다양한 내용과 장르들로 구성되어 있다. 하지만 그 안에 거대한 흐름을 형성하고 있는데, 구약성경은 예수 그리스도를 약속하고, 신약성경은 약속대로 오신 예수 그리스도께서 하나님의 언약을 성취했음을 진술한다. 신약성경이 하나님 언약의 최종적인 성취이자 완성으로 제시되는 것이다. 그리고 신약성경 성취의 핵심에는 예수 그리스도가 있다.

　하지만 자칭 신들은 하나같이 자신을 신격화하기 위해 성경을 세 시대로 나눈다. 구약 4천 년, 신약 2천 년, 그리고 지금이, 마지막에 새롭게 시작하는 '천년 시대'라는 것이다. 이 세 시대를 가리키는 용어는 각각 다르다. 예를 들어 통일교의 문선명이나 JMS의 정명석의 경우, 성경을 구약, 신약, 그리고 성약 시대로 나눈다. 성약(聖約)이란 '거룩한 약속'이란 뜻으로, 구약과 신약을 이어 최종적인 하나님의 약속이 이루어지는 새 시대를 가리키는 이들만의 새로운 용어다. 자칭 신들은 다음과 같은 논리를 펼친다. 구약의 약속은 예수 그리스도를 통해 이루어졌고, 신약의 약속은 마지막 새 시대가 도래한 오늘날, 자칭 신을 통해 이 시대에 최종적으로 이루어질 것이다. 성약 시대 야말로 성경의 모든 약속이 완전하게 성취되는 시대라는 주장이다.

기독교에서 말하는 구약 시대와 신약 시대의 구분은 대부분의 거짓 신들도 공통적으로 인정한다. 하지만 이들은 여기에 하나를 더한다. 신약만으로는 충분하지 않고, 바로 자신이 활동하는 이 시대가 신약을 완전하게 성취하는 새 시대라는 것이다. 새 생명의 시대, 계시록 시대, 또 국도 시대 등등 용어들은 차이가 있는데, 이는 자칭 신들이 강조하고자 하는 교리에 따라 달라진다. 이러한 시대 구분에 대한 용어들은 아래와 같다.

	이름	삼시대 명칭		
1	백남주	구약 시대	신약 시대	새 생명의 길 시대
2	문선명	구약 시대	신약 시대	성약 시대
3	정명석	구약 시대	신약 시대	성약 시대
4	이만희	구약 시대	신약(초림) 시대	계시록(재림) 시대
5	안상홍	성부 시대	성자 시대	성령 시대
6	양향빈	율법 시대	은혜 시대	국도 시대
7	이재록	구약 시대	신약 시대	성령 시대

하지만 정통 기독교에서는 하나님의 언약 시대를 삼시대로 구분하지 않는다. 하나님의 언약은 구약과 신약 시대로 나뉘며 신약 시대에 최종적인 성취가 이루어진다.

삼시대론의 원조는 중세의 수도사 피오레의 요아킴(또는 요아힘, 1145-1202)이라 할 수 있다. 나폴리 왕국의 첼리코에서 태어난 요아킴은 팔레스티나 성지를 순례하다가 엄청난 재난을 목격하고 수도자가 되기로 결심한다. 이탈리아로 돌아온 요아킴은 곧 시토회에 입회하고 1168년에 사제 서품을 받고 성경의 숨겨진 뜻을 찾는데 정성을 쏟는다. 나중

삼시대론의 진정한 원조 피오레의 요아킴 목판화 (사진출처: theologyandapocalyptic.files.wordpress.com)

에 그는 수도원장에 선출되지만, 수행에 도움이 되지 않는다는 이유로 곧 사임하고 설교와 글쓰기에 전념한다. 그러다가 이탈리아의 피오레에 수도원을 세우고 시토회에서 가장 엄격한 수행을 하며 살다가 1202년 3월 30일에 세상을 떠난다.[1]

그는 역사가 삼위일체 하나님의 세 위격에 해당하는 세 단계로 진행된다고 해석했다. 그가 말한 세 단계는 하나님의 삼위 위격이 각각 통치하는 시대를 말하는데, 제1시대는 성부의 시대(혹은 율법의

---

1 한상봉, 가톨릭일꾼, 2017. 5. 9. 기사 참고.

시대), 제2시대는 성자의 시대, 제3시대는 성령의 시대라는 것이다. 좀 더 풀어서 말하면 첫 번째 단계는 성부(聖父)가 구약성경의 질서에 따라서 권능과 위엄으로 다스리는 세상이다. 노예제도가 사회를 유지시켰던 율법의 시대다. 두 번째 단계는 그동안 감추어졌던 지혜가 성자(聖子)를 통해서 계시된 시대이다. 신약성경과 가톨릭교회가 세상을 관장하는 시대다. 이 시대에는 율법을 대신해서 성직자가 하나님의 현존을 지탱하는 교회 중심의 시대다. 세 번째 단계는 성령의 시대, 곧 그리스도의 복음을 뛰어넘는 사랑의 새 질서가 오는 시대다. 요아킴은 이 시대에 서방교회와 동방교회가 문자의 족쇄에서 벗어나 새로운 영적 왕국 안에서 하나가 될 것이며, 유대인들이 회개하고, 그로부터 '영원한 복음'이 세상 끝날 때까지 존재할 것이라고 예언했다.[2]

　중세 시대 요아킴이 처음 제시한 삼시대론은 한국의 남신들에 의해 새롭게 해석됐다. 구약은 성부 하나님, 신약은 성자 예수님의 시대이며, 그리고 마지막 새로운 시대를 끼워 놓고는 그 시대의 주인공으로 자신을 내세우는 방식이었다. 그러나 그 원조는 이미 1천 년 전에 중세 유럽에서 나왔다. 역시 해 아래 새것은 없다.

---

2 노만 콘, 『천년왕국운동사』, 141-143

3장

시대별 구원자와 새 이름

가짜 신들은 자신을 재림주로 믿게 하려고 시대별 구원자론을 펼친다. 그 주장의 핵심에는 하나님은 각 시대별로 다른 구원자를 보내는데, 구약 시대에는 구약 시대의 여러 구원자들을, 신약 시대에는 예수를, 그리고 지금 마지막 시대에는 바로 자신을 구원자로 보냈다는 것이다. 시대마다 그 시대의 구원자를 분별하고 믿고 따라야 구원을 받는다는 것이다. 그래서 새 시대에는 구원자의 새 이름을 알아야 한다고 주장한다. 인터넷에서 '시대별 구원자와 새 이름'을 검색해 보라. 여러 거짓 신들이 등장한다.

신천지의 이만희는 이 시대를 '계시록 성취 시대' 또는 '재림 시대'라고 한다. 이만희는 지금이 요한계시록이 성취되는 시대이고, 계시록 성취의 역사가 바로 자신에게서 시작되었고, 따라서 자신이 바로 이 계시록 시대에 하나님이 약속한 목자라고 주장한다. 따라서 이 시대에 이루어지는 구원을 얻으려면 이만희에게 와서 배우고 신천지에 들어가야 한다고 주장한다.

신천지는 구약 시대를 조금 더 세분화해서 하나님이 구약의 각 시대마다 구원자를 보냈다고 주장한다. 노아 시대에는 노아를 믿고 따라야 구원을 받고, 아브라함 시대에는 아브라함을, 모세 시대에는 모세를 따라야 구원받는다고 주장한다. 이런 식으로 그는 구약성경의 시대를 아담 시대, 노아 시대, 아브라함 시대, 모세 시대, 여호수아 시대 등으로 구분한다.[1] 그리고는 신약 시대에는 예수 그리스도를 통해 구원받고, 지금 마지막 계시록 시대에는 약속의 목자인 자신을 통해 구원받는다고 한다.

하나님의 교회를 시작한 안상홍은 구약을 성부 시대, 신약을 성자 시대, 그리고 지금을 성령 시대로 주장한다. 이는 각 시대에 오는 구원자를 강조하기 위한 구분이다. 성부 시대 구원자의 이름은 여호와, 성자 시대 구원자의 이름은 예수, 그리고 성령 시대 구원자의 이름은 요한계시록 2장 17절에 나오는 '새 이름'이라는 것이다. 이 새 이름은 감추어진 것인데, 그 감추어진 이름이 바로 '안상홍'이라고 주장한다. 어떻게 그 이름이 안상홍이 될 수 있을까? 하나님의 교회는 그 근거로 요한계시록 14장 2절을 든다.

> 내가 하늘에서 나는 소리를 들으니 많은 물 소리와도 같고 큰 우렛소리와도 같은데 내가 들은 소리는 거문고 타는 자들이 그 거문고를 타는 것 같더라(계 14:2).

천상에서 들리는 '많은 물 소리'와 '거문고 타는 소리'를 한자로 바꾸면 큰물 홍(洪), 헤아릴 상(商)이 된다. '상'은 국악의 오음(五音), 궁상각치우(宮商角徵羽) 중 하나를 뜻한다. 거문고가 내는 오음 중 하나

---

1 이만희, 『천지창조』 (과천: 도서출판 신천지, 2007), 72-170.

를 가리킨다는 것이다. 즉 천상에서 들리는 거문고 소리와 많은 물소리를 한자로 바꾸면 '상홍(商洪)'이고 이것이 바로 새 이름이며, 그 이름으로 온 자가 바로 안상홍이라는 주장이다.[2] 하지만 이러한 논리라면 계시록 14장 2절에 나오는 '큰 우렛소리', 즉 우레 뢰(雷)도 들어가야 한다. 더욱 정확한 새 이름은 물소리, 우렛소리, 거문고 소리가 결합된 '홍뢰상', 또는 '홍뇌상'이 되어야 한다. 이렇게 순서대로 하지 않고 하나님의 교회에서 주장하는 '상홍'이라는 이름에 '우레 뢰' 자를 더한다면 '상뢰홍' 또는 '상뇌홍'이 되어야 하는 것이다.

하지만 요한계시록 14장 2절은 하늘에서 들리는 수많은 성도들의 찬양 소리와 악기 소리를 묘사하는 것이지 새 이름이 무엇인지를 말하는 것이 아니다. 이는 거짓 신의 자의적인 해석에 불과할 뿐이다. 이처럼 자칭 신들이 '성령 시대'를 주장하는 것은 자신을 이 시대의 성령으로 온 자라고 주장하기 위함이다.

하나님의 교회는 구약 시대에는 여호와의 이름으로 구원받고 그 이름으로 기도했으며, 신약 시대에는 예수의 이름으로 구원받고 그 이름으로 기도했던 것 같이, 지금 이 시대에는 안상홍의 이름으로 구원받고 그 이름으로 기도해야 한다고 주장한다. 그래서 이들은 안상홍의 이름으로 기도한다. 하지만 성경은 구원자의 이름에 대해 다음과 같이 진술한다.

이 예수는 너희 건축자들의 버린 돌로서 집 모퉁이의 머릿돌이 되었느니라

---

2 진용식, 『안상홍 증인회의 실체는?』 (경기도: 기독교포털뉴스, 2018), 112-113.

다른 이로써는 구원을 받을 수 없나니 천하 사람 중에 구원을 받을 만한 다른 이름을 우리에게 주신 일이 없음이라 하였더라(행 4:11-12)

이 구절을 헬라어 원문에서 보다 정확하게 번역하면 다음과 같다.[3]

어떤 다른 사람으로도 구원이 있을 수 없으니, 이는 우리가 반드시 구원을 받아야 하는 다른 이름이 하늘 아래 사람들 가운데 결코 주어진 일이 없기 때문이다.

그렇다. 성경은 분명 그 어떤 다른 이름으로도 구원받을 수 없다고 명시한다.

중국에서 시작한 전능신교의 여자 그리스도 양향빈은 자신의 시대를 '국도(國度)' 시대라 주장한다. 국도는 '나라가 임하였다'는 뜻이다. 전능신교는 구약 시대는 율법 시대로 하나님이 영으로 오셨고, 신약 시대는 은혜 시대로 하나님이 남자로 오셨고, 국도 시대에는 하나님이 여자로 중국에 오셨다고 주장한다.[4] 이 여자 그리스도가 바로 '양향빈'으로서 이들이 주장하는 새 이름인 것이다.

새 이름에 대해서 간략히 반증해 보자. 새 이름이란 표현은 요한계시록 2장 17절에 나온다.

귀 있는 자는 성령이 교회들에게 하시는 말씀을 들을지어다 이기는 그에게는

---

3 유상섭, 『분석 사도행전 I』 (서울: 생명의말씀사, 2002), 176.
4 강경호, 『바로알자! 전능신교(동방번개)의 정체』 (경기도: 한사랑가족상담연구소, 2021), 57.

내가 감추었던 만나를 주고 또 흰돌을 줄 터인데 그 돌 위에 새 이름을 기록한 것이 있나니 받는 자밖에는 그 이름을 알 사람이 없느니라

이 구절에서 '새 이름'은 새로운 시대에 새롭게 등장한 재림주의 이름을 의미하지 않는다. 계시록에서의 새 이름은 끝까지 신앙을 저버리지 않고 승리하는 자에게 주기로 약속하신 것이다. 이기는 자에게는 감춰진 만나를 주고 새 이름이 기록된 흰 돌을 준다는 약속이다. 이기는 자는 누구인가? 신앙을 지키려 할 때 찾아오는 고난과 시련을 극복하며 나아가는 자를 가리킨다. 이단 단체는 "이기는 자"를 "이긴 자"라고 왜곡하여 마치 모든 싸움에서 다 싸워 이긴 승리자처럼 묘사하며 이런 이긴 자가 바로 자기네 교주라고 주장한다. 이 구절에서 이기는 자는 안상홍이나 이만희나 양향빈이 아니다.

이 구절에서 이기는 자는 구원받은 성도를 말한다.[5] 계시록의 일곱 교회에 보내는 편지에는 각각 이기는 자에게 주는 약속이 있다. 에베소교회에 보내는 편지에는 이기는 자에게 생명나무의 과실을 먹게 하겠다고 하였고(계 2:7), 서머나교회에 보내는 편지에는 이기는 자에게 둘째 사망의 해를 받지 않도록 해주겠다고 약속하였다(2:11).

그리고 '흰돌', '새 이름'을 주겠다는 약속은 버가모교회 성도들에게 보낸 편지에 등장한다. 예수님은 버가모교회 성도들이 믿음의 선한 싸움을 싸워 승리하기를 원하셨다. 믿음의 선한 싸움을 싸워 승리하는 성도들, 즉 신앙의 승리자, 이기는 자에게 감추인 만나와 새 이

---

5 진용식, 『안상홍 증인회의 실체는?』 (경기도: 기독교포털뉴스, 2018), 119.

름이 기록된 흰 돌을 주겠다고 약속하신 것이다. 흰 돌은 성경 시대에 잔치와 축제에 손님을 초청할 때 사용했던 초청장이었다. 믿음의 선한 싸움에서 승리하는 성도들에게 주시는 흰 돌은 결국 예수님이 다시 오시는 날 어린양의 혼인 잔치에 청함을 받은 사람들이 참석할 수 있는 특권을 뜻한다. 이것은 성도들의 노력에 의해서 얻는 것이 아니라 하나님의 은혜로 받게 된다.[6]

　그러나 자칭 재림주들은, 구원받은 성도라면 누구나 누리는 '흰 돌', '새 이름'의 축복을 자신만이 누릴 수 있는 것으로 왜곡하고 자기가 받은 새로운 계시를 저마다 책으로 펴낸다. 김백문은『기독교근본원리』, 박태선은『오묘(奧妙)』, 통일교의 문선명은『원리강론』, JMS의 정명석은『30개론』, 신천지 이만희는『요한계시록의 실상』등을 펴냈다. 이러한 새로운 교리서는 거짓 신들이 산이나 동굴 등에 가서 특별히 하늘로부터 직접 받은 계시를 기록한 것이라 주장한다. 하지만, 이런 교리서들을 자세히 분석하면 윗대의 교리서들을 차용하여 각자의 스타일로 풀어놓으며 자신의 주장을 추가한 것에 불과하다. 그래서 교리서들을 비교해 보면 다른 가짜 신들의 주장을 여기저기서 가져오는 경우가 빈번하다.

　다음 도표는 한국의 이단계보사에 등장한 교주들의 시대구분과 그들이 받았다는 계시를 기록한 서적 명칭이다.

---

6 김주원, 『요한계시록으로 정면돌파』 (경기도: 기독교포털뉴스, 2019), 40-41.

	이름	새 시대 명칭	가짜 신이 받은 계시(책)
1	백남주	새 생명의 길 시대	새 생명의 길
2	김백문	성약 시대	기독교근본원리
3	문선명	성약 시대	원리강론
4	정명석	성약(신부·애인)시대	30개론, 구원의 말씀
5	이만희	계시록(재림) 시대	요한계시록의 실상, 천지창조
6	안상홍	성령 시대	하나님의 비밀과 생명수의 샘
7	양향빈	국도 시대	어린양이 펼친 책
8	이재록	성령 시대	천국, 영혼육

4장

동방의 의인

거짓 신들이 공통적으로 자신을 내세우며 주장하는 것이 바로 자신이야말로 성경에서 예언한 '동방의 의인'이라는 것이다. 그들이 이렇게 주장하는 이유는 성경에 동방에서 의인을 불러 구원을 베풀 것이라고 예언하고 있기 때문이다. 이러한 성경 구절들을 살펴보자.

그러므로 너희가 동방에서 여호와를 영화롭게 하며 바다 모든 섬에서 이스라엘의 하나님 여호와의 이름을 영화롭게 할 것이라(사 24:15)

누가 동방에서 사람을 일깨워서 공의로 그를 불러 자기 발 앞에 이르게 하였느냐 열국을 그의 앞에 넘겨 주며 그가 왕들을 다스리게 하되 그들이 그의 칼에 티끌 같게, 그의 활에 불리는 초개 같게 하매(사 41:2)

내가 동쪽에서 사나운 날짐승을 부르며 먼 나라에서 나의 뜻을 이룰 사람을 부를 것이라 내가 말하였은즉 반드시 이룰 것이요 계획하였은즉 반드시 시행하리라(사 46:11)

내가 땅 끝에서부터 너를 붙들며 땅 모퉁이에서부터 너를 부르고 네게 이르

기를 너는 나의 종이라 내가 너를 택하고 싫어하여 버리지 아니하였다 하였노라(사 41:9)

내가 한 사람을 일으켜 북방에서 오게 하며 내 이름을 부르는 자를 해 돋는 곳에서 오게 하였나니 그가 이르러 고관들을 석회 같이, 토기장이가 진흙을 밟음 같이 하리니(사 41:25)

서쪽에서 여호와의 이름을 두려워하겠고 해 돋는 쪽에서 그의 영광을 두려워할 것은 여호와께서 그 기운에 몰려 급히 흐르는 강물 같이 오실 것임이로다(사 59:19)

한국의 거짓 신들은 '동방'이 '동쪽 땅끝' 곧 '해 돋는 곳'인 한국을 가리킨다고 주장한다. 우리나라는 예로부터 '동방예의지국'으로 알려졌고, 또한 인도의 시인 타고르도 한국을 '동방의 등불'이라고 노래했기에, 동방이 바로 한국이라는 것이다. 이 동방에서 예언된 하나님이 일으키겠다고 예언한 사람이 바로 자신이라고 주장한다.

하지만 이는 성경을 자의적으로 해석한 것이다. 왜냐하면, 성경에 기록된 동방은 이스라엘을 중심으로 볼 때 동방이기 때문이다. 우리나라를 '동방예의지국'이라고 부른 것은 중국에서 주전 3세기 공자의 7대손 공빈에 의해 기록된 『동이열전(東夷列傳)』이다. 이는 중국에서 볼 때 우리나라가 동쪽에 있기 때문이다. 마찬가지로 타고르가 한국을 '동방의 등불'이라고 한 것은 인도에서 볼 때 우리나라가 동방에 있기 때문이다. 참고로, 타고르가 실제로 그의 시에서 동방의 등불

이라고 썼다는 것에 대해서는 논란의 여지가 있다.[1]

성경에 나오는 '동방'은 이스라엘을 기준으로 볼 때의 동방이다. 다음의 성경 구절을 보라.

야곱이 길을 떠나 동방 사람의 땅에 이르러(창 29:1)

여기서 동방은 어디일까? 우리나라일까? 그렇지 않다. 여기서 동방은 이스라엘에서 동쪽에 있는 하란 땅, 곧 야곱의 삼촌인 라반이 있는 곳을 뜻한다(창 28:10 참조).

동방 해 돋는 쪽에 진 칠 자는 그 진영별로 유다의 진영의 군기에 속한 자라 유다 자손의 지휘관은 암미나답의 아들 나손이요(민 2:3)

민수기 2장은 성막을 중심으로 한 이스라엘 진영의 배치를 말씀한 것으로 여기서 '동방 해 돋는 쪽'은 성막을 기준으로 동쪽을 가리킨다. 하나님은 동쪽에 진을 칠 지파로 유다, 잇사갈, 스불론을 말씀한다(민 2:5, 7).

이스라엘 자손이 요단 저편 해 돋는 쪽 곧 아르논 골짜기에서 헤르몬 산까지의 동쪽 온 아라바를 차지하고 그 땅에서 쳐죽인 왕들은 이러하니라(수 12:1)

이 구절은 해 돋는 쪽, 곧 동쪽이 구체적으로 어디를 가리키는지 구

---

1 송영규, "[오색인문학] '동방의 등불'은 詩가 아닌 메모였다", 『서울경제』, 2019. 10. 17.

체적으로 명시한다.

'해 돋는 쪽'은 요단 건너편, 곧 아르논 골짜기에서 헤르몬산까지이며, 동쪽은 온 아라바 지역을 가리킨다. 이는 이스라엘의 지리적 경계를 이루는 요단 계곡 건너편의 남쪽 아르논 골짜기에서 북쪽 헤르몬산까지의 모든 지역을 가리킨다.

> 그 때에 미디안과 아말렉과 동방 사람들이 다 함께 모여 요단 강을 건너와서 이스르엘 골짜기에 진을 친지라(삿 6:33)

여기서 미디안과 아말렉 족속과 함께 온 동방 사람들은 누구일까? 우리나라 사람일까? 아니다. 이들은 미디안과 동맹을 맺은 요단강 건너, 이스라엘의 동편에 살던 이방 족속들이었다.

> 주께서 주의 백성 야곱 족속을 버리셨음은 그들에게 동방 풍속이 가득하며 그들이 블레셋 사람들 같이 점을 치며 이방인과 더불어 손을 잡아 언약하였음이라(사 2:6)

여기서 '동방 풍속'은 우리나라의 미풍양속을 가리키는 것일까? 결코 그렇지 않다. 여기서 동방은 요단강 건너편에 연접한 모압, 암몬, 에돔과 같은 이방 나라들이고, 좀 더 멀리는 앗수르와 같은 강력한 제국을 가리킨다.[2] 여기서 동방 풍속은 이들 나라에 만연했던 우상숭배, 점, 요술, 복술 등과 같은 것들을 뜻한다.

---

2 양형주, 『평신도를 위한 쉬운 이사야 1』 (서울: 브니엘, 2022), 71.

이 사람은 동방 사람 중에 가장 훌륭한 자니라(욥 1:3)

　여기 등장하는 '이 사람'은 성경에서 고난을 통과했던 인물인 욥을 가리킨다. 그렇다면 욥은 한국 사람일까? 그렇지 않다. 여기서 '동방 사람'은 요단 건너 사해 동남쪽에 있던 에돔 지역 땅을 가리킨다.

　이렇게 볼 때 성경에 나오는 '동방', '동방 사람', '해 뜨는 곳'은 우리나라와 아무 상관이 없음을 알 수 있다. 따라서 거짓 신들이 인용하는 동방의 의인은 한국에서 태어난 자칭 신을 예언한 것이 아니다. 특히 이사야에서 예언하는 동방의 의인은 장차 예루살렘 성전을 건축할 페르시아의 왕 고레스를 가리키는 표현이다. 고레스는 이스라엘의 동방에 있는 페르시아 제국의 왕이었다. 페르시아 제국이 세워지기 이전 제국이었던 바벨론은 예루살렘 성을 침공해서 함락시켰다. 이제 하나님께서는 하나님이 택한 새로운 제국 페르시아의 왕 고레스를 통해 예루살렘 성을 건축하도록 하겠다는 것이다.

　고레스에 대하여는 이르기를 내 목자라 그가 나의 모든 기쁨을 성취하리라 하며 예루살렘에 대하여는 이르기를 중건되리라 하며 성전에 대하여는 네 기초가 놓여지리라 하는 자니라(사 44:28)

　여호와께서 그의 기름 부음을 받은 고레스에게 이같이 말씀하시되 내가 그의 오른손을 붙들고 그 앞에 열국을 항복하게 하며 내가 왕들의 허리를 풀어 그 앞에 문들을 열고 성문들이 닫히지 못하게 하리라 내가 너보다 앞서 가서 험한 곳을 평탄하게 하며 놋문을 쳐서 부수며 쇠빗장을 꺾고 네게 흑암 중의 보화와 은밀한 곳에 숨은 재물을 주어 네 이름을 부르는 자가 나 여호와 이스라

엘의 하나님인 줄을 네가 알게 하리라(사 45:1-3)

하지만 거짓 메시아들은 이런 성경의 분명한 진술을 무시하며 동방 또는 동방의 의인을 모두 자신에게 적용시킨다. 하지만 이는 성경을 자의적으로 해석한 것일 뿐, 결코 거짓 신들에 대한 예언이 아니다.

5장

구름 타고 오는 재림주

거짓 신들은 자신을 재림주로 주장한다. 언뜻 볼 때 말도 안 되는 것 같은 주장을 어떻게 사람들이 믿고 따라갈까? 그 핵심에는 자신이야말로 성경에 예언한 대로 구름 타고 재림했다는 주장이 있다. 성경은 예수 그리스도의 재림을 다음과 같이 예언한다.

> 그 때에 인자가 <u>구름을 타고 큰 권능과 영광으로 오는 것</u>을 사람들이 보리라 (막 13:26)

> 예수께서 이르시되 내가 그니라 인자가 권능자의 우편에 앉은 것과 하늘 <u>구름을 타고 오는 것</u>을 너희가 보리라 하시니(막 14:62)

> 볼지어다 그가 <u>구름을 타고 오시리라</u> 각 사람의 눈이 그를 보겠고 그를 찌른 자들도 볼 것이요 땅에 있는 모든 족속이 그로 말미암아 애곡하리니 그러하리라 아멘(계 1:7)

거짓 신들은 이 구절에 대해 '사람이 구름을 타는 것이 말이 되느냐'고 반문한다. 사람이 구름을 탈 수 없는데 구름을 탄다고 하면 이

치에 맞지 않는다. 그렇다면 이를 어떻게 보아야 할까? 결국, 이들의 주장은 성경이 비유로 비밀을 감추어 두었기 때문에 이를 비유의 렌즈로 보아야 그 내밀한 비밀을 파악할 수 있다는 것이다. 그렇다면 비유에서 '구름'은 무엇을 상징할까?

'구름'은 '영'을 비유한 것이다. 예수가 구름을 타고 승천한 것은 영체로 올라간 것이고, 구름 타고 재림하는 것은 초림 때처럼 예수의 영이 한 인간의 육체에 임하여 오는 것이라 주장한다. 하지만 영은 눈으로 볼 수 없고 분별할 수 없다. 그렇다면 어떻게 분별할 수 있을까? 그래서 가짜 신들은 영이 들어 쓰는 육체에서 나오는 말을 들어보라고 한다. 이들은 요한복음 6장 63절의 "내가 너희에게 이른 말은 영이요 생명이라"라는 말씀을 인용하며, 말이 곧 영이고 영이 곧 말이기에 말을 통해 영을 분별해야 한다고 주장한다.[1] 그 입에서 감추어진 비밀의 계시가 나오는지, 마지막 시대의 비유와 요한계시록이 풀리는지를 분별해 보라는 것이다. 하지만 성경에서 예수께서 구름을 타는 것은 말이 안 되는 것이 아니라 신적 능력을 드러내는 것이다. 예수께서는 그런 능력으로 물 위를 걸었다(막 6:50). 물 위를 걸으신 예수께서 구름을 타는 것은 성자의 신적 능력으로 충분히 가능한 일이다.

어떤 가짜 신들은 '구름'은 '육체'를 비유한 것이라 주장한다. 따라서 재림주가 구름을 타고 온다는 것은 육신을 입고 온다는 것을 뜻한다고 한다. 이들은 다음과 같은 성경 구절을 인용한다.

---

1 김건남, 김병희, 『신탄』 (과천: 도서출판신천지, 1985), 354.

이러므로 우리에게 구름 같이 둘러싼 허다한 증인들이 있으니(히 12:1)

'구름 같이'란 구름이 빽빽한 것처럼 사람이 많다는 의미다. 따라서 '구름 같이 둘러쌌다'라는 것은 수많은 육체들 곧 증인들이 둘러쌌다는 의미이므로 구름은 육체를 비유한 것이라고 주장한다.[2] 또 다음의 구절도 인용한다.

그들은 기탄 없이 너희와 함께 먹으니 너희의 애찬에 암초요 자기 몸만 기르는 목자요 바람에 불려가는 물 없는 구름이요 죽고 또 죽어 뿌리까지 뽑힌 열매 없는 가을 나무요(유 1:12)

여기서 자기 몸만 기르는 목자를 '구름'이라고 했으니 구름은 육체를 말한다는 것이다. 성경에 나오는 구름을 육체로 해석하는 것은 국어 실력의 문제다. '구름 같이 둘러쌌다'는 것은 구름이 자욱하게 낀 것처럼 수많은 사람들이 빽빽하게 둘러쌌다는 것은 맞지만, 그렇다고 그런 특징을 묘사하기 위해 '구름 같이'라는 표현을 사용한 것을 구름이, 곧 육체라고 규정하는 것은 문해력이 한참 부족하다는 것을 드러낼 뿐이다. '~같이'는 특징의 한 부분을 빗대는 표현이지, 똑같다는 뜻이 아니다. 만약 어떤 사람이 '혜성같이' 등장했다면, 그가 '혜성'인가? 그것은 혜성이 갑작스럽게 출현하여 밝게 비추는 것처럼, 어떤 사람이 특정 분야에 갑자기 나타나 뛰어나게 드러나는 것을 비유적으로 나타내는 표현일 뿐이다.

---

2 양형주, 『바이블 백신 2』 (서울: 홍성사, 2019), 51.

만약 그들의 주장대로라면 이스라엘 백성들이 출애굽 해서 광야에서 만난 구름 기둥(출 13:21)은 육체로 쌓아 올린 인간 기둥인가? 또 변화산에서 제자들을 덮은 구름(눅 9:34-35)은 제자들을 덮친 어떤 육체를 가리키는가? 결국, 교주가 구름 타고 왔다는 주장은 자의적인 해석에 기초한 잘못된 주장이다.

6장

세례요한의 불신앙

세례요한은 예수의 공생애 이전에 먼저 유대 광야에 혜성같이 나타나 예수의 앞길을 준비했던 구약 시대 마지막 선지자다. 예수의 길을 예비했다면 훌륭한 선지자가 아닐까? 하지만 거짓 신들은 세례요한을 부정적으로 평가한다. 부정적이다 못해 그를 지옥에 간 배신자 취급한다. 거짓 신들이 세례요한을 배신자 취급하는 이유가 무엇인가? 그것은 신약 시대에 세례요한이 출현했던 것처럼, 오늘날 재림 메시아의 시대에도 자기 길을 준비했던 길 예비 사자가 있었다는 주장을 하기 위해서다. 그렇다면 그들의 길을 예비했던 사자는 누구일까? 바로 그들이 이전에 몸담고 있던 이단 단체의 선배 교주다. 결국, 세례요한을 부정적으로 평가하고, 천국에 가지 못하고 지옥에 갔다고까지 주장하는 이유는 자신이 처음 배웠던 선배 교주를 부정적으로 평가하고 그를 자신의 활동에서 지우기 위함이다.

우리나라는 사회적으로도 유달리 전임자 지우기를 많이 하지 않는가? 지도자가 세워지면 이전 지도자를 폄훼하고 그의 흔적을 지우려고 안간힘을 쓰는 경우가 많다. 그래서 그런지 우리나라는 이전 대통령들 가운데 감옥에 간 이들이 참 많다.

이단 교주들이 세례요한이 지옥에 갔다고 주장하는 근거들은 대략 다음과 같다.[1]

첫째, 세례요한은 예수와 분리하여 따로 세례를 주었다. 즉 예수와 하나 되지 않고 딴 살림을 차린 것이다.

둘째, 그는 쓸데없이 헤롯왕의 연애사에 간섭하여 예수를 위하여 바쳐야 할 그의 목숨마저 별로 가치 없는 일에 희생하고 말았다. 세례요한은 헤롯왕에게 동생 빌립의 아내였던 헤로디아를 취한 것을 책망하다 결국 잡혀 들어갔다(마 14:3-4).

셋째, 세례요한은 예수를 의심하였다. 그는 자기 제자들을 예수께 보내어 "오실 그이가 당신이오리이까 우리가 다른 이를 기다리오리이까"라고 물으며 의심하였다(마 11:3).

넷째, 예수께서는 그런 그를 "바람에 흔들리는 갈대"라고 하셨다(마 11:7).

다섯째, 예수께서는 세례요한에 대해 다음과 같이 평가하셨다.

> 내가 진실로 너희에게 말하노니 여자가 낳은 자 중에 세례 요한보다 큰 이가 일어남이 없도다 그러나 천국에서는 극히 작은 자라도 그보다 크니라(마 11:11)

여섯째, 세례요한은 예수님을 제대로 모시지 못해 결국 베드로에게 수제자 자리를 빼앗겼다. 예수께서는 "세례 요한의 때부터 지금까지 천국은 침노를 당하나니 침노하는 자는 빼앗느니라"라고 하셨다

---

1 문선명, 『원리강론』 (서울: 성화사, 1978), 166-170.

(마 11:12). 세례요한은 결국 수제자 자리를 침노한 베드로에게 빼앗긴 바 되었다. 어떤 이단 단체는 천국을 침노한 이들이 바리새인, 서기관이라 해석하기도 한다.

이단 단체마다 주장하는 이유는 조금씩 차이가 있지만, 대략 여기서 크게 벗어나지 않는다. 과연 이러한 주장이 얼마나 타당할까?[2]

첫째, 세례요한은 예수께서 세례를 베푸시기 전부터 세례를 베풀고 있었고, 예수도 세례요한에게 세례를 받으셨다. 이후 예수께서는 새롭게 세례를 베풀기 시작했다. 그러자 사람들이 모두 예수께로 몰렸다. 그런 모습을 보고 세례요한은 이렇게 고백했다. "나는 그리스도가 아니요, 그의 앞에 보내심을 받은 자일뿐이다. 그는 흥하여야 하겠고 나는 쇠하여야 하리라"(요 3:28, 30). 그는 예수의 세례 사역을 환영했고, 그의 사역은 흥해야 하고 자신은 쇠해야 마땅하다고 고백했다.

둘째, 세례요한이 헤롯이 동생 빌립의 아내 헤로디아를 취한 것을 옳지 않다고 한 것은 선지자가 해야 할 마땅한 사명이었다. 성경은 분명 왕은 아내를 많이 두지 말 것(신 17:16-17)과 특히 형제의 아내를 취하는 것을 금지하였다(레 18:16-17). 예전에 다윗이 부하 우리야의 아내 밧세바를 취하자, 나단 선지자는 다윗에게 가서 그가 하나님께 범죄하였다고 책망하였다(삼하 12:1-15). 세례요한은 하나님의 선지자로서 마땅히 해야 할 일을 했던 것이다.

셋째, 세례요한이 잠시 흔들릴 수 있다. 그러나 이것이 지옥에 갈

---

2 양형주, 『신천지 돌발 질문에 대한 친절한 답변』 (서울: 기독교포털뉴스, 2022), 121-128.

만큼 큰 죄는 아니다. 예수께서는 세례요한이 그의 제자들을 보내어 질문한 것에 대해 친절하게 답변해 주셨다(마 11:4-6). 예수께서는 자신의 부활을 의심하는 도마에게 찾아가 그의 믿음을 굳건하게 하시고(요 20:27), 심지어는 자신을 세 번이나 부인하고 저주했던 베드로에게 다시 찾아가셔서 '네가 나를 사랑하느냐'고 물으시며 그의 신앙을 회복시켜 주셨다(요 21:15-22).

넷째, 예수께서는 세례요한을 '바람에 흔들리는 갈대'라고 하지 않으셨다. 이 문장을 자세히 보면 질문이다. 이것을 새번역 성경으로 보면 다음과 같다.

> 이들이 떠나갈 때에, 예수께서 무리에게 요한을 두고 말씀하셨다. "너희는 무엇을 보러 광야에 나갔더냐? 바람에 흔들리는 갈대냐? 아니면, 무엇을 보러 나갔더냐? 화려한 옷을 입은 사람이냐? 화려한 옷을 입은 사람은 왕궁에 있다.(마 11:7-8, 새번역)

예수님은 요단강가에 '바람에 흔들리는 갈대를 보러 갔느냐'고 물어보신 것이지, 결코 세례요한을 흔들리는 갈대라고 책망하지 않으셨다. 이것은 문해력이 부족해서 본문의 의미를 곡해한 것이다.

다섯째, 예수님의 이 모든 평가는 '천국에서' 일어난 것이다. 따라서 세례요한은 지옥에 가지 않았다.

여섯째, 천국이 침노당한다는 것은 천국이 적극적으로 힘 있게 진입한다는 뜻이지, 천국을 침노자에게 빼앗겼다는 뜻이 아니다.

7장

초림 예수의 실패

대부분의 가짜 메시아들은 자신을 이 시대의 구원자요 재림 그리스도로 나타내기 위해 예수의 사역을 격하시킨다. 이들은 예수께서 십자가를 지신 것은 우리의 죄를 위해 죽으신 것이 아니라, 억울하게 죽임을 당한 것이라고 주장한다. 바리새인과 서기관과 같은 대적자의 무지와 불신의 결과로 말미암아 죽임당했다는 것이다. 따라서 예수께서는 하나님의 뜻을 다 이루지 못하고 돌아가신 것이며, 이제 예수의 남은 사역을 자신이 이루어야 한다고 주장한다.

하지만, 성경은 예수의 죽음이 실패가 아니라 도리어 예수께서 이 땅에 오신 목적을 완전히 성취한 것이요, 이 세상의 죄와 사망의 권세에 대한 하나님의 승리라고 진술한다.

예수께서 태어나기 전, 천사가 마리아에게 나타나 예고했던 말을 주목해 보자.

> 아들을 낳으리니 이름을 예수라 하라 이는 그가 자기 백성을 그들의 죄에서 구원할 자이심이라 하니라(마 1:21)

예수께서는 사람들을 죄에서 구원하고자 이 땅에 오셨다. 예수께서는 자신이 오신 목적을 다음과 같이 명확하게 진술하신 바 있다.

> 인자가 온 것은 섬김을 받으려 함이 아니라 도리어 섬기려 하고 자기 목숨을 많은 사람의 대속물로 주려 함이니라(마 20:28, 막 10:45)

자기 자신을 내어주고 목숨을 대속물로 내어주기 위해 오신 것이다. 대속물이란 누군가의 죄를 대신하여 값을 치르기 위한 희생제물을 뜻한다. 죄는 값을 치러야 한다. 그리고 그 죗값은 생명으로 치러야 한다. 성경에 따르면 피는 곧 생명이다(신 12:23; 레 17:11; 14). 그래서 피 흘림이 없으면 죄 사함이 없다(히 9:22). 그런데 예수께서는 모든 사람을 대신하여 자신을 생명의 대속물로 내어주기 위해 오셨다고 선언하셨다(막 10:45; 마 20:28). 이후, 예수께서는 제자들에게 자신이 세상 죄를 위해 십자가를 지고 죽임을 당할 것을 무려 세 번이나 예고하셨다(마 16:21; 17:22-23; 20:17-19). 그리고 십자가에 죽으실 때 다음과 같이 말씀하셨다. "다 이루었다"(요 19:30) 즉 예수의 십자가 죽음은 실패가 아니라 자신이 오신 목적, 곧 인류의 죄를 사하기 위한 목적을 다 이루신, 완전한 성취였던 것이다. 이는 예수 자신이 스스로에 대해 예고하셨던 예언의 완전한 성취이다.

8장

감추어진 천국 비밀, 비유

비유는 설명하려는 어떤 것을 쉽게 이해하도록 그와 비슷한 다른 사물이나 현상에 빗대어 표현하는 것이다. 예를 들어 낫 놓고 기역 자를 설명하는 것과 같다. 따라서 비유는 기본적으로 쉬운 것이다. 하지만, 많은 가짜 메시아들은 비유에 특별한 의미를 부여한다. 비유야말로 지금까지 감추어진 하나님 나라의 비밀이라는 것이다. 이것이 풀어져 하나님 나라의 비밀이 드러날 때가 바로 마지막 때인데, 그때가 곧 지금이라는 것이다. 이들의 주장을 살펴보자.

> 성경의 근본은 비유와 상징이다. 모든 비유는 사람을 두고 만물을 들어 하신 것이다. 이 비유를 통해서 하나님은 뜻과 비밀을 말씀하신다. 그러므로 이 성경 속의 비유의 근본을 풀어야 그 실체를 알 수가 있고 하나님의 뜻도 분별하는 법이다(마 13:34).[1] 성경의 모든 비밀은 비유로 인봉(印封)되어 있다.[2]

> 성경은 비유와 비사로 기록되었다. 우리가 비유와 비사를 단순히 문자적으로

---

1 세계청년대학생MS연맹, 『입문편』 (서울: 세계청년대학생MS연맹 기획실), 11.
2 정명석, 『비유론』 (서울: 도서출판 명, 1998), 12.

보게 되면 그 뜻을 결코 깨달을 수 없다. 왜냐하면 비유와 비사에는 하나의 암호와 같은 비밀이 숨겨지고 감추어져 있기 때문이다(마 13:34).[3]

예수께서 요한복음 16장 25절에 증거하신 말씀과 같이, 나, 너희들에게 말하노라. 내가 입을 열어서 비유와 비사가 아니고서는 너희들에게 아무것도 증거하지 아니하리라. 그러나 마지막 때가 이르면 이 비유와 비사와 상징적인 표현을 분명히 밝히리라.[4]

성경의 비유는 장래 일을 사물, 인명, 지명, 국명, 역사적 사건 등을 빙자해서 기록한 것이다. 예수님이 초림 때 비유로 말씀하신 이유는 구약 선지자로 하신 말씀을 이루기 위함이요, 천국의 비밀을 대적에게 감추기 위함이다(마 13:34). 비유로 감추어진 천국 비밀의 실체는 예언이 성취되어야 그 실체를 알 수 있다(요 16:25).[5]

가짜 신들은 자신이 특별하게 받은 계시로써 비유 풀이를 제시한다. 하지만 이런 비유 풀이는 대부분이 알레고리(일명 영해로서 표면적 단어의 이면에 일일이 영적 의미가 있다는 해석법)적 해석이다. 성경에는 알레고리적 비유도 나오지만, 알레고리가 비유의 전부는 아니다. 성경에는 직유나 은유, 또 전체의 이야기가 하나의 비유인 우화 등 다양한 비유가 등장한다. 우화적 비유 이야기의 특징은 이야기의 서두나 결론 부분에 그 이야기가 전하려는 핵심 메시지를 밝힌

---

3 김풍일, 『천당 사기꾼』 (서울: 실로출판사, 1992), 16-17.
4 유재열, 『영원한 생명: 장막성전 유재열 교주의 설교』, 12.
5 신천지총회교육부, 『비유풀이 속책자』 (과천: 도서출판신천지, 2022), 9.

다는 사실이다.

예를 들어 누가복음 18장 1-8절에 나오는 과부와 재판장 비유의 이야기는 서두에 핵심 의미를 밝혀 놓았다.

> 예수께서 그들에게 항상 기도하고 낙심하지 말아야 할 것을 비유로 말씀하여(눅 18:1)

이 비유 이야기를 정확하게 해석하려면, 1절이 말씀하는 기도하고 낙심하지 말아야 한다는 교훈을 전체 이야기 속에서 놓쳐서는 안 된다. 만약 여기서 '과부'가 상징하는 것은 무엇이고, 재판장은 무엇이며, 원수는 누구이고, 도시는 무엇인가 하는 식으로 따지고 들어가면 자칫 비유의 본래 의도에서 많이 벗어나게 된다. 따라서 비유는 모든 단어를 알레고리적으로 풀어서는 안 된다.

만약 알레고리적으로 풀어야 할 필요성이 있다면, 성경이 풀어주는 알레고리 해석 이상으로 넘어가서는 안 된다. 예를 들어 알곡과 가라지 비유(마 13:24-30)의 경우, 예수께서 풀어주신 해석(13:36-43) 이상을 넘어가서는 안 된다. 예수께서는 좋은 씨를 무엇이라 해석했는가? 천국의 아들들로 해석했다. 하지만 많은 가짜 메시아들은 '씨'를 '말씀'(눅 8:11)으로만 해석하여 여기서 좋은 씨는 좋은 말씀, 곧 진리라고 해석한다. 하지만 이것은 교묘하게 예수께서 풀어주신 본래의 의도를 넘어가는 것이다. 따라서 성경의 범위를 넘어가는 알레고리적 비유 해석에는 늘 비유의 본뜻을 왜곡하고 가짜 신의 거짓 주장을 그럴듯하게 정당화하려는 악한 의도가 담겼음을 간파

해야 한다.

마태복음에 나오는 열 처녀의 비유(마 25:1-13)도 마찬가지다. 예수께서는 25장 1-13절까지, 전체 이야기의 핵심 메시지로 13절 말씀, "그런즉 깨어 있으라 너희는 그 날과 그 때를 알지 못하느니라"라는 말씀을 제시한다. 이 말씀이 열 처녀 비유의 결론인 것이다. 하지만, 여러 가짜 신들은 기름이 자신이 전하는 말씀이니 기름 파는 자인 자신에게 와서 기름을 사야 한다고 주장한다. 그러나 이는 성경의 범위를 넘어가는 알레고리적 해석이다. 그렇게 되면 게으른 처녀와 기름 파는 자는 모두 천국에 못 들어가게 된다. 원래 비유가 의도하지 않던 전혀 엉뚱한 결론으로 치닫게 되는 것이다.

결국, 가짜 신들의 알레고리적 비유 풀이는 성경의 비유가 자신을 가리키고 있다는 것을 교묘하게 설득하기 위한 도구에 불과하다.

9장

계시록의 인 떼는 자

여러 가짜 신들은 자신을 성경의 제일 마지막 책인 요한계시록에 정통한 자로 자처한다. 계시록은 지난 2천 년간 인봉되어 있었던 것이고, 천사가 자신에게 하늘의 계시록 두루마리를 먹여주는 신비로운 체험을 했다고 한다. 이들이 종종 사용하는 계시록 본문은 다음과 같다.

하늘에서 나서 내게 들리던 음성이 또 내게 말하여 가로되 네가 가서 바다와 땅을 밟고 섰는 천사의 손에 펴 놓인 책을 가지라 하기로 내가 천사에게 나아가 작은 책을 달라 한즉 천사가 가로되 갖다 먹어버리라 네 배에는 쓰나 네 입에는 꿀 같이 달리라 하거늘 내가 천사의 손에서 작은 책을 갖다 먹어버리니 내 입에는 꿀 같이 다나 먹은 후에 내 배에서는 쓰게 되더라 저가 내게 말하기를 네가 많은 백성과 나라와 방언과 임금에게 다시 예언하여야 하리라 하더라(계 10:8-11)

이를 쉬운 우리말로 번역한 새번역 성경은 다음과 같이 진술한다.

하늘로부터 들려 온 그 음성이 다시 내게 말하였습니다. "너는 가서, 바다와 땅을 밟고 서 있는 그 천사의 손에 펴 있는 작은 두루마리를 받아라." 그래서 내가 그 천사에게로 가서, 그 작은 두루마리를 달라고 하니, 그는 나에게 말하기를 "이것을 받아먹어라. 이것은 너의 배에는 쓰겠지만, 너의 입에는 꿀 같이 달 것이다" 하였습니다. 나는 그 천사의 손에서 그 작은 두루마리를 받아서 삼켰습니다. 그것이 내 입에는 꿀같이 달았으나, 먹고 나니, 뱃속은 쓰라렸습니다. 그 때에 "너는 여러 백성과 민족과 언어와 왕들에 관해서 다시 예언을 하여야 한다" 하는 음성이 내게 들려왔습니다(계 10:8-11, 새번역)

　이처럼 가짜 신은 자신이 하늘에 있는 성경 두루마리를 받아먹고 난 이후로부터 성경과 계시록을 통달하게 되었다고 주장한다. 어떤 이는 성경을 2천 독 하다가 통달하게 되었고, 또 어떤 이는 요한계시록을 1만 독 하다가 통달했다고 한다.

　문제는 이들 신들이 계시받았다고 쓴 책들을 보면, 이전에 몸담았던 다른 가짜 신들의 교리서들을 그대로 베끼거나 짜깁기했다는 사실이다. 이들은 특별한 계시를 받은 것이 아니라, 특별한 계시를 받았다고 주장하는 선배 교주들의 책들을 베끼고 편집했던 종교 사기꾼에 불과하다. 이들은 계시록의 인을 뗀 자가 아니고, 다른 선배 교주들의 교리를 짜깁기한 자들이다.

　그렇다면 계시록은 과연 봉함된 책인가, 그것은 누가 뗄 자격이 있고 누가 뗐을까?

　우선 계시록이 봉함됐다는 사고는 구약 다니엘서 8장, 12장을 배경으로 한다. "그가 내가 선 곳으로 나왔는데 그가 나올 때에 내가 두려워서 얼굴을 땅에 대고 엎드리매 그가 내게 이르되 인자야 깨달아 알라 이 환상은 정한 때 끝에 관한 것이니라"(단 8:17), "이르되 진노

하시는 때가 마친 후에 될 일을 내가 네게 알게 하리니 이 환상은 정한 때 끝에 관한 것임이라"(단 8:19), "이미 말한 바 주야에 대한 환상은 확실하니 너는 그 환상을 간직하라 이는 여러 날 후의 일임이라 하더라"(단 8:26). "다니엘아 마지막 때까지 이 말을 간수하고 이 글을 봉함하라 많은 사람이 빨리 왕래하며 지식이 더하리라"(단 12:4). "그가 가로되 다니엘아 갈지어다 대저 이 말은 마지막 때까지 간수하고 봉함할 것임이니라"(단 12:9).

종말의 때까지 다니엘에게 약속한 하나님 나라의 도래는 성취되지 않는다. 그때까지는 봉함됐다. 이 말은 바꿔 말하면 종말이 되면, 마지막 때가 되면 간수하고 봉함됐던 하나님 나라의 비밀의 인봉이 완전히 떼어진다는 것이다. 그렇다면 언제가 종말이고 언제가 마지막 때인가? 신천지가 설립된 1980년일까? 아니면 유재열이 계시의 말씀을 받아먹었다는 1966년일까? 아니다!

성경에서 종말, 마지막 때는 예수 그리스도의 초림에서부터 재림까지의 기간을 의미한다. 이미 성경은 예수 그리스도가 계시하신 그때부터를 '이 모든 날의 마지막'이라고 말씀한다(히 1:2). 그리고 인봉을 떼신 분을 '어린양'이라고 명시한다.

사도 요한이 운다. 왜 울까? 보좌에 앉으신 이의 너무도 두려운 그 자리, 아무도 범접할 수 없는 신성불가침의 영역인 하나님의 오른손에 일곱 인으로 봉한 두루마리가 있기 때문이다(계 5:1). 그러니 두루마리를 떼거나 펼 자가 아무도 없다. 하늘 위, 땅 위, 땅 아래 그 어느 곳에도(계 5:3) 없다. 그 두루마리를 뗄 자가 아무도 없으니 운 것이다. 그 두루마리 안에 모든 성도가 알아야 할 '이후에 마땅히 일어날 일'(계 4:1)들이 기록돼 있을 텐데 아무도 손댈 수 없는 영역에 있으니 답답함에 오열한다.

그런데 일곱 인으로 봉한 두루마리를 뗄 만한 자격을 갖춘 존재가 등장한다. 그는 유대 지파의 사자, 다윗의 뿌리여야 한다(계 5:5), 하나님의 오른손에 두루마리가 있으니 인봉을 떼는 자는 하나님과 동등하거나 하나님이어야 한다(계 5:7). 죽임을 당하사… 사람들을 피로 사서 하나님께 드린 존재여야 한다(계 1:5, 5:6). 이 조건에 해당하는 존재를 요한계시록은 '어린양'으로 상징되는 예수 그리스도라고 명시한다. 어린양이 분명히 인을 떼고, 풀어서 열어 놓았다고 성경은 말씀한다.

어린양이신 예수님께서 열어 놓으셨는데 닫았다고 주장하면 이는 예수님의 능력을 매우 폄하고 무시하는 행위다. 이는 예수님을 실패자라고 주장하는 것과 다를 바가 없다. 그러나 성경은 어린양이 일곱 인으로 봉한 책의 봉인을 이미 떼셨다고 말씀한다. 인 떼는 자는 다른 이가 아닌 오직 어린양이신 예수 그리스도시다.

10장

임박한 종말

가짜 재림주들은 자신이 마지막 시대에 구원자로 왔고, 이제 자신이 이룰 구원 역사가 거의 완성되었기에 이 세상의 마지막이 얼마 남지 않았다고 주장하며 긴박감을 조장한다. 이 말에 가짜 재림주를 따르는 이들이 자신의 재산을 처분하고, 직장과 학업을 내려놓는다. 심지어는 가족과의 관계도 단절하며 가짜 신의 가르침을 따라 포교 활동에 열을 내도록 한다. 포교를 통해 사람들이 가짜 재림주를 따르게 되어, 계시록에 진술된 14만 4천이 차면 세상의 끝이 온다고 믿기 때문이다. 이런 급박한 심리를 이용하여 가짜 재림주들은 자신을 따르는 이들에게 종말을 앞당기기 위해서라도 더욱 포교 활동에 열을 내도록 몰아간다. 마치 1-2년 안에 세상이 끝날 것 같은 공포감을 조성하며 재산을 헌납하고 포교 활동에 매진하도록 몰아간다. 하지만, 종말을 외치는 가짜 재림주들의 주장과 달리, 그 어떤 이단 사이비 단체도 그들이 주장하는 종말을 아직까지 맞이하지 못했다. 그들은 우주적인 대 파국과 종말 이전에 오히려 개인적인 종말을 먼저 맞이하고 세상을 떠났다.

임박한 종말을 이야기할 때 가짜 재림주들이 늘 단골 메뉴처럼 사용하는 성경 구절이 마태복음 24장 32절 이하의 말씀이다.

> 무화과나무의 비유를 배우라 그 가지가 연하여지고 잎사귀를 내면 여름이 가까운 줄을 아나니 이와 같이 너희도 이 모든 일을 보거든 인자가 가까이 곧 문 앞에 이른 줄 알라 내가 진실로 너희에게 말하노니 이 세대가 지나가기 전에 이 일이 다 일어나리라(마 24:32-34)

본래 이 구절은 예수께서 앞서 종말의 징조를 말씀하신 후, 마치 무화과나무 가지가 연하여지고 잎사귀를 내면 더운 여름이 다가오는 것을 알아차리는 것처럼 예수께서 말씀하신 징조들이 나타나면 종말이 가까이 옴을 알아차리라는 말씀이다. 따라서 33절의 "이와 같이"라는 말은, '무화과나무가 시간이 지나며 성장의 변화를 겪는 것과 같이'라는 뜻이다.

하지만, 가짜 재림주들은 이 구절들을 대부분 알레고리적으로 해석한다. 가짜 재림주들이 주장하는 알레고리적 비유 해석에 따르면 무화과나무는 이스라엘이다. 가지가 연해진다는 것은 죽은 것과 같았던 무화과나무가 살아난다는 뜻으로, 이는 1948년에 일어난 이스라엘의 독립을 뜻한다. 잎사귀가 난다는 것은 이스라엘로 돌아오는 이들이 점점 많아진다는 뜻이다. 그런데 이런 종말은 한 세대가 지나기 전에 일어난다. 한 세대는 이스라엘이 광야 생활 40년 동안 출애굽한 사람은 다 죽었기에, 보통 40년으로 계산한다. 그렇다면 종말의 때는 1948년 이스라엘이 독립한 해에 40년을 더하면 일어난다.

1948년(이스라엘 독립) + 40년(한 세대) = 1988년

이러한 해석에 기초하여 실제로 어떤 단체는 1988년에 종말이 온다고 하며 올림픽 폐막식에 몰려간 적이 있었다. 왜 올림픽 폐막식인가? 예수의 재림이 모든 족속들이 보는 가운데 일어난다고 말하기 때문이다.

> 그 때에 땅의 모든 족속들이 통곡하며 그들이 인자가 구름을 타고 능력과 큰 영광으로 오는 것을 보리라(마 24:30)

모든 족속들이 볼 수 있는 때가 올림픽 폐막식이 전 세계에 생중계될 때라는 것이다. 이때 많은 이들이 재산을 팔아 가짜 재림주에게 바치고는 공중으로 휴거되기 위해 올림픽 폐막식에 참석했다. 그러나 재림주가 예언했던 종말은 오지 않았다. 얼마나 마음의 상심이 컸을까? 이에 대해 거짓 재림주는 신도들이 가족의 구원을 위해 간절히 기도해서 그들을 구원할 기회를 주려고 재림을 연기했다고 하였다.

이처럼 거짓 재림주는 종종 임박한 종말의 날을 시한부로 이야기했다가 취소하곤 한다. 재림이 연기된 것은 신도들의 가족을 위한 간절한 기도 때문이라고 하거나, 때론 신도들이 제대로 포교 활동을 하지 않아 아직 구원받아야 할 숫자가 다 차지 못했기 때문이라고도 한다.

어떤 재림주는 날짜를 시한부로 정하지는 않지만, 자신의 말대로 하면 항상 1, 2년 안에 세상이 끝난다고 주장한다. 그러나 연말이 되면 신도들이 포교에 게으르고, 교주의 말대로 하지 않아서 결국 역사

완성을 하지 못했다고 호되게 질책한다. 이런 질책이 해마다 계속되며 신도들은 점차 지쳐간다.

11장

다른 구원

    거짓 신들은 자신이 이 시대에 구원을 가져다주는 구원자라고 주장한다. 하지만, 이들은 결국 성경이 가져다주는 구원과는 다른 구원을 가져다준다. 성경이 말하는 구원은 어떤 구원이며 어떻게 얻는 구원인가? 이는 죄로부터의 구원, 믿음으로 말미암는 구원, 그리스도 안에 거하는 구원, 하나님 나라에 들어가는 구원이다. 신약성경은 모든 사람이 범죄하였기에 하나님과의 관계가 끊어져 그 영광에 이르지 못하였음을 선언한다(롬 3:23). 인류는 자기 힘과 노력, 깨달음으로 스스로를 구원할 수 없다(롬 3:20). 구원에 관한 한 인류는 철저히 무능력하다.

    그래서 하나님은 인류의 구원을 위해 직접 구원의 길을 열었다. 그 아들 예수 그리스도를 이 땅에 보내어 인류를 대표하여 십자가에서 우리의 죗값을 치르게 하신 것이다(롬 5:8). 우리는 예수께서 치르신 대속의 죽음과 부활이 바로 우리를 위한 것임을 믿음으로 받아들이고 고백할 때 구원을 얻는다(롬 10:9). 예수를 마음에 영접하는 자, 곧 그 이름을 믿는 자에게는 하나님의 자녀가 되는 권세를 주셨다(요 1:12). 이것이 그리스도 예수를 믿음으로 말미암아 얻는 구원이다.

반면, 거짓 신들은 다른 구원을 가르친다. 거짓 신들은 자신이야말로 마지막 시대에 참된 구원을 가져왔다고 주장한다. 이를 주장하기 위해 가짜 신들은 예수께서 가져온 구원을 부정하려 한다. 그래서 예수를 한낱 초림 시대의 목자 정도로만 격하시킨다. 예수 그리스도는 그 사명을 완전히 다 이루지 못하고 실패한 분이라고 주장한다. 이 땅에 오셔서 하나님의 뜻을 이루어야 했는데, 억울하게 대적자들에게 붙잡혀 십자가에 달려 돌아가시느라 하나님의 뜻을 온전히 이루지 못했다는 것이다. 따라서 이 마지막 시대에 예수의 영이 자기에게 임하여, 예수께서 다 이루지 못한 구원의 역사를 자신이 이루었다고 주장한다.

그렇다면 거짓 신들이 외치는 구원은 어떤 구원인가? 거짓 신들이 외치는 구원은 결국 정통 기독교 교회로부터 나와 자기네 단체로 들어오는 것이다. 이들은 정통 기독교회가 부패했고 타락했기에 비진리로 가득하다고 주장한다. 정통 교회는 초림 시대에 사역을 완수하지 못하고 실패한 예수를 믿고 있기에 마지막 시대에 구원을 받지 못한다고 한다. 거짓 신들은 마지막 시대에는 구원자가 자신이고 또 자신이 세운 단체가 진리의 성읍이요 구원의 방주이기에 자기네 단체로 들어오는 것이 구원이라 주장한다. 결국, 자신이 이 시대의 보혜사요 구원자요 참된 목자임을 깨닫고, 또 그가 세운 단체가 성경대로 이룬 곳이자 계시록대로 성취된 곳임을 깨닫는 것이 진리이고, 그리로 들어가는 것이 구원이다.

그러나 그것이 끝이 아니다. 거짓 신들은 자신이 세운 소위 계시록대로 이루었다는 천국에 들어갔다 하더라도 그곳에서 받을 구원을 차등적으로 제시한다. 가장 영광스러운 구원은 천국 가장 상층부에 들어가는 구원이다. 이런 구원을 얻으려면 자기네 단체에서 더 열심히 해야 한다고 주장한다. 예를 들어 어떤 단체는 14만 4천의 왕 같은 제사장이 되는 것이 가장 영광스러운 구원이고, 그렇게 하려면 전도를 많이 해야 하고, 헌금 생활을 열심히 해야 하고, 예배와 각종 교육에 빠지면 안 된다고 주장한다. 많은 거짓 신들의 단체가 전도 열매가 없으면 영광스러운 구원을 얻는 것에 치명적인 결함이 있는 것으로 주장한다. 이는 수단과 방법을 가리지 않는 맹목적인 전도로 이어진다.

어떤 거짓 신은 신도들로 하여금 끊임없이 자신의 가르침을 외우고 잊지 말아야 한다고 하며, 이마에 성경의 인을 맞아야 한다고 주장한다. 그래서 끊임없이 '인 맞음 시험'을 시행하여 성도들을 긴장하게 한다. 그뿐만이 아니다. 이들은 자기네 조직을 위해 생업을 뒤로하고 '올인'하는 것을 구원의 조건으로 새롭게 제시한다. 결국, 성경이 말하는 구원으로는 충분치 않다는 것이다. 하지만 성경은 분명히 말한다. 구원은 믿음으로 말미암는 은혜의 선물이다(엡 2:8-9). 이런 구원은 우리의 힘과 노력에서 나오는 것이 아니라 오직 믿는 자들에게 하나님의 선물로 주어진다. 반면 거짓 신들은 착취에 가까운 높은 수준의 헌신을 구원의 조건으로 제시하며, 다른 거짓 구원을 부추긴다.

12장

구원의 방주

거짓 신들을 따르는 이들은 거짓 신이 세운 단체야말로 마지막 시대의 참된 교회요, 구원의 방주라는 확신을 갖는다. 자기네 단체에만 일반 기성 교회가 모르는 참 진리가 있기에 참 구원이 있고 참 복음이 있다는 것이다. 거짓 신들은 진리가 없는 기성 교회에는 구원이 없다고 주장한다. 그리고 그곳에서 속히 나와야 한다고 주장한다. 이를 위해 이들이 가장 흔하게 인용하는 구절이 요한계시록 18장이다.

> 내 백성아 거기서 나와 그의 죄에 참여하지 말고 그가 받을 재앙들을 받지 말라(계 18:4)

가짜 신들은 여기 있는 "거기서 나와"라는 말을 기성 교회에서 나오란 뜻으로 사용한다. 거짓 신들은 사람들을 기성 교회에서 꺼내오기 위해 기성 교회가 진리가 없고 사랑이 없다고 비난한다. 그뿐만이 아니다. 기성 교회를 섬기는 목회자를 거짓 목자이며 부정부패가 만연한 비진리의 목자라고 폄훼한다. 따라서 참 진리와 참 목자가 있는 자기네 단체로 와야 한다고 주장한다.

더 나아가 이단 단체들은 자기네 단체는 종말에 이루어질 천국과 같은 장소라고 주장한다. 이곳이야말로 새 하늘과 새 땅이요, 하나님의 왕국이며, 참된 하나님의 교회라고 주장한다. 거짓 신들은 이곳에 들어오기 위해 가족과의 결별도 서슴없이 단행하라고 주장한다. 여기에 들어와 구원 얻기 위해 가정도, 직장도, 학교도 모든 것을 포기하고 인생을 걸라고 촉구한다. 더 나아가 이들은 자기네 단체의 교적부를 '생명책'이라고 주장한다. 이들은 자기네 단체를 떠나면 생명책에서 지워지고 구원이 없다고 하면서 단체를 떠나려는 이들을 겁박하기도 한다.

가짜 신들은 자기가 세운 단체의 특별함을 주장하기 위해 종말의 휴거는 자기네 교회에만 일어난다고 주장한다. 따라서 자기네 교회 안에 머물러 있는 이들은 모두 자기네 지도자와 함께 휴거 받고 구원 받지만, 자기네 교회를 벗어나면 구원받지 못한다고 한다. 어떤 거짓 신은 자기네 단체를 나가면 일곱 귀신이 들어 저주받고 인생이 파탄에 처한다고 하여, 단체를 나가는 것 자체를 두렵게 만든다. 이런 이야기를 귀에 딱지가 앉도록 듣다 보면, 나중에 자신이 다니던 단체가 잘못된 곳임을 깨달아도 '혹시 이렇게 나갔다가 저주를 받는 것이 아닐까, 일곱 귀신이 들어오는 것이 아닐까' 하는 두려움으로 주저하는 경우가 많다.

13장

선악과: 인터넷과 언론 차단

가짜 신들은 신도들의 인터넷과 언론 접촉을 금지한다. 이런 매체들을 통하여 자기네 단체에 대한 부정적인 소식을 접하고 떠나는 사람들을 막기 위해서다. 그래서 이들은 인터넷에 떠도는 자기네 단체에 대한 소식과 보도를 선악과라 규정하고 이를 금지한다. 아담과 하와가 선악과를 먹고 죽었듯이 인터넷을 접하면 선악과를 먹은 것과 같이 그 영이 죽는다는 것이다. 이들은 선악과를 선과 악이 섞여 있는 열매라고 주장하며, 겉으로 볼 때는 그럴듯하지만 그 안에 독이 있어 결국 영을 죽인다고 한다.

가짜 신을 따르는 이들은 이단 단체로부터 인터넷과 언론 보도는 다 그럴듯하게 조작된 자료이며 날조한 거짓 자료라고 교육받는다. 그리고 이런 거짓된 선악과를 따먹지 말라고 거의 매주 세뇌한다. 이런 이유로 가족들이 가짜 신을 따르는 이들에게 아무리 언론의 보도를 보여주고 객관적으로 생각해 보라고 해도 신도들은 그것은 다 조작된 것이고 가짜라고 하며 보기를 거부한다. 이런 자료들을 들이미는 순간 이들은 '아! 이 사람이 나에게 선악과를 먹이려 하는구나' 생각하고 마음 문을 닫는다.

넷플릭스 다큐멘터리 〈나는 신이다〉에서 거짓 신을 따르며 이 단체에 몸담았던 신도들의 증언을 들어보면, 하나같이 이단 단체에서는 언론 보도를 보지 말 것을 계속 지시했던 것을 알 수 있다. 이들은 언론 보도를 스스로 차단하며 객관적인 판단을 거부한다. 결국, 이단 단체에서 하는 말만 들으며 그들이 하라는 대로 움직이는 꼭두각시가 된다.

한 가지 오해하지 말아야 할 것은 선악과는 선과 악이 섞여 있는 열매가 아니라는 점이다. 선악과는 선과 악을 분별하게 해주는 열매다. 실제로 아담과 하와가 선악과를 먹자, 그들의 눈이 밝아졌다. 문제는 선악을 분별하는 눈이 너무나 밝아져 그동안 괜찮다고 생각했던 각자의 상태가 도저히 눈 뜨고 보기 어려울 정도가 되었다는 점이다. 하나님이 선악과를 금지하신 것은 사람이 이런 선악의 기준을 인간 스스로 감당할 수 없기 때문이고, 피조물인 인간이 선악을 판단하는 것이 하나님 보시기에 합당하지 않기 때문이다. 만약 인간이 선악을 판단하면 하나님이 행하시는 일도 악하다고 판단할 수 있다. 하지만 이것은 피조물의 합당한 반응이 아니다. 아담과 하와는 결국 선악과를 먹고 감당할 수 없는 선악 분별의 능력을 갖추게 된 것이다.

아담과 하와는 선악과를 먹고 죽은 것이 아니다. 만약 그랬다면 하나님께서는 "네가 먹은 선악과는 선과 악이 섞여 있는 독이니, 죽을 것이다"라고 했을 것이다. 그러나 하나님은 아담에게 "내가 먹지 말라 명한 그 나무 열매를 네가 먹었느냐"라고 물으신다(창 3:11). 즉 아담은 선악과를 먹지 말라고 한 하나님의 말씀에 불순종했기 때문에 유한한 인생을 살게 된 것이다.

무엇인가를 객관적으로 판단하려면 양쪽의 주장을 모두 살펴보아야 한다. 이제는 눈을 뜨고 인터넷과 언론에서 가짜 신들에 대해 무엇이라 말하는지 객관적으로 살펴보라. 그리고 어떤 것이 더 타당한지 깊이 생각해 보라. 거짓 신들의 단체에서 말하는 것만 들을 것이 아니라, 이에 대해 세상은 어떻게 말하는지 그 주장을 깊이 살펴보라.

4부

다른 영이 가져다주는 신비체험

바른 신비체험은 이 땅에 사람이 되어 오신 성자 하나님 예수 그리스도와 그의 십자가를 더욱 깊이 알고 깨달으며 고백하며 그에게 가까이 나아가는 것이다. 이와 반대로 놀라운 신비체험과 영적 체험을 한다고 하더라도, 예수께로부터 멀어지고 다른 예수를 따른다면 그것은 바른 성령 체험이 아니다.

1장

이단·사이비에 나타나는 신비 현상

가짜 신들은 단순히 성경을 왜곡하여 미혹하기만 하는 것이 아니다. 때로 가짜 신들은 그럴듯한 거짓 예언을 하고, 또 신비 현상을 불러일으키기도 한다. 가짜 신을 추종하다가 이런 현상을 경험하면, 추종자는 이 가짜 신이야말로 하나님이 이 시대에 보내신 참된 메시아요, 보혜사라고 믿게 된다.

일제강점기 때 새 주님으로 나타났던 김성도 여인을 보라. 그녀는 1923년 음력 4월 2일 입신 체험 가운데 하늘의 천군 천사의 환영을 받고 천국에 올라갔다. 그리고 예수로부터 직접 계시를 받고 내려왔다. 문제는 예수님이 주셨다는 계시가 성경이 말하는 것과 다르다는 데 있다. 그녀가 입신하여 천국에서 받은 계시는 다음과 같다.

첫째, 죄의 뿌리가 음란이라는 것이다.

둘째, 사람들의 불신 때문에 예수 자신이 억울하게 죽었으니 교회당에서 십자가를 떼어내라는 것이었다.

이런 계시를 받고 그녀는 다시 돌아왔다. 그리고 열흘 뒤인 1923년 음력 4월 12일, 다시 입신하여 천국에서 예수를 만났다. 거기서 그녀는 두 번째 계시를 받는다.

그것은 재림주는 구름을 타고 오는 것이 아니라 육신을 쓴 인간으로 여인의 몸을 통해 한반도에 온다는 것이다. 그녀는 예수께 받은 계시를 길이 2m 폭 30cm의 종이 12장에 기록하였고, '때가 급하니 속히 세상에 널리 알리라'는 계시를 받고 담임목사에게 알렸다. 그러나 담임목사는 성경과 다른 황당한 내용에 당황하며 '이것은 사탄의 역사이니 자제하라'고 당부했다. 담임목사의 말을 듣지 않고 계속 자신의 계시가 옳음을 강변하던 그녀는 결국 1925년 출교 처분을 받았다. 이런 가운데 1931년 2월 김성도의 딸 정석현에게도 신령 역사의 신비체험이 시작되었다. 그녀는 신령으로부터 '새 주님이 나타났으니 회개하지 않으면 안 된다'는 음성을 들었고, 이때부터 그녀는 가족과 함께 사흘간 금식하고 참회 기도한 후, 김성도를 새 주님으로 믿고 따르게 되었다.

넷플릭스 다큐멘터리 〈나는 신이다〉에서 소개한 JMS의 경우에도 이런 신비체험이 종종 보고된다. JMS에서 하는 30개론 성경공부를 통해 JMS 교리가 믿어지기 시작할 때, 꿈에 JMS가 나타나거나, 심지어는 그와 성관계를 맺는 장면을 보는 경우도 종종 있다. 이런 체험을 통해 JMS를 따르는 이들은 JMS가 그들의 참 주님이고 영적 신랑이라는 확신을 갖게 된다.

이뿐만이 아니다. JMS 신도들이 모여 기도할 때도 종종 신비 현상과 예언 체험을 경험한다. JMS 내부에는 특별히 예언하며 환상을 보는 예언자들도 있다. 이들은 기도하며 종종 신령 혹은 다른 영으로부터 음성을 듣고 신탁을 받는다. JMS에서 부총재를 지냈던 김경천 목사의 경우가 그렇다. 그는 JMS에 30년을 몸담으며 점점 이 단체가 잘못되었다는 것을 깨닫게 되었고, 마침내 JMS를 탈출하려고 결심했다. 그즈음, 정명석 교주는 체포될 위기에 있었다. 당시 김경천 부총재는 신도들과 함께 기도회를 진행하고 있었다. 그런데 그 와중에 기도하던 한 사람이 일어나 그를 향해 다음과 같이 예언했다. "내가 너를 이때를 위하여 예비하였거늘, 네가 어디로 가려 하느냐?" 이 말을 들었던 김경천 목사는 깜짝 놀랐다. 이로 인해 마음의 번민이 극에 달했다. 몸과 마음이 둘로 갈가리 찢어지는 것 같았다. 내 상황을 알고 하나님이 예언하는 신도를 통해 신의 뜻을 전달했다면, 자신은 가룟 유다와 같이 신을 배신하는 자가 되기 때문이다. 당시 그가 얼마나 힘들었던지 가룟 유다가 자살했던 심정이 이해될 정도였다고 고백한다. 하지만 그는 결국 JMS 탈퇴를 결심했다. 이런 신령 체험이 있음에도 불구하고 그가 JMS를 박차고 나갔던 이유가 무엇인가? 이는 그가 신비체험이 아닌 성경을 기준으로 삼았기 때문이다. 그가 JMS를 나갈 때 붙들었던 성경 구절이 있다.

예수는 영원히 계시므로 그 제사장 직분도 갈리지 아니하느니라(히 7:24)

아무리 그를 혼란케 하는 신령의 역사가 있어도, 그는 이 말씀을 붙들고 거짓 신을 분별하고 JMS를 나오게 되었다.

2장

분별해야 할 신비체험

성경은 신비로운 영적 체험이라고 무조건 받아들이고 따를 것이 아니라 바르게 분별할 것을 경고한다.

> 사랑하는 자들아 영을 다 믿지 말고 오직 영들이 하나님께 속하였나 분별하라 많은 거짓 선지자가 세상에 나왔음이라(요일 4:1)

여기서 거짓 선지자는 하나님께 속하지 않은 다른 영으로 예언하는 자들이다. 신약 시대 초대교회에도 이렇게 다른 영들의 활동에 사로잡혀 거짓으로 예언하는 이들이 많이 있었다. 그렇다면 거짓 선지자들은 어떤 활동을 할까? 구약성경 신명기는 다음과 같이 진술한다.

> 너희 중에 선지자나 꿈 꾸는 자가 일어나서 이적과 기사를 네게 보이고 그가 네게 말한 그 이적과 기사가 이루어지고 너희가 알지 못하던 다른 신들을 우리가 따라 섬기자고 말할지라도 너는 그 선지자나 꿈 꾸는 자의 말을 청종하지 말라(신 13:1-3a)

이들은 예언하는 자들이었고, 또 꿈으로 점을 치는 자들이었다. 그리고 그들의 말이 신기하게 맞아들어가는 경우도 많다. 심지어는 기적과 놀라운 일을 해 보이겠다고 장담하고, 말한 그대로 기적이 이루어지기도 한다. 그러고는 다른 신들을 따르고 섬기자고 제안한다. 성경은 이런 이들의 말을 듣지 말라고 한다. 이들의 말을 따랐다가는 필연적으로 그 인생이 파탄 나기 때문이다(렘 27:9-10 참조). 신명기는 그런 이들을 죽여 백성 가운데 제거하라고까지 한다(신 13:5). 왜냐하면, 이들은 하나님이 보낸 자들이 아니기 때문이다.

> 여호와께서 내게 이르시되 선지자들이 내 이름으로 거짓 예언을 하도다 나는 그들을 보내지 아니하였고 그들에게 명령하거나 이르지 아니하였거늘 그들이 거짓 계시와 점술과 헛된 것과 자기 마음의 거짓으로 너희에게 예언하는도다 그러므로 내가 보내지 아니하였어도 내 이름으로 예언하여 이르기를 칼과 기근이 이 땅에 이르지 아니하리라 하는 선지자들에 대하여 여호와께서 이와 같이 말씀하셨노라 그 선지자들은 칼과 기근에 멸망할 것이요(렘 14:14-15)

거짓 선지자들은 하나님의 이름으로, 예수의 이름으로 거짓 예언을 한다. 그래서 속아 넘어가기 쉽다. 그렇다면 어떻게 분별할 것인가? 신약성경은 거짓 영들을 분별하는 기준을 다음과 같이 제시한다.

> 이로써 너희가 하나님의 영을 알지니 곧 예수 그리스도께서 육체로 오신 것을 시인하는 영마다 하나님께 속한 것이요 예수를 시인하지 아니하는 영마다 하나님께 속한 것이 아니니 이것이 곧 적그리스도의 영이니라 오리라 한 말을 너희가 들었거니와 지금 벌써 세상에 있느니라(요일 4:2-3)

하나님의 영이 역사하는 가장 주요한 특징이 있다. 그것은 예수 그리스도가 육체로 오신 것을 시인하도록 하는 것이다. 성자 예수께서 인성을 취하여 완전한 사람이 되어 이 땅에 온 것을 시인하는 영은 하나님께 속한 영이고 그렇지 않으면 적그리스도의 영이다. '적그리스도'란 그리스도를 반대하는 '안티 그리스도'를 말한다. 신약성경의 원어인 헬라어로는 '안티 크리스토스'다. 이는 그리스도의 부활에서도 마찬가지다. 예수 그리스도는 육체로 죽으시고, 육체로 다시 살아났다. 그리고 승천하여 하나님 보좌에 앉으셔서 하늘에 있는 자들과 땅에 있는 자들, 땅 아래 있는 모든 이들의 주가 되셨다(빌 2:6-11).

예수의 수제자였던 베드로는 베드로후서에서 거짓 영들이 역사하는 거짓 선지자들의 특징을 다음과 같이 묘사한다.

> 그러나 백성 가운데 또한 거짓 선지자들이 일어났었나니 이와 같이 너희 중에도 거짓 선생들이 있으리라 그들은 멸망하게 할 이단을 가만히 끌어들여 자기들을 사신 주를 부인하고 임박한 멸망을 스스로 취하는 자들이라(벧후 2:1)

거짓 영들은 피 흘려 자신을 구원해 주신 예수 그리스도를 부인하는 이들이다. 예수 그리스도의 대속의 역사가 충분치 않고, 그가 주신 구원의 선물도 충분치 않기 때문에 다른 구주를 따라야 한다고 부추긴다. 결국, 거짓 영적 체험을 분별하는 핵심은 예수 그리스도를 누구로 고백하며, 그와 어떤 관계를 맺게 하느냐에 있다.

3장

바른 신비체험의 특징

하나님의 성령이 임할 때 우리에게는 어떤 일들이 일어날까? 우리는 하나님의 성령이 임할 때 일어나는 현상에 대한 바른 기준을 정립할 필요가 있다. 그렇지 않으면 다른 영의 역사와 명확하게 구분하기가 어렵다. 그렇다면 하나님의 영 곧 성령이 주는 바른 신비체험의 특징이 무엇인가?

첫째, 하나님의 영은 예수 그리스도를 주님이요 하나님으로 고백하게 한다(행 2:38-39; 고전 12:3; 요일 5:20).

둘째, 하나님의 영은 예수께서 하신 말씀을 기억하고 생각나게 한다(요 14:26; 2:19-22; 12:14-16).

셋째, 하나님의 영은 제자들에게 예수 그리스도의 십자가와 부활의 의미를 온전히 깨닫게 하신다. 예수께서는 성령이 오실 때 다음과 같은 일이 일어날 것을 예고하셨다.

> 그러나 진리의 성령이 오시면 그가 너희를 모든 진리 가운데로 인도하시리니 그가 스스로 말하지 않고 오직 들은 것을 말하며 장래 일을 너희에게 알리시리라(요 16:13)

여기서 '장래 일'이란 곧 닥쳐올 일(things that are to come, NRSV)로, 요한복음 문맥의 흐름을 보면 예수께서 13장부터 계속해서 말씀해 왔던 십자가 사건과 부활을 가리킨다.[1] 즉 성령이 오시면 예수 그리스도의 십자가와 부활의 의미를 더욱 깊이 깨닫고 알게 하신다.

넷째, 하나님의 영 곧 성령이 오시면 그가 예수 그리스도를 증언하고, 그의 제자들도 성령에 힘입어 예수 그리스도를 증언할 것이다 (요 15:26-27).

결론적으로 바른 신비체험은 이 땅에 사람이 되어 오신 성자 하나님 예수 그리스도와 그의 십자가를 더욱 깊이 알고 깨달으며 고백하며 그에게 가까이 나아가는 것이다. 이와 반대로 놀라운 신비체험과 영적 체험을 한다고 하더라도, 예수께로부터 멀어지고 다른 예수를 따른다면 그것은 바른 성령 체험이 아니다.

---

1 양형주, 『신천지 돌발질문에 대한 친절한 답변』 (경기도: 기독교포털뉴스, 2022), 111.

5부

예수 그리스도, 참 하나님, 참 사람

예수를 바로 알기 위해 가장 핵심적인 것은 예수의 신성과 인성을 바로 이해하는 것이다. 예수 그리스도는 인성을 취하여 이 땅에 오신 참 하나님이다. 예수 그리스도의 신성은 참되신 하나님의 신성이고, 그가 취하신 인성은 참 사람의 인성이다. 성자 하나님은 본래 영이셨으나 인성을 취해 육으로 이 땅에 오신 참 하나님이고 참 사람이다.

1장

다른 예수, 다른 영, 다른 복음에 대한 경계

가짜 신들이 판치는 세상이다. 가짜 신들을 따르지 않으려면 진짜 신이 어떤 존재인지를 올바로 알아야 한다. 지난 100년간 한국 사회는 자칭 그리스도, 보혜사, 재림 예수 등 많은 거짓 예수로 인해 몸살을 앓아왔다. 일찍이 고린도후서 11장 4절은 이렇게 경고한 바 있다.

만일 누가 가서 우리가 전파하지 아니한 다른 예수를 전파하거나 혹은 너희가 받지 아니한 다른 영을 받게 하거나 혹은 너희가 받지 아니한 다른 복음을 받게 할 때에는 너희가 잘 용납하는구나(고후 11:4)

다른 예수를 받아들이면, 진짜 예수가 선포했던 진짜 복음이 왜곡되어 다른 복음이 된다. 참된 복음에는 성령이 역사하지만, 다른 복음에는 다른 영이 역사한다. 이런 현상은 갈라디아 교회에서도 일어났던 적이 있다. 사도 바울은 이를 안타깝게 여기며 다음과 같이 경고한 바 있다.

그리스도의 은혜로 너희를 부르신 이를 이같이 속히 떠나 다른 복음을 따르는 것을 내가 이상하게 여기노라 다른 복음은 없나니 다만 어떤 사람들이 너희를 교란하여 그리스도의 복음을 변하게 하려 함이라 그러나 우리나 혹은 하늘로부터 온 천사라도 우리가 너희에게 전한 복음 외에 다른 복음을 전하면 저주를 받을지어다 우리가 전에 말하였거니와 내가 지금 다시 말하노니 만일 누구든지 너희가 받은 것 외에 다른 복음을 전하면 저주를 받을지어다(갈 1:6-9)

다른 복음은 속히 따라가고 싶을 정도로 매혹적이다. 듣기에 그럴 듯하다. 하지만 이런 복음을 전하는 자는 저주를 받을 것이다. 참된 복음이 아니고, 사람을 살리는 복음이 아니기 때문이다. 그렇다면 우리는 바른 복음을 올바로 알고 다른 복음을 분별할 수 있어야 한다. 바른 복음을 알려면, 바른 복음에 나타난 예수를 제대로 알아야 한다. 성경이 증거하는 예수는 어떤 예수일까? 성경이 말하는 예수를 바로 알아야 한다. 그래야 다른 거짓 예수에 미혹되지 않고, 그를 쫓아가지 않을 수 있다.

2장

예수의 신성, 예수의 인성에 대한 바른 이해

예수를 바로 알기 위해 가장 핵심적인 것은 예수의 신성과 인성을 바로 이해하는 것이다. 예수 그리스도는 인성을 취하여 이 땅에 오신 참 하나님이다. 예수 그리스도의 신성은 참되신 하나님의 신성이고, 그가 취하신 인성은 참 사람의 인성이다. 성자 하나님은 본래 영이셨으나 인성을 취해 육으로 이 땅에 오신 참 하나님이고 참 사람이다. 흔히 말하는 신성과 인성이 각기 동등하게 연합한 것이 아니라 참되신 성자 하나님이 인성을 취하신 것이다. 예수의 신성과 인성, 이 둘을 바르게 이해하는 것이 핵심이다.

먼저 예수의 신성을 살펴보자. 성경은 예수께서 태초부터 하나님과 함께하며 하나님의 창조에 동참했던 성자 하나님, 또는 로고스 되신 그리스도라고 증거한다.

> 여호와께서 그 조화의 시작 곧 태초에 일하시기 전에 나를 가지셨으며 만세 전부터 태초부터 땅이 생기기 전부터 내가 세움을 받았나니(잠 8:22-23)

> 내가 그 곁에 있어서 창조자가 되어 날마다 그의 기뻐하신 바가 되었으며 항

상 그 앞에서 즐거워하였으며(잠 8:30)

태초부터 성부와 함께 계셨던 성자는 인격적 존재이자 영이신 하나님이다. 성자 하나님은 태초부터 성부 하나님과 함께하며 그의 기뻐하신 바가 되었고, 성자 하나님도 성부 앞에서 즐거워하였다. 태초부터 인격적 교감과 교류가 있었던 것이다. 이를 신약성경 요한복음은 다음과 같이 진술한다.

그가 태초에 하나님과 함께 계셨고 만물이 그로 말미암아 지은 바 되었으니 지은 것이 하나도 그가 없이는 된 것이 없느니라(요 1:2-3)

이처럼 성자께서는 성부 하나님과 함께 온 세상 만물을 지으셨다. 요한복음의 첫 시작은 바로 이 성자가 말씀(로고스) 되시는 그리스도라 증거한다.

태초에 말씀이 계시니라 이 말씀이 하나님과 함께 계셨으니 이 말씀은 곧 하나님이시니라(요 1:1)

여기서 '말씀'은 단순히 성경 말씀을 가리키는 것이 아니다. '말씀'은 그리스어 '로고스'로 고대 그리스 철학에서는 만물을 생겨나게 하는 신적 존재를 지칭하는 말이다. 신플라톤 철학의 사유 체계 안에서 로고스는 이데아에서 흘러나오는 '충만한 신성'으로 만물을 생겨나게 하는 신적 동인(動因)이 된다. 이는 요한복음이 당시의 헬라인

(그리스인)들에게 예수 그리스도를 쉽게 설명하기 위해 고대 그리스 철학의 용어를 차용한 것이다. 여기에서 말씀, 곧 로고스는 로고스와 같은 역할을 감당하신 분이 예수 그리스도임을 밝히기 위해서다.

당시 헬라인들에게 로고스는 매우 보편화된 개념이었다. 이들에게 로고스는 태초부터 있었고, 세상을 창조한 신적 존재로 각인되어 있었다. 요한복음 1장 1절은 "태초에 로고스가 하나님(1)과 함께 있었고, 이 로고스가 곧 하나님(2)"이라고 말씀한다. 여기 후반부에 나오는 '로고스가 곧 하나님'이란 말은, 로고스가 곧 하나님의 본질을 가진 하나님의 본체라는 뜻이다. 왜냐하면, 전반부의 하나님(1)에는 정관사가 붙어 성부 하나님을 가리키지만, 후반부의 하나님(2)에는 정관사가 없어 하나님 됨의 본질을 가리키기 때문이다. 이러한 의미를 반영하여 현대인의 성경은 요한복음 1장 1절을 다음과 같이 번역한다.

> 우주가 존재하기 전에 말씀 되시는 그리스도가 계셨다. 그분은 하나님과 함께 계셨으며 바로 그분이 하나님이셨다.

이를 좀 더 쉽게 풀어 설명하면 다음과 같다.

> 우주와 시간이 시작되기 전부터 말씀(로고스) 되시는 그리스도가 계셨다. 그분은 하나님과 함께 계셨으며 이 말씀(로고스)되시는 그리스도가 곧 하나님의 본체셨다.

'기독교'는 '그리스도교(Christianity)'를 한자로 표현한 것이다. 즉 기독교는 예수 그리스도를 참된 신 곧 하나님으로 믿는 종교라는 뜻이다. 따라서 기독교 신앙에는 예수 그리스도가 성자 하나님이라는 고백이 있어야 한다.

그리스도가 하나님의 본체 되심에 관해 빌립보서는 다음과 같이 말씀한다.

> 너희 안에 이 마음을 품으라 곧 그리스도 예수의 마음이니 그는 근본 하나님의 본체시나 하나님과 동등됨을 취할 것으로 여기지 아니하시고 오히려 자기를 비워 종의 형체를 가지사 사람들과 같이 되셨고(빌 2:6-7)

예수 그리스도는 근본 하나님의 본체, 즉 하나님과 같은 본질의 성자 하나님이셨지만, 인류의 구원을 위해 굳이 하나님과 동등한 존재가 되려 하지 않으시고 동등 됨을 보류하셨다. 여기서 '비운다(헬. κενόω, 케노오)'는 것은 신성을 내려놓고 오셨다는 것이 아니다. 비운다는 것은 인성을 취하여 사람과 같이 낮아져서 오셨다는 것이다. 십자가에 못 박혀 돌아가시기까지 자기를 낮추고 성부의 뜻에 순종하신 것이다. 성자 예수는 자신의 모든 것을 다 내어놓고 고난받는 종의 형체 곧 인성을 취하여 사람들과 같이 되셨다. 이 땅에 오셔서 우리와 똑같은 인간이 되신 것이다. 이렇게 나타나심을 요한복음 1장 18절은 다음과 같이 진술한다.

> 본래 하나님을 본 사람이 없으되 아버지 품 속에 있는 독생하신 하나님이 나

이 구절은 로고스 되신 그리스도가 아버지 하나님 품속에 있는 독생하신 하나님이라고 소개한다. 여기에서 독생한다는 뜻은 홀로 낳았다는 뜻으로, 비유적인 의미다. 사도 바울이 감옥에 갇혔을 때 주인을 피해 사도 바울에게 피신한 오네시모의 경우가 대표적인 예다. 바울은 오네시모를 잘 맞이하여 그의 곁에 있도록 했고, 감옥에서 말씀으로 그를 믿음의 사람으로 잘 양육했다. 사도 바울은 이런 오네시모를 가리켜 "갇힌 중에서 낳은 아들 오네시모"라고 했다(몬 1:10). 이는 믿음 안에서 바울과 오네시모가 믿음의 아버지와 믿음의 아들로 관계지어졌다는 뜻이다. 마찬가지로 영원 전부터 동등하셨던 성부와 성자는 인류의 구원을 위하여 그 아들을 이 땅에 보내기 위하여 아버지와 아들의 관계로 질서 지워졌다. 이것을 비유적 표현으로 홀로 낳았다고 하는 것이다.

성자 하나님은 아들 됨의 사명을 감당하기 위해 이 땅에 참 사람으로 오셨다. 이를 신약성경 에베소서는 다음과 같이 진술한다.

> 찬송하리로다 하나님 곧 우리 주 예수 그리스도의 아버지께서 그리스도 안에서 하늘에 속한 모든 신령한 복을 우리에게 주시되 곧 창세 전에 그리스도 안에서 우리를 택하사 우리로 사랑 안에서 그 앞에 거룩하고 흠이 없게 하시려고 그 기쁘신 뜻대로 우리를 예정하사 예수 그리스도로 말미암아 자기의 아들들이 되게 하셨으니 이는 그가 사랑하시는 자 안에서 우리에게 거저 주시는 바 그의 은혜의 영광을 찬송하게 하려는 것이라(엡 1:3-6)

예수는 태초부터 성부 하나님과 함께 있던 성자 하나님이자 인성을 취하여 이 땅에 오신 참 하나님이자 참 사람이다. 이 예수를 참 하나님이자 참 사람으로 고백하는 것이 예수에 대한 올바른 이해다.

3장

예수의 성육신에 대한 바른 이해

기독교의 가장 독특하고도 위대한 사건이 바로 성육신(成肉身, In-carnation)이다. 이는 성자 하나님이 사람이 되어 이 땅에 오신 사건을 가리킨다. 이에 대해 성경은 다음과 같이 기록하고 있다.

> 말씀이 육신이 되어 우리 가운데 거하시매 우리가 그의 영광을 보니 아버지의 독생자의 영광이요 은혜와 진리가 충만하더라(요 1:14)

여기 말씀이 육신이 '되었다'는 표현에 주목할 필요가 있다. '되었다'는 그리스어 '기노마이(γίνομαι)'의 3인칭 단수 과거형으로 새로운 존재의 상태로 오게 되었다(come into a new state of being)는 뜻이다. 이는 영이신 성자 하나님이 완전한 인성을 취하여 오신 것을 의미한다. 주의할 것은 여기에서 영은 인간의 구성요소로서의 영이 아니라, 하나님의 존재가 영이라는 것이다. 성육신으로 인해 성자 하나님이 또 다른 본성(인성)을 갖게 되셨다.

이는 예수 그리스도 안에 신성과 인성이 변화나 혼합이나 혼동 없이, 분리할 수 없게 한 위격 안에 서로 결합되어 있는 상태다. 이를 예수 그리스도의 일인격성(unipersonality)이라고 한다. 성자의 인격은 변함없이 동일하지만, 성육신으로 인해 성자 하나님이 신성과 함께 인성을 취하셨다. 일인격성이란 그리스도의 신성과 인성이 모두 그리스도의 한 인격 안에 있다는 말이다. 놀라운 이적을 행하셨던 신성도 예수의 한 인격 안에 있는 것이고, 배고프시고 아프시고 슬프셨던 인성도 성자 하나님의 한 인격 안에 있는 것이다. 성자 예수는 완전한 하나님이지만, 그가 취한 인성 또한 완전한 인성인 것이다.

거짓 메시아들이 자신에게 그리스도의 영 또는 하나님의 영이 임했다고 할 때 이들이 말하는 하나님의 영은 무속적 접신 개념에 가깝다. 거짓 메시아들에게 임하는 거짓 영들은 거짓 메시아들에게 임하여 새로운 영적 계시를 알려준다고 한다. 하지만 성육신은 이러한 무속적 접신과는 차원이 다르다. 성육신은 영이신 하나님이 인성을 취해 직접 이 땅에 오신 사건이다.

많은 거짓 메시아들은 예수께서 이 땅에 오신 것은 하나님의 영이 예수라는 하나님이 택한 인간의 육신에 임하여 오신 것이라고 주장한다. 그래서 초림 시대에 하나님께서 예수라는 사람의 육체에 임했던 것처럼, 종말의 이 시대에는 예수의 영이 교주의 육체에 임했다고 주장한다. 하지만 이는 온전한 성육신이 아니다. 이런 상태로는 성자 예수는 일인격이 아닌 두 개의 인격을 가진 메시아가 된다. 하나는 예수라는 인간의 육체를 들어 쓰는 하나님의 영의 인격과, 다른 하나는 이것과 별개로 쓰임 받는 사람의 인격이다. 하지만, 진정한 성육신은 이 둘이 혼동이나 혼합, 변화 없이, 분리할 수 없게 새로운 하나의 인격을 가져야 한다.

따라서 예수 그리스도는 완전한 신성을 가지신 성자 하나님이 인성을 취하여 이 땅에 오신 분이다. 예수 그리스도의 성육신은 영이 인성을 취하여 하나의 인격이 되었기에, 다시 분리되어 또 다른 육체에 임하지 않는다. 예수의 성육신은 부활 이후에도 세상 끝날까지 유효하게 이어진다. 이런 면에서 그리스도는 육신을 취하여, 육신이라는 껍데기를 입은 것이 결코 아니다. 그는 성자 하나님으로, 완전한 하나님이 인성을 취하신 분이다. 즉 신성과 인성을 혼동과 혼합, 그리고 변화 없이 분리할 수 없게 새로운 일인격성을 갖게 되신 것이다. 예수 그리스도는 이러한 일인격성을 갖고 십자가를 지고 죽으셨고, 육체로 부활하셨으며, 또한 동일한 일인격성을 갖고 부활한 육체로 이 땅에 재림하신다.

4장

예수의 십자가 대속에 대한 믿음

　많은 가짜 신들은 예수 그리스도의 십자가의 대속을 폄훼한다. 예수께서 십자가에서 돌아가신 것은 하나님의 뜻을 완전히 다 이루지 못한 비극적인 죽음이라 주장한다. 그랬기에 가짜 신들은 이제는 예수의 영이 하나님의 뜻을 이루기 위해 자신의 육체에 강림하셨고, 이것이 바로 그리스도께서 재림하신 사건이라 주장한다. 예수의 영이 자신의 육체에 강림했기에, 이제 자신은 재림 그리스도 또는, 또 다른 보혜사로서, 예수께서 다 이루지 못했던 하나님의 뜻을 마저 이루어야 한다고 주장한다.

　이들에게 예수의 십자가 죽음은 하나님의 뜻을 이룬 것이 아니다. 도리어 예수를 오해했던 바리새인과 서기관들의 무지로 인해 안타까운 죽임을 당한 비극에 불과하다. 예수께서는 하나님이 보내신 뜻을 이루어야만 했지만 제대로 이루지 못했다. 십자가는 하나님의 뜻이 이루어진 상징이 아니라 실패의 상징에 불과한 것이다. 그래서 어떤 교주들은 이런 십자가를 예배당에 두고 예배하는 것은 우상숭배이니 예배당에서 십자가를 떼어내라고 한다. 이러한 방식으로 가짜 신들은 예수 그리스도 십자가의 의미를 심하게 격하한다.

가짜 신들은 지금이 마지막 시대이고, 이제는 초림 때 떠나갔던 예수의 영이 자신의 육체에 재림했다고 주장한다. 이제 예수께서 다 이루지 못한 하나님의 뜻은 재림주(교주)에 의해 이루어진다고 주장한다.

하지만 성경을 자세히 보면 예수 그리스도는 하나님의 뜻을 다 이루셨다. 십자가를 지는 것은 실패가 아니라 도리어 자신이 약속하셨던 예언의 성취이며, 완전하고 영원한 구원의 효력을 지니는 사건이다. 성경은 예수께서 이 땅에 성육신한 목적을 십자가를 지고 대신 죽으심으로 인류를 죄에서 구원하기 위함이라고 진술한다.

첫째, 예수의 고난은 구약성경 이사야서에 예고되어 있다. 이사야서는 여호와의 종 메시아가 우리의 죄를 위해 고난받을 것을 다음과 같이 예고한다.

> 그는 실로 우리의 질고를 지고 우리의 슬픔을 당하였거늘 우리는 생각하기를 그는 징벌을 받아 하나님께 맞으며 고난을 당한다 하였노라 그가 찔림은 우리의 허물 때문이요 그가 상함은 우리의 죄악 때문이라 그가 징계를 받으므로 우리는 평화를 누리고 그가 채찍에 맞으므로 우리는 나음을 받았도다 우리는 다 양 같아서 그릇 행하여 각기 제 길로 갔거늘 여호와께서는 우리 모두의 죄악을 그에게 담당시키셨도다(사 53:4-6)

둘째, 천사가 마리아에게 예수의 성육신 탄생을 예고하며 다음과 같이 말한다.

> 아들을 낳으리니 이름을 예수라 하라 이는 그가 자기 백성을 그들의 죄에서

구원할 자이심이라 하니라(마 1:21)

셋째, 예수께서는 공생애 가운데 자신이 온 목적을 다음과 같이 밝힌다.

인자가 온 것은 섬김을 받으려 함이 아니라 도리어 섬기려 하고 자기 목숨을 많은 사람의 대속물로 주려 함이니라(마 10:28)

넷째, 예수께서는 공생애 후반부에 무려 세 차례나 자신의 죽음을 예고하셨다.

이 때로부터 예수 그리스도께서 자기가 예루살렘에 올라가 장로들과 대제사장들과 서기관들에게 많은 고난을 받고 죽임을 당하고 제삼일에 살아나야 할 것을 제자들에게 비로소 나타내시니(마 16:21)

갈릴리에 모일 때에 예수께서 제자들에게 이르시되 인자가 장차 사람들의 손에 넘겨져 죽임을 당하고 제삼일에 살아나리라 하시니 제자들이 매우 근심하더라(마 16:22-23)

보라 우리가 예루살렘으로 올라가노니 인자가 대제사장들과 서기관들에게 넘겨지매 그늘이 숙이기로 결의하고 이방인들에게 넘거 주어 그를 조롱하며 채찍질하며 십자가에 못 박게 할 것이나 제삼일에 살아나리라(마 20:18-19)

다섯째, 성경은 예수께서 십자가에 달려 죽임을 당하는 과정을 보도하며 이 모든 것이 성경에 예언된 것들을 성취하는 과정이라 진술한다.

> 군인들이 예수를 십자가에 못 박고 그의 옷을 취하여 네 깃에 나눠 각각 한 깃씩 얻고 속옷도 취하니 이 속옷은 호지 아니하고 위에서부터 통으로 짠 것이라 군인들이 서로 말하되 이것을 찢지 말고 누가 얻나 제비 뽑자 하니 이는 성경[시 22:18]에 그들이 내 옷을 나누고 내 옷을 제비 뽑나이다 한 것을 응하게 하려 함이러라(요 19:23-24)

> 그 후에 예수께서 모든 일이 이미 이루어진 줄 아시고 성경[시 69:21]을 응하게 하려 하사 이르시되 내가 목마르다 하시니(요 19:28).

> 예수께 이르러서는 이미 죽으신 것을 보고 다리를 꺾지 아니하고 그 중 한 군인이 창으로 옆구리를 찌르니 곧 피와 물이 나오더라 이를 본 자가 증언하였으니 그 증언이 참이라 그가 자기의 말하는 것이 참인 줄 알고 너희로 믿게 하려 함이니라 이 일이 일어난 것은 그 뼈가 하나도 꺾이지 아니하리라 한 성경[출 12:46; 민 9:12; 시 34:20]을 응하게 하려 함이라 또 다른 성경[슥 12:10]에 그들이 그 찌른 자를 보리라 하였느니라(요 19:33-37)

이처럼 예수의 십자가 죽음은 구약에 예언되었고, 천사가 예고했으며, 예수 자신이 예언했던 바였다. 그리고 예수는 십자가에서 성경을 하나하나 성취하고, 마침내 다음과 같이 말씀하시고 죽으셨다.

> 다 이루었다(요 19:30)

예수의 십자가는 사명 실패의 현장이 아니라, 죽음으로 인류의 죄를 대속하려는 하나님의 뜻을 완전히 다 이루신 사건이었다. 또한, 이를 예언했던 성경을 다 이루시는 사건이었다.

5장

인정해야 할 예수의 육체 부활

가짜 신들은 예수의 육체적 부활을 인정하려 하지 않는다. 예수는 영적으로 부활해서 영으로 하늘에 가셨다고 주장한다. 이들이 예수의 육체적 부활을 인정하지 않는 이유가 무엇일까? 이는 예수의 영이 자신의 육체에 임했고, 이것이 곧 예수께서 약속하신 재림이라 주장하기 위함이다.

이들은 다음과 같은 근거로 예수의 육체적 부활을 부인한다.

첫째, 예수께서 부활하여 엠마오로 가는 제자들에게 나타나셨음에도 제자들은 스승을 알아보지 못했다(눅 24:13-30). 둘째, 제자들은 그들의 눈이 밝아져 예수를 알아보았지만, 예수는 이미 어디론가 사라지고 보이지 않게 되었다(눅 24:31). 셋째, 어떤 이들은 혹 예수께서 육체로 부활하셨다고 하더라도, 부활 승천할 때는 정작 구름 위로 사라져 보이지 않게 되었다고 한다. 이는 예수의 육체가 영체로 바뀌었기 때문이라는 것이다. 사도행전에 나오는 예수의 승천 사건을 보자.

이 말씀을 마치시고 그들이 보는데 올려져 가시니 구름이 그를 가리어 보이

지 않게 하더라(행 1:9)

거짓 재림주들은 예수께서 올라갈 때 구름이 가렸다는 것을 비유로 풀어, 구름은 영을 상징하는 것이므로 예수께서 승천하며 영체로 바뀌었다고 주장한다. 하지만 성경은 분명 예수의 육체적 부활을 말한다. 가짜 신들의 주장은 다음과 같은 점에서 볼 때 맞지 않는다.

첫째, 예수께서는 엠마오 제자들에게 나타나신 이후 또다시 제자들에게 나타나셨다. 제자들은 자신에게 나타나신 예수가 영이라고만 생각했다. 하지만 예수께서는 제자들에게 자신의 손과 발을 만져 보라고 하신다.

> 이 말을 할 때에 예수께서 친히 그들 가운데 서서 이르시되 너희에게 평강이 있을지어다 하시니 그들이 놀라고 무서워하여 그 보는 것을 영으로 생각하는지라 예수께서 이르시되 어찌하여 두려워하며 어찌하여 마음에 의심이 일어나느냐 내 손과 발을 보고 나인 줄 알라 또 나를 만져 보라 영은 살과 뼈가 없으되 너희 보는 바와 같이 나는 있느니라 이 말씀을 하시고 손과 발을 보이시나 그들이 너무 기쁘므로 아직도 믿지 못하고 놀랍게 여길 때에 이르시되 여기 무슨 먹을 것이 있느냐 하시니 이에 구운 생선 한 토막을 드리니 받으사 그 앞에서 잡수시더라(눅 14:36-43)

예수께서는 영은 살과 뼈가 없지만, 자신에게는 살과 뼈가 있으니 영이 아니고 육체이니, 육체로 부활한 자신을 믿으라고 확증시켜 주신 것이다. 그리고는 생선을 드셨다. 음식을 먹는다는 것은 육체를 가졌기에 가능한 일이다. 예수께서는 분명 육체로 부활하셨다. 이는 예수의 일인격성을 이해한다면 더욱 그렇다. 왜냐하면, 예수께서 성육신하실 때 예수 그리스도 안에 신성과 인성이 변화나 혼합이나 혼동 없이, 분리할 수 없게 한 위격 안에 서로 결합되어 있는 새로운 상태로 오셨기 때문이다. 예수의 부활 역시 부활한 그리스도 안에 신성과 인성이 분리되지 않고, 혼합이나 혼동 또는 변화 없이 여전히 한 위격 안에 결합되어 있는 상태로 부활하신 것이다. 예수께서는 일인격성을 지니신 그대로 부활 승천하셨다.

둘째, 예수의 부활은 성경에 예언된 것이다. 예수께서는 제자들에게 나타나 생선을 드신 후 제자들에게 구약성경을 풀어 자신의 죽음과 부활이 성경의 예언대로 성취되었음을 알려주신다.

> 또 이르시되 내가 너희와 함께 있을 때에 너희에게 말한 바 곧 모세의 율법과 선지자의 글과 시편에 나를 가리켜 기록된 모든 것이 이루어져야 하리라 한 말이 이것이라 하시고 이에 그들의 마음을 열어 성경을 깨닫게 하시고 또 이르시되 이같이 그리스도가 고난을 받고 제삼일에 죽은 자 가운데서 살아날 것과 또 그의 이름으로 죄 사함을 받게 하는 회개가 예루살렘에서 시작하여 모든 족속에게 전파될 것이 기록되었으니 너희는 이 모든 일의 증인이라 (눅 24:44-48)

셋째, 예수께서 승천하실 때는 모든 제자들이 보고 있었다. 만약 예수께서 영으로 승천하셨다면 제자들은 결코 볼 수 없었을 것이다. 부활한 육체로 승천하셨기에 눈으로 볼 수 있었다. 올려져 가다가 구름이 가린 것은 진짜 구름이다. 진짜 구름이 하늘을 가린 것이다. 가짜 신들은 어떻게 사람이 구름을 탈 수 있느냐며, 이것은 상식적으로 이

해가 되는 일이 아닌 모순된 일이므로 비유로 보아야 한다고 주장한다. 그러나 전능하신 성자 하나님은 이 땅에 지상 사역을 수행할 때 이미 물 위를 걸으셨던 분이다(마 14:25). 물 위를 걸으셨다면 구름을 타지 못할 이유가 없다.

넷째, 성경은 예수께서 육체로 오심을 부인하면 적그리스도라고 한다.

> 미혹하는 자가 세상에 많이 나왔나니 이는 예수 그리스도께서 육체로 오심을 부인하는 자라 이런 자가 미혹하는 자요 적그리스도니(요이 7장 참조; 요일 4:1-3)

예수께서 육체로 오신 것은 성자 하나님이 인성을 취하여 새로운 일인격으로 오심을 뜻한다. 이렇게 오신 예수께서 죽으시고 다시 일인격성을 지킨 하나님으로 부활하셨다. 성경은 예수께서 육체로 오신 것뿐만 아니라 육체로 부활하셨고, 육체로 승천하셨으며, 육체로 다시 오실 것을 분명하게 증언한다. 성자 하나님은 이 땅에 오실 때 인성을 취하여 신성과 인성이 그 안에 변화나 혼합이나 혼동 없이, 분리할 수 없게 한 위격 안에 서로 결합되어 있는 상태가 되셨다. 이러한 상태로 십자가를 지고 죽으셨고 부활하셨으며 승천하신 것이다.

6장

만천하에 알려질 영광 중의 예수 재림

　가짜 신은 예수의 재림이 2천 년 전에 오셨던 초림 때와 같은 방식으로 일어난다고 주장한다. 초림 때 하나님의 영이 예수라는 사람(목자)에게 임하셨던 것처럼, 재림 때는 예수의 영이 하나님이 택한 사람(목자)에게 임한다는 것이다. 따라서 이 시대에 자신이야말로 예수의 영이 임한 재림 그리스도 또는, 또 다른 보혜사라는 것이다.

　이러한 주장에는 초림에 대한 오해와 재림에 대한 오해 모두가 자리 잡고 있다.

　첫째, 초림에 대한 오해다. 예수께서 2천 년 전에 오신 초림은 하나님의 영이 예수라는 사람(목자)에게 임한 사건이 아니다. 초림은 성자 하나님께서 직접 사람이 되셔서, 즉 인성을 취하셔서 그 안에 신성과 인성이 변화나 혼합이나 혼동 없이, 분리할 수 없게 한 인격 안에 서로 결합되어 있는 상태로 오신 사건이다. 단순히 하나님의 영이 인간 예수의 육체를 취한 것이 아니다. 하나님의 영이 인간 예수의 육신을 '입고' 왔다는 주장은 성경도 하나님도 알지 못하는 주장이다.

　둘째, 재림에 대한 오해다. 성경은 예수의 재림은 초림 때와 다를 것이라 진술한다. 예수 그리스도의 재림은 소수의 사람만이 알아보는 영적 재림이 아닌, 모든 사람들이 알아보는 육체적 재림이며, 옛 하늘과 옛 땅이 큰 소리로 사라지며 역사의 종지부를 찍는 큰 사건이다(마 26:64; 골 3:4; 딛 2:13; 벧후 3:10). 이러한 재림은 천사들의 호위를 받으며, 천사장의 소리와 하늘 나팔 소리와 함께 일어나는 영광스러운 강림이다(살전 4:16). 이때 예수께서는 그를 믿는 모든 성도들에게 영광을 받으실 것이다(살후 1:10).

나가는 말

다른 예수, 다른 영, 다른 복음

태국 치앙마이 람푼시에 자리한 한태선교교회는 한 때 200명이 모일 정도로 크게 성장했다. 성장의 중심에는 그 교회를 열심으로 섬겼던 '쏨 댓'이란 장로가 있었다. 그는 예수를 믿고 삶에 큰 변화를 경험하고는 주변 사람들을 열심히 전도하였다. 그 덕에 한태선교교회는 큰 부흥을 경험한다. 그가 직접 전도한 사람만 80명이나 되었다. 이렇게 교회가 큰 부흥을 경험하던 때, 쏨 댓 장로는 놀라운 신비체험을 하게 된다.

지금으로부터 10년 전, 쏨 댓 장로는 기도 중 영이 몸을 빠져나가 약 3시간 동안 영계를 경험하게 되었다. 그는 입신 상태에서 천국과 지옥을 경험하고 돌아왔다. 함께 기도하던 여러 성도들이 쏨 댓 장로 주변에 있었다. 입신하는 동안 쏨 댓 장로의 얼굴 표정은 웃었다가 심한 고통으로 일그러지기도 했고, 그런 체험 끝에 그는 다시 제정신으로 돌아왔다. 주변에서 어떤 일이 있었느냐고 하자, 그는 천국과 지옥을 갔다 왔다고 했고, 또 예수님이 십자가에서 체험하신 고난을 자신도 영계에서 다 받았다고 했다. 너무나 고통스러운 예수님의 고난을 자신도 체험했다는 것이었다. 이런 놀랍고 신비로운 체험 앞에 사람들은 입을 다물지 못했다. 그는 자신이 경험한 천국과 지옥을 그림으로 그려 사람들에게 보여주기도 했다.

그런데 문제는 그다음부터였다. 쏨 댓 장로는 교회에서 이상한 주장을 하기 시작했다.

1) 참된 성경은 예수님의 말씀이 기록된 복음서만이다. 사도 바울의 서신들은 다 가짜고 성경에서 제외시켜야 한다. (이것은 2세기에 나타났던 마르시온 이단이 주장했던 것과 비슷하다)
2) 우리가 부르는 찬송가 중에도 버려야 할 것이 많다. 복음서 가사로만 된 찬송을 불러야 한다.
3) 기도는 예수님이 가르쳐 주신 기도로만 해야 한다. 예수님이 가르쳐 주신 기도가 무슨 기도인가? 주기도. 따라서 우리는 주기도로만 기도해야 한다.
4) 우리가 거룩하려면 레위기에 나오는 음식 규정을 잘 따라야 한다. 돼지고기는 부정한 짐승이기 때문에 돼지고기를 먹으면 안 된다.

쏨 댓 장로가 비성경적인, 이상한 주장들을 자꾸 하자, 점차 교회의 목회자들과 갈등을 일으켰다. 결국, 쏨 댓 장로는 계속해서 그를 권고하는 교회와 갈라졌고, 자신을 따르던 100여 명을 이끌고 나와 따로 예배를 드렸다. 태국 선교 사회에서 가장 큰 분열이 일어났던 것이다. 하지만 10년이 지난 지금, 쏨 댓 장로의 모임은 결국 사람들이 하나도 남지 않고 다 흩어졌다. 일부는 교회로 돌아왔고, 일부는 앞으로 아무런 신앙도 갖지 않겠다며 나갔다. 쏨 댓 장로 개인적으로는 가정이 깨어지게 되었다. 정말 하나님의 신령한 역사와 인도하심으로 나아간 것 같았지만 결국 그 열매가 좋지 않았다. 반면, 한태선교

교회에는 다시 흩어진 인원이 모이고 점차 회복하게 되었다. 이러한 신령의 역사는 다른 나라에서도 여전히 일어나고 있다.

한국 기독교에 가짜 신들이 등장한 지 어느덧 100년이 다 되어 간다. 우리는 그들이 어떤 신령 체험을 하였고, 어떻게 성경에서 이탈하였는지를 살펴보았다. 하지만 이런 가짜 신들은 2천 년 전, 기독교 초창기부터 등장했다. 그 대표적인 예가 고린도교회였다. 사도바울이 복음을 전해 세웠던 고린도교회는 성경이 말하지 않는 이상한 예수를 좇았다. 그러다 보니 다른 영들의 역사로 이상한 예언과 열광적인 신비주의 운동이 일어났다. 결국, 이는 복음의 본질을 왜곡시키는 결과를 낳았다. 이에 대한 사도 바울의 탄식을 들어보라.

> 만일 누가 가서 우리가 전파하지 아니한 <u>다른 예수</u>를 전파하거나 혹은 너희가 받지 아니한 <u>다른 영</u>을 받게 하거나 혹은 너희가 받지 아니한 <u>다른 복음</u>을 받게 할 때에는 너희가 잘 용납하는구나(고후 11:4)

그렇다면 고린도교회가 받아들였던 다른 예수는 어떤 예수일까? 고린도에 들어온 거짓 교사들은 유대적 개념을 갖고 들어와 '나무에 달린 자, 곧 십자가에 달린 자 예수는 하나님께 저주받은 자'라고 가르쳤다(신 21:23; 고전 12:3). 우리를 구원하신 예수가 아니라, 십자가에서 저주받고 실패한 예수라는 것이다. 하지만 고린도교회가 원래 받아들였던 예수는 우리의 죄를 위해 십자가에 달리심으로 도리어 율법의 저주에서 우리를 속량하신 예수, 더 나아가 죄와 사망의 권세를 이기고 부활하신 온 세상의 주님이었다(고전 1:2; 2:8; 갈

3:13; 골 2:15).

예수를 십자가에서 죄의 문제를 해결하신 주님이 아닌, 저주받은 자요 실패한 자로 받아들이는 것은 분명 다른 영의 역사다. 왜냐하면, 성령은 십자가에 달리신 예수를 저주할 자라 하지 않고 주님이라 고백하게 만들기 때문이다.

> 그러므로 내가 너희에게 알리노니 하나님의 영으로 말하는 자는 누구든지 예수를 저주할 자라 하지 아니하고 또 성령으로 아니하고는 누구든지 예수를 주시라 할 수 없느니라(고전 12:3)

이 구절이 진술하는 것처럼 성령은 예수를 실패한 자, 저주받은 자라 하지 아니하고, 우리의 죄를 사하고 구원을 베푸는 주님으로 고백하게 한다. 예수가 '주님'이라는 것은 그가 하늘에 있는 자들과 땅에 있는 자들과 땅 아래 있는 자들 모두에게 참되신 하나님이요, 대주재(大主宰)라는 뜻이다(빌 2:9-11; 딛 2:13; 요일 5:20). 성령은 예수를 높이고, 예수의 가르침을 생각나고 깨닫게 하고, 결국 예수를 참된 주님 즉, 하나님으로 고백하게 하는 영이다.

예수를 저주받은 자, 즉 성경이 말하는 참된 예수가 아닌 다른 자로 고백하는 것은 필연적으로 복음의 왜곡을 가져온다. 바른 복음이 아닌 다른 복음을 양산하는 것이다. 바른 복음이 무엇인가? 예수 그리스도께서 우리의 구원을 위해 모든 죄의 대가를 십자가에서 대신 다 치르셨고, 우리는 이것을 믿음으로 받아들이면 구원을 얻는다는 것이다. 일찍이 16세기의 종교개혁가, 마르틴 루터가 말한바, 믿음으로 말미암아 의롭다 함을 얻는 이신칭의(以信稱義)가 핵심인 것이다.

만약 십자가가 예수 공생애의 실패의 상징이라면, 이는 필연적으로 다른 구원자, 다른 예수를 필요로 한다. 이런 예수는 영으로 다른 육체에게 임하여 재림 보혜사, 재림 그리스도, 또는 진리의 목자 등으로 나타난다. 그는 예수께서 실패한 사역을 자신이 마지막으로 성취하여 마지막 시대에 새로운 구원을 베푸는 자로 등장한다.

구원은 복음만으로 충분하지 않으며, 마지막 재림 보혜사의 시대에는 그가 전하는 새로운 가르침, 즉 비유, 계시록 등 새로운 해석을 받아들여야 구원을 얻게 된다. 초대교회 시대에는 이것이 주로 율법과 절기 준수였다. 율법을 지켜야 구원을 받고, 유월절과 같은 절기를 지켜야 구원받는다는 것이다. 결국, 다른 예수는, 다른 영의 역사와 함께 필연적으로 다른 복음을 가져오게 된다.

가짜 신들을 따라 그의 거짓된 가르침에 자신의 인생을 송두리째 걸었던 이들은 결국 재림 주의 실패와 함께 인생이 파탄 난다. 그럼에도 불구하고 한국 기독교 역사 가운데는 가짜 신들이 끊임없이 나타나고 있다. 지난 100년간 200여 명의 가짜 재림 예수들이 등장했다. 이렇게 잘못된 것을 앎에도 불구하고 끊임없이 가짜 신들이 나타나는 이유가 무엇일까? 경제학 논리로 볼 때 그것은 그만큼 수요가 있기 때문이다. 가짜 신들에 대한 수요는 끊임없이 일어나고 재생산되어 가짜 재림주들을 찾고 있는 이들에게 공급되고 있는 것이다. 지금도 매해 새롭게 자신이 재림주임을 주장하며 자신을 따르라고 하는 이들이 생겨나고 있다. 또 이런 가짜 재림주를 따라나서는 이들도 있다.

과연 가짜 재림주를 찾는 이들이 정말 있을까? 안타깝게도 가짜 재림주를 따라다니다 그의 거짓 정체를 알고 그가 주장했던 시한부 종말론이 불발되면, 가짜 재림주를 따라다녔던 이들은 이미 실패한 재림주 말고 또 다른 재림주가 오기를 기다리는 경향이 강하다. 예를 들어, 박태선 교주의 시한부 종말론 불발과 죽음 이후, 이들 가운데 이영수(에덴성회), 조희성(영생교), 김종규(호생기도원) 등이 새로운 재림주로 등장했다. 그리고 박태선을 따르던 많은 무리들이 이합집산을 거듭하며 이들을 새롭게 따라나섰다.

신천지를 시작한 자칭 보혜사인 이만희도 마찬가지다. 그는 박태선의 신앙촌에 27살에 들어갔다가, 이후 유재열의 장막성전에 들어갔고, 유재열이 실패하고 감옥에 가자 통일교 강사 출신이었던 목영득을 따라다녔고, 목영득이 실패하자 백만봉의 재창조 교회에 들어가 12사도가 되었다. 그랬다가 백만봉도 실패하니 결국 백만봉을 따라다녔던 이들을 모아 자신이 새롭게 신천지를 시작한 것이다. 그렇다면 신천지는 괜찮은가? 그 속에 있다가 따로 나와 자신이 진짜 이긴 자와 보혜사라 주장하는 이들이 이미 30명이나 된다. 이처럼 한번 거짓 재림주를 따라나섰던 이들은 계속해서 재림주를 찾아 헤매게 된다.

한 번 속았던 이들이 또 다른 가짜 재림주를 찾아 나서는 이유가 무엇일까? 이들의 마음속에는 가짜 신들이 주장했던 예언은 틀리고 그들의 행실이 잘못되었어도 그들을 미혹했던 성경 해석만큼은 옳다고 확신하는 강한 믿음이 있기 때문이다. 따라서 이들이 가짜 재림주를 찾아 나서는 것을 멈추게 하려면, 성경 교리의 회심이 있어야 한다. 자신이 거짓 재림주에게 배웠던 성경 해석이 구체적으로 어디가 틀렸고, 바른 해석과 교리는 무엇인가를 제대로 깨달아야 비로소 멈출 수 있는 것이다. 결국, 성경 해석의 회심과 성경 교리의 회심이 없이는 이들은 본능적으로 또 다른 가짜 재림주를 찾아 나서는 악순환에 빠지게 된다. 이 지점에서 교리 회심을 위한 이단 상담이 반드시 필요하게 된다.

명품에는 유독 짝퉁 제품이 많이 있기 마련이다. 신앙의 대상인 예수 그리스도도 마찬가지다. 바른 예수, 참된 예수를 제쳐두고 다른 예수, 가짜 예수들이 참 많이 등장했다. 거짓 메시아가 판치는 오늘날, 우리는 바른 예수가 어떤 예수이고, 다른 가짜 예수가 어떤 특징을 가졌는지 지금까지 살펴보았다. 이런 가짜 예수는 오랜 역사를 갖고 끊임없이 발전하여 오늘날까지 양산되며 재생산되고 있다.

아무리 신비로운 신령 현상이 나타나고 예언을 한다고 하더라도 그의 말이 성경에 위배되면 단호하게 거부하라. 예수를 이 시대의 구원자로 고백하기를 거부하고, 이 시대의 구원자는 하나님이 세운 다른 목자라고 말하며, 그 목자가 바로 한국에서 태어난 자신(교주)이라고 주장하는 이가 나타난다면 단호하게 거부하라. 성령은 예수를 주로 고백하게 한다. 반면 다른 영은 예수가 실패했고, 오늘날 진정한 구원자가 따로 있다고 믿게 한다. 이런 다른 영의 역사를 단호하게 거부하라.

예수 그리스도만으로 우리의 구원이 충분함에도 불구하고, 이 시대에 비유를 깨닫고 계시록을 깨달아야 구원을 얻는다고 하면 이는 다른 복음이다. 다른 복음을 거부하고 오직 예수 그리스도를 믿음으로 말미암아 구원받는다고 선포하는 진짜 복음을 견고히 붙들라.

이제는 이러한 거짓 신들의 사기 수법에 눈을 뜨고 깨어서 더 이상 다른 예수, 다른 영, 다른 복음에 휩쓸리는 이들이 생기지 않으면 좋겠다. 이제는 바른 예수, 바른 성령, 바른 복음을 견고히 붙들어야 한다!

참고자료

1. 단행본

강경호. 『바로알자! 전능신교(동방번개)의 정체』. 경기도: 한사랑가족상담연구소, 2021.

김경천. 『거짓을 이기는 믿음Ⅱ』. 경기도: 기독교포털뉴스, 2020.

김건남·김병희. 『신탄』. 경기도: 신천지, 1985.

김백문. 『기독교근본원리』. 서울: 일성당, 1958.

_____. 『성신신학』. 서울: 평문사, 1954.

김옥경. 『영광에서 영광으로』. 서울: 거룩한진주, 2019.

김주원. 『요한계시록으로 정면돌파』. 경기도: 기독교포털뉴스, 2019.

김풍일. 『천당 사기꾼』. 서울: 실로출판사, 1992.

_____. 『새노래』. 서울: 실로출판사, 2004.

문선명. 『원리강론』. 서울: 성화사, 1966.

민경배. 『한국기독교회사-신개정판』. 서울: 연세대학교출판부, 1993.

박영관. 『이단종파비판 1권』. 서울: 예수교문선선교회. 1976.

_____. 『이단종파비판 2권』. 서울: 예수교문서선교회, 1999.

박정화 외 2인. 『야록 통일교회사』. 서울: 큰샘출판사, 1996.

박준철. 『빼앗긴 30년 잃어버린 30년』. 서울: 진리와생명사, 2002.

만국소성회, 『영핵』, 경기도: 신천지, 1996.

신천지문화부. 『신천지 발전사』. 경기도: 신천지, 1997.

신천지요한지파 문화부. 『평화의 사자 熙』. 경기도: 신천지총회문화부, 2017.

신천지총회교육부. 『비유풀이 속책자』. 경기도: 도서출판신천지, 2022.

심창섭 외. 『기독교의 이단들』. 서울: 대한예수교장로회, 2000.

안상홍. 『선악과와 복음』. 서울: 멜기세덱출판사.

양형주. 『바이블 백신 2』. 서울: 홍성사, 2019.

_____. 『평신도를 위한 쉬운 이사야 1』. 서울: 브니엘, 2022.

_____. 『신천지 돌발 질문에 대한 친절한 답변』. 서울: 기독교포털뉴스, 2022.

어춘수. 『역사를 통해 본 기독교의 신비주의』. 서울: 가이드포스트, 2009.

오명옥. 『은혜로교회 신옥주의 정체』. 서울: 큰샘출판사, 2016.

유상섭. 『분석 사도행전 I』. 서울: 생명의말씀사, 2002.

유영권. 『한국기독교의 이단규정과 평가』. 경기도: 기독교포털뉴스, 2023.

이만희. 『천지창조』. 경기도: 도서출판 신천지, 2007.

_____. 『신천지 찬송가』. 경기도: 신천지, 2014.

이재록. 『죽음 앞에서 영생을 맛보며』. 서울: 도서출판 우림, 2004.

이장식. 『한국교회의 어제와 오늘』. 서울: 대한기독교출판사, 1990.

정동섭 외. 『한국의 종교단체실태조사연구』. 서울: 국제종교문제연구소, 2000.

정명석. 『구원의 말씀 I권』. 대전: 도서출판 명, 2005.

_____. 『비유론』. 대전: 도서출판 명, 1998.

진용식. 『안상홍 증인회의 실체는』. 경기도: 기독교포털뉴스, 2018.

최총일. 『새 하늘과 새 땅 지상 천국은 재림예수 교회에서 이루어진다』. 서울: 성
        광출판사, 1999.

최중현. 『한국 메시아운동사 연구 (제1권)』. 서울: 생각하는 백성, 1999.

탁명환. 『기독교이단연구』. 서울: 국종출판사, 1986.

_____. 『한국의 신흥종교: 기독교편 1권』. 서울: 국종출판사, 1997.

_____. 『한국의 신흥종교: 기독교편 3권』. 서울: 국종출판사, 1979.

_____. 『한국의 신흥종교: 기독교편 4권』. 서울: 국제종교문제연구소, 1987.

탁지원. 『탁 소장님! 여기가 이단인가요?』. 경기도: 도서출판 현대종교, 2022.

탁지일. 『사료 한국의 신흥종교』. 서울: 현대종교, 2009.

허호익. 『한국의 이단 기독교』. 서울: 동연, 2016.

현대종교 편집국. 『자칭 한국의 재림주들』. 서울: 국제종교문제연구소, 2002.

Wand, John William Charles. 『교회사』. 이장식 역. 서울: 대한기독교서회, 1960.

Cohn, Norman Rufus Colin. 『천년왕국운동사』. 김승환 역. 서울: 한국신학연구소, 1993.

2. 신문 잡지 기사

김리나. "신천지 고동안 총무, 그는 누구인가?". 현대종교. 2023. 5. 3.

김시온. "JMS 2인자 정조은, 면직 처분".『투데이코리아』. 2023.8.2.

김정수. "하나님의교회 장길자 신격화 과정". 현대종교, 2021. 7. 19.

김지호·구민지. "그가 이만희의 스승이다" 디스패치. 2020. 3. 23.

"문선명이 남긴 통일교 자산 얼마?" 아주경제. 2012. 9. 3.

박아름. "나무꾼 선생, 종말 마케팅에 강간면허증까지 잔혹한 행태(블랙2)". 뉴스엔, 2023. 4. 23.

"백백교 사건 공판기".『신동아』. 2006.2.10.

신현욱의 증언. "이만희, 2년만 더 살아도 신천지 20만 육박할 것". 기독교포털뉴스. 2016. 7. 4.

송상원. "한기총, '자칭 보혜사' 세광중앙교회 김노아 목사 만장일치로 '이단' 규정". 크로스뉴스, 2023. 7. 7.

송주열·한혜인. "통일교 美 정치권 유착 의혹까지". CBS 노컷뉴스. 2022. 8. 2.

송영규. "[오색인문학] '동방의 등불'은 詩가 아닌 메모였다".『서울경제』. 2019. 10. 17.

송홍근. "나는 지상천국의 왕이 될 것이다".『신동아』. 2014. 5. 14.

시정일보. "酒色財氣 초월 '경천애인' 실천하는 현대판 神仙". 2014. 2. 13.

신동주. "[성지를 찾아서]〈14〉통일교 부산 '범냇골성지' ②".『세계일보』. 2010. 8. 12.

『신앙생활』. Vol.14. No.4. 1955.

"여신도 농락 교주 구속".『조선일보』. 1979. 11. 27.

유곤룡. 『현대종교』. 1982년 11월호

유태종. "청주국제공항 활성화 빨간불". 『조선일보』. 2008. 10. 27.

오명옥. "통일교 3男, 아버지 이어 자칭 '재림예수 실체'라 주장!". 종교와진리. 2021. 3. 9.

이가영. "트럼프, 통일교 행사에 두 차례 영상 강연, 25억 받았다". 『조선일보』. 2023. 7. 14. ·

이강오의 "구한말 남학의 발생과 그 성격에 관하여". 『전라문화연구』 창간호. 1919.

임웅기. "[한국 개신교 이단의 발생과 교리 특징] (5)재림주 이단의 뿌리를 찾아서". 『기독신문』. 2014. 2. 10.

_____. "영체교환 주장, 문란한 성관계". 『기독신문』. 2014. 2. 19.

조용헌. "절 더부살이 산신각, 왜 대웅전보다 높은 곳에 있을까". 『주간조선』. 제2640호. 2021.

"장막성전교회 교주 등 넷 구속". 『동아일보』. 1975. 9. 6.

장운철. "[이단성 핵심체크] 안상홍 증인회". 교회와신앙. 2010. 1. 8.

정윤석. "하나님이라더니 땅속서 썩고 있네?" 교회와신앙. 2006. 3. 14.

_____. "진리에 목말라 들어간 그곳이 섹스교였다니." 기독교포털뉴스. 2012. 4. 15.

_____. "신천지 탈퇴자 '나는 신천지 섹스포교 피해자'." 기독교포털뉴스. 2013. 11. 17.

_____. "이단 규정된 이재록 목사의 요즘." 기독교포털뉴스. 2014. 2. 3.

_____. "통일교의 위기, 한학자 신격화 위한 교리 변조." 기독교포털뉴스. 2016. 9. 6.

_____. "신천지의 실상, 장막성전의 실체는 영적 사기극." 기독교포털뉴스. 2017. 6. 12.

_____. "백OO의 12제자로 막차 탄 이만희 교주의 실상." 기독교포털뉴스. 2017. 6. 29.

_____. "신천지와 JMS, 같은 사이비지만 서로 다른 문화." 기독교포털뉴스.

2023. 3. 27.

진용식. "사이비 교주들과 지상천국론". 『빛과소금』. 2020년 5월호.

조민기. "통일교 한학자와 문형진의 후계전쟁". 현대종교. 2019. 5. 13.

_____. "예수님왕권세계선교회 평택 진위면 건축 진행." 현대종교. 2020. 6. 22.

_____. "통일교 한학자 노골적인 신격화… 문선명은 이름뿐." 현대종교. 2020.10. 8.

최대진. "JMS 교주 정명석, 전자발찌 차고 출소." CTS 기독교TV. 2018.02.19.

최중현. "박태선 장로가 주도한 60만명 참석 '서울한강 백사장 집회'". 브레이크
　　　뉴스. 2017. 4. 29.

한농복구회. 『새벽이슬』. 제80호. 59.

현문근. "중국의 이단현황". 2013. 4. 11. 아레오바고사람들 발표 자료

3. 미간행물

유재열. 『영원한 생명』 (미출판자료)

이정해. "메시아로서의 문선명 선생에 대한 한 연구". 석사학위논문, 선문대학교
　　　신학전문대학원, 2003.

예장 통합. "박명호 씨(엘리야복음선교원)에 대한 이단 규정 연구 보고서." 1991
　　　년 76회 총회.

허병주. "사이비 이단 천부교 제1대 교주 박태선 장로의 사상연구." 석사학위논문,
　　　총신대학교선교대학원, 2018.

홍종효. 2007. 12. 16. 확인서.

4. 설교 및 인터넷 사이트 및 유튜브 채널

"교주의 생애". 반JMS 활동단체 엑소더스. 자유게시판 2009. 4. 4.

"[다큐] 만민중앙교회 이재록 목사 성범죄 사건, 교회에서 사라진 여성들". 뉴스앤
　　　조이 유튜브 채널. 2018. 10.22.

'돌나라 한농복구회 교주, 가스 라이팅 의혹', MBC PD수첩, 2022. 9. 6.

박명호. "성령이 내게 임하시고". 날짜 미상 설교.

"신령(神靈)". 한국민족문화대백과사전. http://encykorea.aks.ac.kr/Article/
    E0032878.

신현욱 목사의 구리상담소 인터넷사이트. "이만희 씨 교주가 되기까지". 2015. 9.
    10. 게시글.

심재웅. 2007. 12. 왕권회 소속 베들레헴교회 설교

"이단 파문 이재록 목사, 목자님, 우리 목자님" 편. MBC 피디수첩, 1999. 5. 11.

이재록. 만민중앙교회. 1998. 7. 5. 주일 설교.

이재록. 만민중앙교회. 1998. 6. 28. 금요 설교.

이재록. 만민중앙교회. 1998. 7. 5. 주일 설교.

인터넷 나무위키. '이재록 사건 사고 및 논란' 2023. 7. 2.

인터넷 나무위키. "기독교복음선교회". 2023. 6. 23.

은혜로교회 공식 유튜브 채널. 2020. 3. 2.

조성현, "나는 신이다: 신을 배신한 사람들." NETFLIX. 2023. 3. 3.

천일국 경전방 다음카페;『참부모님의 생애노정』1권.

"해방 전후의 섭리 – 신령집단". 진도의 블로그(http://m.blog.daum.net/give-
    take/7290744)

"탐욕인가, 희생인가–창기십자가의 비밀". SBS 시사고발프로그램 '그것이 알고 싶
    다'. 2012. 12. 8.

한국목회데이터연구소. "[한국교회 이단 실태] 한국 기독교 이단 비율 8.2%, 최대
    59만 명 추정!". numbers EXCLUSIVE No.203. 2023. 8. 15.

CBS 〈변상욱의 싸이판〉 '이단의 뿌리' 1~3편. 2018.8.13.